SUSANNE BERKENHEGER

Ist bestimmt was Psychologisches

GOLDMANN
Lesen erleben

Buch

Kommt es Ihnen auch so vor, als ob die Psychologie heutzutage an allen Ecken und Enden auf uns lauert? Von früh bis spät ist unser Alltag von küchenpsychologischen Weisheiten, psychotherapeutischen Allgemeinplätzen und pseudofreudianischen Erkenntnissen geprägt. Nie tun und lassen wir das, was wir eigentlich wollen. Immer sind wir Opfer einer verkorksten Kindheit und finden uns in Partnerschaften wieder, die uns den letzten Nerv rauben. Wir analysieren pausenlos uns selbst, unser Gegenüber und den Hund vom Nachbarn, und zeigen wohlwollendes Verständnis, da natürlich das Trauma des anderen unserem eigenen ähnelt.

Im Grunde handeln, reden und denken wir modernen Menschen alle wie kleine Psychologen. Trotzdem: Bis heute gibt es keine handfesten Beweise dafür, dass das, was uns die Psychologie mitteilt, auch wirklich stimmt. Für fast jede Behauptung gibt es mindestens einen Gegenbeweis. Wer aber sind wir, wenn wir auf den ganzen Psychokram verzichten? Könnten wir ohne Psychologie vielleicht sogar unfassbar glücklich werden?

Autorin

Susanne Berkenheger ist Mitglied der Satireredaktion »SPAM« auf Spiegel Online und eine international anerkannte Medienkünstlerin. 2011 veröffentlichte sie zusammen mit Klaus Ungerer das Sachbuch »Drücken Sie bitte die Eins«. Ihre psychologische ›Ausbildung‹ startete sie direkt nach dem Abitur mit einem Aufenthalt in der Psychiatrie. Sie ist keine Abonnentin von »Psychologie Heute«, hat nicht Psychologie studiert und plant dies auch nicht für die Zukunft.

Susanne Berkenheger

Ist bestimmt
was Psychologisches

Wie ich
auf Therapien, Tricks & Tipps pfiff
und unfassbar glücklich wurde

GOLDMANN

📕 Dieses Buch ist auch als E-Book erhältlich.

Verlagsgruppe Random House FSC® N001967
Das FSC®-zertifizierte Papier *Holmen Book Cream* für dieses Buch
liefert Holmen Paper Hallstavik, Schweden.

1. Auflage
Originalausgabe September 2014
Copyright © 2014 by Wilhelm Goldmann Verlag, München,
in der Verlagsgruppe Random House GmbH
Umschlaggestaltung: UNO Werbeagentur, München,
unter Verwendung eines Motivs von
© FinePic®, München
Lektorat: Doreen Fröhlich
DF · Herstellung: Str.
Druck und Bindung: GGP Media GmbH, Pößneck
Printed in Germany
ISBN: 978-3-442-15799-0
www.goldmann-verlag.de

Besuchen Sie den Goldmann Verlag im Netz

Für Betty

Alle im Buch beschriebenen Vorfälle basieren auf wahren Bege- benheiten mit tatsächlich existierenden Personen. Um einerseits die Anonymität der Betroffenen zu wahren und andererseits den Unterhaltungswert des Buches zu steigern, habe ich jede Person in einzelne Charakterzüge zerlegt und jedes Erlebnis in atomare Einheiten aufgeteilt. Danach habe ich sie in einer ganz neuen Mischung wieder zusammengesetzt. Um möglichst alle Spuren zu den echten Ereignissen und Personen zu verwischen, habe ich mich auf dieselbe Weise auch selbst anonymisiert. Leute, die meine Neurosen kennen, werden dies vielleicht bemerken.

Susanne Berkenheger

Inhalt

Wie alles begann

Eigentlich wollte ich ein Buch schreiben, in dem die Heldin von einer Psychotherapie zur nächsten zieht – ohne jeden Deut der Besserung. Arbeitstitel: *Das große Anti-Psychologenbuch*. Dumm nur: Das Buch gab es schon (*Unter Ärzten*, Joachim Lottmann). Dieser Umstand warf mich in meinen Planungen zurück. Eine neue Idee musste her. Und zwar möglichst zackig, denn bereits in fünf Tagen sollte ich den Entwurf abliefern. Tag eins und zwei vergingen in blendender Stimmung, ich baute locker und leicht diverse Gedankenschlösser. Tag drei begann träge, und so gegen 15 Uhr merkte ich, wie eine gewisse Ruhelosigkeit, Angespanntheit, Verärgerung in mir hochstieg. Denn: von wegen Idee! Nichts! Mein Kopf war so leer, dass er demnächst implodieren würde. Ich spürte in mich hinein und fühlte: Panik, Wut, Hass. Und zwar den totalen Selbsthass. War ja klar, dass ich nichts hingekriegt hatte. Drei Tage meines kurzen Lebens einfach so verschleudert. Hätte ich mir doch gleich denken können, dass mir nichts einfallen würde. Hätte ich stattdessen gut mal die Küche putzen können. Dann wäre die jetzt wenigstens sauber. Aber wahrscheinlich nicht mal das. Denn ehrlich gesagt bin ich auch im Putzen nicht besonders gut. In allen möglichen Lebensbereichen bin ich nichts als schlichtweg unfähig. Ich bin genau diese nichtsnutzige Person, die meine Eltern schon immer in mir gesehen haben. Selbst wenn sie nie dazu in der Lage waren, mir dies ins Gesicht zu sagen. Ich weiß trotzdem, dass sie genau das über mich denken. Und wenn sie es hundertmal abstreiten! Ich muss jetzt mit so einer wie mir auskommen, und zwar lebenslänglich ...

»Was ist denn mit dir los?«, fragt mein in die Küche schlurfender Mann.

»Na ja, ich glaube, dieses Bücherschreiben ist nichts für mich. Unbewusst weiß ich, dass mich das immer total verbiegt, was ich mir aber nicht eingestehen will, und so bildet sich dann in mir ein fürchterlicher Widerstand!« Mein Mann grummelt etwas vor sich hin und verzieht sich schnell wieder. Stunden später sagt er: »Das ist doch jedes Jahr dasselbe mit dir im Herbst!«

»Och nee!«, stöhne ich genervt auf.

»Na siehste!«, sagt er triumphierend. »Du hast wieder deine Herbstdepression!«

Ich versuche, ganz langsam von eins bis zehn zu zählen, vor Wut verheddere ich mich allerdings schon bei dreieinhalb.

»Zudem...«, sinniert mein Mann, als ich es gerade bis vier geschafft habe, und deutet in mein Arbeitszimmer: »Wenn ich das schon sehe, diese ganzen Bücher hier, dieses wahnsinnige Recherchieren, dieses Gucken, was andere geschrieben haben, das ist schon der erste totale Fehler. Schreib doch einfach, wozu du Lust hast!«, sagt er, während ich ihn intensiv zu hassen beginne. Denn ich kann diesen Ratschlag nicht mehr hören. Es handelt sich um seine Universallösung für alle Probleme: Mach doch einfach, was du willst. Na prima.

»Ich hätte Lust darauf, eine Idee zu haben!«, fauche ich ihn an und verziehe mich vor den Fernseher. Nach drei Folgen *Tudors* und der Erkenntnis, dass der arme Henry VIII. noch viel grässlicher ist als ich und dabei trotzdem immer noch ganz gut aussieht, ist mein Atem wieder einigermaßen normalisiert. Ich schlafe ein.

Am nächsten Morgen fahre ich zur Staatsbibliothek, um mit meinem ersten »totalen Fehler« weiterzumachen. Schließlich habe ich die Bücher bestellt, also will ich sie auch haben. Immerhin ist heute ein strahlend schöner Spätsommertag und also Psychohindernis Nummer eins (»deine Herbstdepression«) weggeräumt. Freudig nehme ich die Bücher entgegen, fahre nach Hause zurück und setze mich damit auf den Balkon. Es sind tolle Kampfschriften gegen Psychotherapie und warum sie schädlich ist und was sie für krasse Nebenwirkungen hat. Ha! Diese ganze Psychologie ist anscheinend das übelste Opium fürs Volk. Jaha! Ausschließlich dazu ausgedacht, die bürgerlichen Subjekte dem ausbeuterischen Kapitalismus zu unterwerfen. Genau meine Rede! Nur: Weshalb wiederholen die Autoren ihre Erkenntnisse eigentlich derart gebetsmühlenartig? Weshalb spicken sie diese Wiederholungen mit immer drastischeren Begriffen? Weshalb sind ihre Lieblingswörter offenbar Versklavung, Unterjochung, Folter? Lässt so etwas nicht immer tief blicken, direkt hinein in den dunklen Seelenbottich voller unverarbeiteter und verdrängter Probleme der Autoren? Hm.

Und da, in diesem Moment, fällt mir auf, dass ich, die Autorin des großen Anti-Psychologenbuchs, womöglich der schlimmste aller Elche bin. Nicht nur, dass ich selbst beim Lesen von Gebrauchsanweisungen gerne psychische Deformierungen der Autoren diagnostiziere. Zu jeder Lebenslage fallen mir zig pseudo- und hobbypsychologische Erklärungen ein, die sich gegenseitig meist komplett neutralisieren. Neue Erkenntnisse, wie ich glücklicher, schlauer, zufriedener, netter, witziger, erfolgreicher, lockerer oder noch was ganz anderes werden könnte, ziehen mich magisch an – egal ob in Buchform, als Artikel oder Radiobeitrag. Ich kann diesen Versprechungen genauso wenig entkommen wie den Psychotests, die überall lauern. Freunde berichten mir, in ihrer Firma habe jetzt ein Psychologe bei einer systemischen Aufstellung unbewusste Konflikte zwischen den Abteilungen aufgedeckt. Schalte ich den Fernseher ein, erklärt ein Experte, welche psychischen Störungen Leute entwickeln, die zufällig einen Juweliereinbruch beobachten, schalte ich um, empört sich ein anderer über die katastrophale Erziehungsweise der heutigen, total narzisstischen Eltern. Schalte ich den Fernseher aus, kommt mein Mann ins Zimmer und sagt: »Welche Gefühle willst du mit deinem Rumsitzen hier eigentlich verdrängen?« Egal, wo ich hinkomme, die Psychologie ist immer schon vor mir da. Aus allen Lebensbereichen quillt Psychoschlick hervor. Ja, ich habe darüber sogar schon mit einem Therapeuten gesprochen. Denn natürlich habe ich auch bereits mehrere Therapien gemacht. Erschreckt frage ich mich, ob ich eigentlich überhaupt noch Gedanken fassen kann, in denen keine Psychologie enthalten ist, zumindest nicht in nachweisbaren Mengen.

Ich sollte es mal probieren. Für eine gewisse Zeit. Als eine Art Selbstversuch. Keine Ahnung, was das bringen kann: Orientierungslosigkeit? Freiheit? Unfassbares Glück?

Ganz klar Letzteres, denke ich in einem Anflug von wahnhaftem Optimismus. Und da habe ich mein Buch. Der neue Arbeitstitel lautet: *Mein Leben ohne Psychologie.* Dass dieses Leben ein anderes werden würde, fällt mir schon bei den ersten bescheidenen Versuchen auf.

Denn als ich mir probeweise all die schönen Überlegungen verbiete, die ich sonst immer in quälenden Situationen anstelle – etwa »Warum bin ich nur immer so doof? Was ist in meiner Erziehung falsch gelaufen? Falle ich etwa gerade in ein ganz altes Muster meiner Urahnen zurück?« –, da stehe ich tatsächlich ziemlich doof da. Gemeinerweise gibt es nun keine Überlegungen mehr, mittels derer ich die quälende Situation selbst zumindest vorübergehend vergessen kann. Benutze ich also das ganze Psychogesumse nur als Flucht? Hatten womöglich meine Psychotherapien dieselbe Funktion? Genauso wie die Befindlichkeiten, die mich diese Therapien überhaupt erst beginnen ließen? War das alles nur ein einziges großes Ausweichmanöver, um nicht tun zu müssen, was zu tun ist? (Zum Beispiel jetzt endlich mal den Entwurf für dieses Buch schreiben.)

Aaargh! Wenn das kein hochpsychologischer Gedanke war! So einen wie den wollte ich doch keinesfalls mehr denken.

▷▷ Versuch Nummer 0: Ich kämpfe mit der Psychologie, die Psychologie kämpft mit mir

Am ersten Tag meines Lebens ohne Psychologie wache ich aus einem rätselhaften Traum auf: Darin sehe ich in einem Spiegel, dass ich eine riesige rote Brille mit weißen Tupfen trage. Selbstverständlich will ich wissen, was das nun wieder zu bedeuten hat. Wie auch nicht? Das würde doch jeder wollen! Und wie könnte ich als Therapieerfahrene jetzt nicht sehnsüchtig nostalgisch an die seligen Zeiten meiner diversen tiefenpsychologischen Behandlungen zurückdenken. Hach, wie schön hätte ich mit meinem Therapeuten über die Trauminhalte spekulieren können. »Weiße Tupfen auf rotem Grund? Was fällt Ihnen dazu ein?« – »Ähm ... rosa? Also, ich sehe mich selbst durch eine ›rosa Brille‹, mit der beziehungsweise durch die ich allerdings ziemlich bescheuert aussehe ...« Merkwürdig. Was wohl Freuds *Traumdeutung* dazu sagen würde? Jahrelang war das meine Lieblingslektüre. Damals hätte ich die Analyse meines Traums locker noch vertiefen können. Moment: Das Buch hatte ich doch noch, oder? Aber wo? Ah, hier! Sogar vom Bett aus direkt greifbar! Is ja ein Ding! Da könnte ich ja gleich mal ...

STOPP! STOPP! STOPP!

... da würde ich natürlich später reingucken, wenn mein Leben ohne Psychologie wieder beendet wäre oder ich zumindest eine kleine Pause davon machen würde. Puh! Gerade noch mal die Kurve gekriegt. Mithilfe der psychologischen Stopp-Methode (»Sagen Sie ganz energisch innerlich [und wenn möglich, sogar laut!] Stopp. Sie müssen den automatischen Gedanken- und Gefühlskreislauf stoppen, um aus der Schleife auszusteigen. Konzentrieren Sie sich ausschließlich auf Ihr Stopp! und wiederholen Sie es mehrmals.« Psychotipp aus dem Internet). Na, das fing ja gut an! Andererseits: Hatte ich hier wirklich eine psychologische Technik angewandt? Haben die Psychologen etwa das Stopp-Sagen erfunden? Handelt es sich dabei nicht um eine ganz, ganz alte Menschheitstechnik? Ebenso wie etwa »Zähl langsam bis zehn«? Wurden diese Methoden nicht über Jahrtausende hinweg gemeinschaftlich von Nicht-Psychologen entwickelt? Mit welchem Recht kommen dann jetzt Psychologen daher und verkaufen sie uns als Erkenntnisse ihrer Wissenschaft? Ich fühle intensiv, dass ich einer ganz großen Sache auf der Spur bin – mit allerdings noch etwas schwer kalkulierbaren Folgen für meinen Selbstversuch. Ebenso intensiv fühle ich: Ärger, Wut, nagenden Neid. Auf andere Autoren. Die viel klüger waren als ich. Die verzichteten zum Beispiel auf Handys, auf Fleisch, aufs Einkaufen, aufs Rasenmähen. Lauter tolle klare Dinge. Kann man einfach weglassen und gucken, was passiert. Hätte ich nicht einen Monat lang auf mein linkes Bein verzichten können? Da hätte ich dann rumhüpfen müssen, wäre wahrscheinlich öfter mal hingeknallt, Leute hätten mich komisch angeguckt und womöglich sogar angesprochen. Hätte man alles prima aufschreiben und interessante Schlüsse daraus ziehen können. Aber Psychologie? Was sollte denn das überhaupt sein? Musste ich vor dem Start des Experiments erst noch ein Studium aufnehmen? Möglich. Aber nicht jetzt gleich. Denn jetzt musste erst mal der Sohn aus dem Bett befördert werden.

Aufgewühlt rase ich ins Kinderzimmer, sehe ihn vor sich hin träumen und erkenne: Hier schläft mein Hoffnungsträger. Der weiß noch gar nichts von Psychologie, der hat in seinen neun Lebensjahren noch keine Therapie gemacht, der hat noch keine Artikel über neueste Seelenerkenntnisse gelesen, der ... Obwohl, neulich ist mir zu Ohren gekommen, dass der Sohn in der Schule jetzt lernt, glücklich zu sein (in Lebenskunde). Zudem berichtete er von einem Konfliktlotsentraining, in dem allerdings die meiste Zeit wohl nur gesungen wird. Unglücklicherweise hat er aber auch ziemlich viel Kontakt mit einer Frau (nämlich mir), die vor etlichen Jahren einmal ihre Wohnungstür öffnete, als es klingelte. Vor der Tür stand der Hausmeister, ein Buch in der Hand. Darauf war geschrieben: »Jedes Kind kann Regeln lernen«. Abgebildet war ein Kind, das lachte, wahrscheinlich über den Buchtitel.

»Dit ha ick ausm Altpapier. Was die Leute allet wegwerfen. Is do no jut. Vielleisch könn Sie dit ja jebrauchen.«

Mein Mann und ich hatten viel Spaß mit dem Buch. Wir malten uns aus, wie bei Anwendung der dort empfohlenen Regeln das Kind alsbald lustige Ich-Botschaften versenden würde, zum Beispiel: »Ich will, dass ihr beide jetzt sofort mein Zimmer aufräumt.« Haha! Schlimm nur, dass es so Situationen gab, so gewisse laute und dramatische Höhepunkte des Lebens. Situationen, in welchen noch meinen Großeltern die Hand ausgerutscht wäre, meinen Eltern nur noch die Stimme, in diesen Situationen rutschte mir jetzt die Psychologie raus. Mit von Psychologen predesignten Redewendungen beschieße ich das eigene Kind, welches daraufhin wehrlos zu Boden sinkt: »Ich bin so wahnsinnig traurig darüber, dass du immer noch nicht aufgeräumt hast! Es ist für mich überlebenswichtig, dass ich mich auf dich verlassen kann.« Das hält aber nie lange vor. Schnell steht das Kind wieder auf und spielt mit neuer Immunität im Kinderzimmerchaos weiter. Schon bald helfen nicht mal mehr verstärkte Drohungen: »Ich mache mir solche wahnsinnigen Sorgen um dich und habe richtig Angst, dass du vielleicht niemals lernst aufzuräumen und später in einer total vermüllten Wohnung leben wirst und dich die Ratten annagen werden. Ich weiß gar nicht, wie ich mit dieser Aussicht jetzt noch weiterleben soll!«

In dieser vertrackten Situation müssen neue Psychowaffen her, aus anderen Büchern, die gegenteilige Methoden vertreten (kurze knackige Sätze benutzen, ruhig auch mal rumbrüllen, also Methoden, die eher in Richtung uralte Menschheitstechniken gehen). Denn wenn es sich nicht bald besserte mit den ständigen Wutausbrüchen des Kindes, dann – so gab das Internet zu bedenken – könnte sich das Ganze möglicherweise auch zu einer psychischen Störung auswachsen: ADHS (Aufmerksamkeitsdefizit-/Hyperaktivitätsstörung), DMDD (Disruptive Mood Dysregulation Disorder, eine schwere Emotionsregulationsstörung) oder gar DRS (eine noch zu entdeckende Dezibelregulationsstörung, unter welcher Kinder leiden, die ihre eigene Lautstärke nicht sozialverträglich kontrollieren können). Möglicherweise war aber auch das Kind nur ein Symptomträger, und die eigentliche Störung lag bei einem der beiden Elternteile oder einer womöglich komplett dysfunktionalen Familie. Einer Familie, besser gesagt einer Mutter, die es zum Beispiel nicht schafft, den Sohn rechtzeitig zu wecken, denn tatsächlich hätte dies schon vor zehn Minuten passieren müssen.

STOPP! STOPP! STOPP! STOPP! STOPP!

Hölle und Mordio! Klang das etwa nach einem Leben ohne Psychologie? Das war ja schlimmer als jemals zuvor! Von allen Seiten prasselte es zu dieser frühen Morgenstunde auf mich ein. Wobei ich noch nicht mal wusste, was dieses »es«, also diese Psychologie, nun eigentlich genau sein sollte. Waren das Entzugserscheinungen? Zeigte sich hier das ganze Elend eines hoffnungslosen Psychojunkies? Reagierten meine Gehirnzellen auf den Versuch, ihnen die Psychologie zu entziehen, derart rebellisch, dass sie meine letzten psychofreien Gedanken, die noch in mir lebten, heimtückisch zersetzten? Das Experiment musste abgebrochen werden. Sofort. Ich musste Sicherheitsmaßnahmen ergreifen, um nicht schon in den ersten Minuten meines Selbstversuchs durchzudrehen.

Sicherheitsmaßnahme Nummer eins:

Ab hier, lieber Leser, lesen Sie nicht mehr ein Buch über »Mein Leben ohne Psychologie«, sondern eines über »Ein paar wenige, glückliche Minuten meines Lebens ohne Psychologie«.

Sicherheitsmaßnahme Nummer zwei:

Langsame Entwöhnung. Schritt für Schritt. Tag für Tag. Mit ganz einfachen Übungen beginnen: »Sich im Raum bewegen ohne Psychologie«, dann leicht steigern zu »Einkaufen ohne Psychologie« (nein, das war mindestens schon Stufe vier), also vielleicht eher »Rad fahren ohne Psychologie« und so weiter, um dann irgendwann spielend leicht selbst schwierigste Situationen (»Streiten ohne Psychologie« oder gar »Besuch beim Psychologen ohne Psychologie«) komplett unpsychologisch durchstehen zu können. Ha! Ich meine es bereits zu spüren, mein unfassbares Glück. Mit meiner komplett entpsychologisierten Persönlichkeit werde ich einmal Psychologen in den Wahnsinn treiben können. Ich bin auf dem richtigen Weg.

Sicherheitsmaßnahme Nummer drei:
Vor jeder Übung genau abklären, welche Psychofallen hier lauern.

Sicherheitsmaßnahme Nummer vier:
Rausfinden, was Psychologie überhaupt ist.

Sicherheitsmaßnahme Nummer fünf:
Genauen Zeitrahmen festlegen, sonst kommt der Sohn nie in die Schule.

Noch später, als der Sohn schon in der Schule über einer Klassenarbeit schwitzt, versuche ich also rauszukriegen, was Psychologie eigentlich ist. Die Antwort ist verblüffend einfach: Sie beschreibt das Erleben und Verhalten des Menschen. Okay. Aber: Da wir alles, was wir kennen, nur deshalb kennen, weil wir selbst oder irgendein anderer Mensch schon mal damit zu tun hatte, sonst wüssten wir ja gar nichts davon, kann man mit Fug und Recht behaupten: Die Psychologie kann zu allem und jedem ihren Senf dazugeben. Und genau das tut sie auch. Man nehme ein x-beliebiges Hauptwort und kombiniere es mit »psychologisch« oder »Psychologie«, und schon hat man den Namen einer spezifischen Fachrichtung, die an mindestens drei bis vier Instituten gelehrt wird (Psychologie des Fleischkonsums, Psychologie des Anlegerverhaltens, psychologische Psychologie et cetera pp.). Selbst in so winzigen Teilgebieten wie der Motivationsforschung suchen Psychologen »noch nach Jahren nach Überblick und mehr Ordnung in der Vielfalt von Problemen und Antwortversuchen« (*Motivation und Handeln, Lehrbuch der Motivationspsychologie*, Heinz Heckhausen). Absurd.

Andererseits entspricht das so ziemlich dem, was in meinem Kopf an Psychologie herumschwebt, nur heißen die einzelnen Disziplinen bei mir etwas anders. Neben den bereits festgestellten frei flottierenden uralten Menschheitstechniken finden sich dort: endlose analytische Grübel- und Hinterfragetechniken, Tipps und Tricks vom Internetpsychologen in scheinbar unbegrenzten Mengen, Studienergebnisse, die Studienergebnissen widersprechen, welche gesundem Menschenverstand widersprechen und so weiter und so fort. Und mittendrin, in der Kategorie »psychologische Erkenntnisse, an denen möglicherweise doch was dran sein könnte«, befindet sich das berühmte Experiment vom rosa Elefanten. Kaum sagt einem jemand: »Denken Sie jetzt nicht an einen rosa Elefanten«, soll man gar nicht anders können, als genau einen solchen vor seinem inneren Auge vorbeiziehen zu sehen.

Mein naiver Selbstversuch »Nicht an Psychologie denken« hat Ähnliches zutage gebracht, wobei ich damit noch gut bedient war. Denn: Sollte mir nach etwas Übung das »Nicht an Psychologie denken« doch noch für kurze Zeit gelingen, dann drohte mir – experimentalpsychologischen Forschungen zufolge – vielleicht sogar noch viel schlimmeres Ungemach: Ein sogenannter Rebound-Effekt würde mich womöglich vernichten. Sprich, wenn mein Experiment kurzzeitig erfolgreich verliefe, würde ich mich gleich hinterher überhaupt nicht mehr retten können vor

Psychoquatsch. Möglicherweise, also falls die Psychologen hier unwahrscheinlicherweise noch mal recht haben. Nicht auszudenken, was das für mein Buch über »Ein paar wenige, glückliche Minuten meines Lebens ohne Psychologie« bedeutete. War dieses am Ende ebenfalls zum Scheitern verurteilt, weil ich bereits nach dem ersten erfolgreichen Versuch auf Nimmerwiedersehen im Psychologiesumpf versinken würde? Moment mal. Was passiert eigentlich, wenn man jemandem sagt: »Denken Sie jetzt nicht an einen rosa Elefanten, der aus einer gewissen Perspektive betrachtet mikroskopisch klein erscheint, aus anderer gigantisch groß, im Sommer mit grünen Blättern bedeckt ist, bei Gefahr laut zu hupen pflegt, auf Befehl drei Salto mortale schlagen kann und der just im Moment zu einer tollen Luxusimmobilie umgebaut wird und ...« Würde da nicht jeder irgendwann mit einem herzlichen »Ah, vergiss es!« reagieren und sich anderen Dingen zuwenden? Ich wittere eine Chance. Zumindest einen Hauch von Hoffnung. Wenn ich vor jedem Versuch möglichst viele und möglichst widersprüchliche Psychoschnipsel zusammentragen würde, könnte es dann gelingen? Könnte ich so den psychologischen Erkenntnissen ein Schnippchen schlagen und ein Buch schreiben, das aus Psychologensicht gar nicht geschrieben werden kann?

1. Sich im Raum bewegen OHNE ...

... zu überlegen, ob dieser Versuch womöglich nur ein alter Psychologentrick ist, demzufolge man das Gehirn auch mit ganz simplen Erfolgserlebnissen dopen kann, zu welchen es aber nicht kommt, wenn das während des Versuchs überlegt wird.

Zurück zum Tisch

Ich fühle mich besser. Sehr viel besser. So gut, dass ich den ersten Selbstversuch jetzt gleich starten will. Die Frage ist nun: Kann ich zur Balkontür gehen und wieder zurück, OHNE etwa an die psychologischen Effekte zu denken, die der graue Himmel und das mangelnde Licht auslösen, OHNE die psychischen Konsequenzen meiner seit Jahren bestehenden Heimarbeit abzuwägen, OHNE tiefer zu ergründen, warum ich erst vor Kurzem das Farbkonzept meines Arbeitszimmers verändert habe: von dominierend Grün (steht für Neubeginn, Wachstum, Stabilität, unendlichen Reichtum) hin zu dominierend Blau (steht für Entspannung und Ruhe, aber auch, wie ich erst später gelesen habe, für Energiemangel, chronische Erschöpfung und Burn-out), und das auch noch auf Anraten meines Mannes, und OHNE daran zu denken, dass ich diesen absurden Testlauf sowieso nur mache, weil ich weiß: Irgendwo in meinem Gehirn sitzt ein ominöses Belohnungssystem. Das giert nach Erfolgserlebnissen. Egal welchen. Deshalb: Wenn man beim Schreiben nicht weiterkommt, soll man Bleistifte spitzen. Hab ich mal gelesen. (Wenn man

keine zur Hand hat, muss man sich halt ersatzweise an die Bunt-
stifte der Kinder ranmachen, und wenn die schon spitz sind,
einfach noch spitzer spitzen.) Es lohne sich. Denn danach, so
Dietrich Dörner, emeritierter Professor für Psychologie, sei man
hormonell gleich besser aufgestellt, der Psychohaushalt wieder
in Topordnung und ein Tatendrang erwachse in einem, den kein
noch so blaues Arbeitszimmer niederringen kann. Und deshalb,
beziehungsweise natürlich gerade nicht deshalb:

▷▷ Versuch »Sich im Raum bewegen«

START! Ich stehe vom Schreibtisch auf. Ich gehe auf die Balkontür zu. Denke, Mensch, die könnte auch mal geputzt werden.
(Jetzt nicht über Männer und Frauen und ihre Pflichten im Haushalt sinnieren!) Einfach weitergehen, hinausschauen, der Himmel
ist … nun ja … »light grey«, könnte man vielleicht sagen. Fühle ich
mich auf Englisch sicherer? Merkwürdig. So. Was ist gegenüber los?
Ein paar Lichter brennen, Energielampen, deren fehlende Spektral-
anteile psychologisch ungünstige Wirkungen haben sollen, aber
dieses Studienergebnis gehört als typische Psychodenkfalle in den
versuchsvorbereitenden Teil, also weg damit! Und jetzt – Achtung!
– nicht den Heimarbeiter schräg gegenüber fixieren (hochgradig
depressiv wahrscheinlich, obwohl er Halogenlampen hat), aber
der ist ja glücklicherweise gar nicht da (ist er geheilt?), dann zurück
zum Tisch …

Geschafft. Na ja … fast! Nach der dritten Wiederholung aber
gelingt es vollkommen:

Ich gehe vom Schreibtisch zur Balkontür und putze sie.

FAZIT:

Top! Wenn alle Versuche so enden, wird meine Wohnung in nie gesehenem Glanz erstrahlen. Man wird mir einen Putzzwang unterstellen. Man wird vielleicht damit recht haben. Das bleibt aber erst mal abzuwarten: Denn jetzt soll es endlich losgehen mit den wirklich wichtigen Versuchen.

 **MERKE:**
Nicht immer sorgt Psychologie
für den besseren Durchblick,
manchmal tut's auch ein Lappen.

2. _Zeugs erledigen_ OHNE ...

... in der Pause einen Stresstest im Internet zu machen, um die eigene Burn-out-Gefährdung festzustellen, OHNE Tipps zum besseren Workflow, einer gelungenen Arbeitsorganisation oder über die Behandlung von Prokrastinationsproblemen (zu deutsch: Aufschieberitis) zu lesen, und auch OHNE neueste Erkenntnisse der Hirnforschung zu Kreativitätsprozessen heranzuziehen.

Ich werde wahnsinnig!

Zeugs erledigen! Ausgerechnet! Natürlich weiß ich ganz genau, warum ich mir das als angeblich leichte Übung an den Anfang gestellt habe. Reine Selbstblockade! Vielleicht mischt sich auch noch ein leicht besserwisserischer Opferdrang hinein. Denn: Inzwischen gratulieren mir immer mehr Leute begeistert und emphatisch dazu, dass ich nun dieses Buch schreibe. Sie finden das »echt toll!«. Gleichzeitig vergessen sie nie zu erwähnen: »Du, ich komme aber in diesem Buch nicht vor, das versteht sich ja wohl von selbst«, drücken mir dabei ihre rechte Hand gewichtig auf meinen Unterarm und ihre linke Hand auch noch irgendwohin, damit ich es genau spüre, wie wichtig ihnen ist, dass sie in diesem Buch nicht erwähnt werden. Damit reagieren sie ganz genauso, wie ich das an ihrer Stelle auch tun würde, sie sind ja schließlich nicht umsonst meine Freunde. Nach diesen einschüchternden Erlebnissen ist es ja wohl klar, dass ich ihnen und auch allen anderen, die in diesem Buch bitte nicht vorkommen wollen, entgegnen will: »Nee, liebe Leute, nix ist toll. Ich kann das Buch gar nicht schreiben! Und zwar wegen euch. Da guckt nur her. Wie soll das auch gehen, wenn da keiner drin vorkommen will? Mit wem soll ich in diesem Buch dann reden, mit wem irgendwas erleben? Soll ich etwa ein Buch über mein Leben als Einsiedlerin schreiben? Wollt ihr das lesen?« Unmerklich habe ich begonnen, erst leise, dann immer lauter in meinem Arbeitszimmer vor mich hin zu hadern. Und dabei verspüre ich immer deutlicher ein unangenehm schmerzendes Kratzen im Hals.

Was soll das denn jetzt? Meine Stimme bleibt weg! Na, das liegt ja wohl auf der Hand, was das bedeutet: Ich will das Buch nicht schreiben. Deshalb psychosomatisiere ich nun lustig drauflos. Bilde mir ein, ich könne mich nicht mehr äußern. Von wegen! Angst habe ich, Panik. Weil ich weiß: Durch das Buch werde ich alle Freunde verlieren. Alle! Alle! Alle! Die Angst hat mir nicht nur die Sprache verschlagen, sondern ist mir dermaßen in die Glieder gefahren, dass sie sich anfühlen wie aus Beton. Die Verzweiflung droht mich vom Stuhl zu ziehen – weg von dem ganzen Zeugs, das es zu erledigen gibt. Mit letzter Kraft sage ich mir: Ich muss das alles durchbrechen. Gleich, gleich, gleich, sobald mein bleischwerer Arm es geschafft hat, ein Tempo aus der Tasche zu angeln, denn tatsächlich läuft auch meine Nase ziemlich. Und während ich schnäuze, beschließe ich in einer tollkühnen Volte, den Versuch »Zeugs erledigen ohne Psychologie« einfach jetzt gleich zu starten, mittendrin in dieser aussichtslosen Situation, in der mein Kopf sich immer mehr wie eine Taucherglocke anfühlt. Gut, das verstößt jetzt gegen die Sicherheitsmaßnahme Nummer zwei, nämlich: »Vor jeder Übung genau abklären, welche Psychofallen hier lauern«. Aber ich lasse mich doch nicht von eingebildeten Krankheiten terrorisieren!

▷▷ Versuch »Zeugs erledigen«

START! »Okay«, krächze ich mir aufmunternd zu. »Was musst du tun?« Ah, hier, die Mail der Steuerberaterin, schnäuz. Was will sie wissen? Ich kann es gar nicht lesen, weil ich mir einbilde, dass meine Augen irgendwie zugeschwollen sind. Ich drucke die Mail aus. Aber als ich aufstehen will, um zum Drucker zu wanken, falle ich einfach wieder auf meinen Stuhl zurück. Meine Glieder schmerzen, mein ganzer Körper glüht. Psychologieentzug bringt echt überhaupt nichts, wenn man psychosomatisiert! Lustig ist, dass ich genau dieselben Symptome zusammenbringe, die in einem angenommenen Land ohne Psychologie wohl eine Erkältung ergeben würden. Wirklich lustig! Hm. Jetzt habe ich einen Geistesblitz! Vielleicht könnte ich einfach so tun, als würde ich gar nicht psychosomatisieren, sondern als hätte ich wirklich eine stinknormale Erkältung. In dem Fall könnte ich nämlich jetzt elegant das Kapitel »Krank im Bett liegen ohne Psychologie« vorziehen. Ha! Raffiniert! So mach ich es. Gleich fühle ich mich besser. Nein, natürlich jetzt nicht so viel besser, dass ich gar nicht mehr krank sein könnte. Nein, nein, das nicht! Und der Gedanke »Na super, hast du's also wieder mal geschafft, dein Zeugs nicht erledigen zu müssen« zieht auch nur ganz kurz durch meinen Kopf. Ich schaue den Gedanken an: ein interessanter, lustiger und stacheliger Geselle. Ich grinse ihm zu und lasse ihn weiterziehen (erstmals gelingt mir diese von vielen führenden Psychologen und Gurus empfohlene Methode, auf die eigenen Gedanken einfach zu scheißen). Ich torkle ins Schlafzimmer, falle ins Bett und deliriere vor mich hin.

▷▷ Versuch »Zeugs erledigen« – Stopp!

(wird auf Seite 34 fortgesetzt)

Stattdessen jetzt aus aktuellem Anlass:

3. _Krank im Bett liegen OHNE ..._

... die etwaigen psychosomatischen Ursachen des eigenen Schnupfens zu ergoogeln oder von seinen pflegenden Angehörigen an den Kopf geworfen zu bekommen.

Trick 17

Ich mache es mir im Bett gemütlich. Wenn ich jetzt eine echte stinknormale Erkältung hätte, dürfte ich mir nachher beim Versuch natürlich nicht überlegen, wovon genau ich »die Nase voll habe«. Deswegen resümiere ich schnell noch einen Thread zu »Schnupfen« und »die Nase voll haben«, den ich neulich im Internet verfolgt habe. »schnupfinchen« (Name geändert) warf darin die Frage auf, ob auch die Stärke des Schnupfens bei der Interpretation zu berücksichtigen sei. Ob also, je stärker der Schnupfen ist, man umso mehr die Nase voll hat, wovon auch immer. Obwohl nicht ganz klar war, ob ihr Anliegen ironisch gemeint war, löste ihr Posting einen Schwall von weiteren Überlegungen aus. Aber leider nicht eine einzige zu der Frage, die mich besonders interessiert hätte: Nämlich was es bedeutet, wenn man gar nicht in erster Linie die Nase voll hat, sondern vor allem die Nebenhöhlen, wie dies bei mir häufig der Fall ist und das dann zu diesem Taucherglockengefühl führt. Bedeutet das, dass man sein »Nase-voll-Haben« womöglich krampfhaft zurückhält, untertaucht sozusagen? Genau wie dies so typische »Represser« machen? Die unterdrücken so lange ihre negativen

Gefühle, bis sie krank werden. Das ist erst kürzlich wieder mit einer Großstudie der Jenaer Psychologen Marcus Mund und Kristin Mitte bewiesen worden. Deren Studie fasst alle Studien zusammen, die auf dem Planeten Erde zu diesem Thema veröffentlicht sind.

Jedenfalls habe ich die Nebenhöhlen voll! Ich drücke mich damit vor der Arbeit (»Zeugs erledigen ohne Psychologie«) und gleichzeitig auch nicht, weil ich ja ein anderes Kapitel (»Krank im Bett liegen ohne Psychologie«) vorziehe. Ein verzwickter Fall. Ebenso verzwickt wie die Frage, ob ich in letzter Zeit zu wenig gelächelt habe und deshalb meine Widerstandskräfte rapide gesunken sind und ich wehrlos den Erkältungsviren ausgeliefert war. Nicht nur eine wissenschaftliche Studie hat diesen Zusammenhang bewiesen. Oder habe ich ganz im Gegenteil womöglich – um nur ja nicht krank zu werden – zu viel gelächelt und damit, wie eine weitere neuere Studie ergab, totale Verspannungen ausgelöst? Die haben wiederum meine Widerstandskraft enorm geschwächt, und so nahm die fatale Sache ihren Lauf? Müde schaue ich durch das schlierige Schlafzimmerfenster. Selbstversuch eins hatte nur eine lokal begrenzte Auswirkung auf die Balkontür im Arbeitszimmer. Aber: Wenn ich jetzt einen Selbstversuch hier im Schlafzimmer starte, was passiert dann mit diesem dreckverschmierten Fenster? Die Frage beginnt mich zu interessieren.

Ich schleppe mich aus dem Bett, um den Versuchsprotokollant (mein Notebook) zu holen. Kaum habe ich es aufgeklappt, fällt mir auf, dass meine Passwörterkartei noch drüben im Arbeitszimmer ist. Ohne die komme ich nicht an jene geheimen Aufzeichnungen heran, in denen jene Freunde vorkommen, die nicht im Buch vorkommen wollen. Nachdem ich die Passwörterkartei dahabe, fehlt mir wiederum ein bestimmtes Buch und so weiter. Es hilft nichts: Ich muss meinen kompletten Schreibtischbelag und Teile meines Regals ins Schlafzimmer schaffen.

Unterwegs im Flur treffe ich meinen Mann und bewerfe ihn versehentlich mit einigen Unterlagen.

»Was hast du denn vor?«, fragt er fassungslos.

»Ich, ähm, ich psychosomatisiere nur«, krächze ich, »aber nicht, dass du jetzt mutmaßt, ich würde mich deshalb vor dem Buchschreiben drücken, nee, ich arbeite im Bett nämlich weiter.«

Er knurrt etwas unwillig und fragt: »Kann ich dir helfen?«

Den diabolischen Unterton des vermeintlichen Retters höre ich genau heraus. Schließlich bin ich in der Transaktionsanalyse bewandert und weiß daher, dass mein Mann gerade ein ganz übles psychologisches Spiel eröffnet hat, in welchem er die überlegene Rolle des Retters übernehmen will – natürlich unbewusst. Ich reagiere geistesgegenwärtig: »Nein, nein, nein, du kannst mir nicht helfen! Ich lasse mich von dir nicht in die Opferrolle schieben! Auch wenn ich krank und schwach und komplett hilflos bin! Es geht schon! Es geht schon!«, erkläre ich und schleppe mich weiter bis ins Bett. Oder sollte ich es Bedoffice nennen? Ich arbeite gerne im Bedoffice, insbesondere in der Rolle der Kranken. Träge fällt mein leidender Blick auf den drängenden Brief des Finanzamtes. Ob ich für den heute, wo ich so unpässlich bin, genügend Kraft finde? Ach, so leid es mir tut: Ich glaube kaum. Mal sehen, vielleicht ist mir ja morgen danach. Aber selbst wenn, man darf nichts Großartiges erwarten von einer KRANKEN. Deshalb ist jeder Buchstabe, den ich meiner Krankheit abtrotze, viel, viel höher zu bewerten als all der Quatsch, den ich im Vollbesitz meiner Kräfte immer aus mir rauswinde. Zufrieden gleitet mein Blick über all das Zeugs, das ich jetzt NICHT erledigen muss (weil: ha! Krank!): Teile des Manuskripts, Bücher mit Hunderten von farbigen Haftnotizen drin, Bücher mit dem Titel: *Wie ich die Dinge geregelt kriege* (und zwar mit Selbstdisziplin, von David Allen) und *Dinge geregelt kriegen – ohne einen Funken Selbstdisziplin* (dafür aber mit Ritalin nehmen, von Kathrin Passig und Sascha Lobo).

»Hast du dir schon mal überlegt, ob du von diesen ganzen Psychobüchern krank wirst?«, fragt mein plötzlich in der Tür stehender Mann.

»Meinst du?«, schniefe ich erfreut in Erwartung seiner Beweisführung.

Aber nein: »War doch nur ein Witz!«, fügt er grinsend hinzu. (Wie oft falle ich auf diese Witze eigentlich noch rein?) »Ich wollte dir eigentlich nur sagen, dass ich kurz rausgehe.«

»Okay, tschüss!«

Doch mein Mann streckt den Kopf noch mal zur Tür rein und sagt: »Ähm ...«

»Was denn?«

»Heute Abend ist doch die Party.«

»Krächz!«

»Kannst du da überhaupt hin?«

»Krächz!«

»Du willst da gar nicht hin, stimmt's? Du wolltest da nie hin!«, sagt mein Mann beleidigt und verschwindet.

»Krächz!« Wollte ich wirklich nicht zu dieser Party? Und ich dachte, ich wollte das Buch nicht schreiben?! Oder halt mein Zeugs nicht erledigen. Oder weiß der Geier was nicht. Egal.

▷▷ Versuch »Krank im Bett liegen«

START! So. Aber wie geht jetzt eigentlich »Krank im Bett liegen«? Vielleicht erst mal Nase schnäuzen. So. Dann, was machen wirklich Kranke noch so? Vielleicht Mails checken. Das kriegen auch wirklich Kranke auf die Reihe. Solange sie nicht zu krank sind. Ich greife nach dem Tablet. Mein Mann hat mir heute Morgen drei Artikel weitergeleitet: »Freizeitkrankheit, wie ich sie vermeiden kann« (da diese Krankheit ja bekanntlich durch den Wegfall von Anspannung auftritt, versuche ich ihr immer dadurch zu entgehen, dass ich mich gar nicht erst entspanne), »Verdrängte Gefühle machen krank« und »Represser werden öfter krank«. Represser?! Pff! Seit ich das Buch schreibe, schickt er mir dauernd Mails mit Betreffzeilen à la »Depression unter Magenzecken weit verbreitet … vlt. interessant für dein Buch?« Da gibt's die lustigsten Dinger.

Wollte ich wirklich nicht auf die Party? Halt, halt! Diese Frage führt nur zu psychologischen Spekulationen. Stopp. Lieber konzentriere ich mich wieder auf meinen leicht rasselnden Atem, ein, aus, ein, aus, fffffff … Es klopft. Hups, ich war wohl ein bisschen eingenickt.

Die Tür quietscht auf. »Hi, wir haben dir was mitgebracht, um dich etwas aufzuheitern«, sagt mein Mann, und mein Sohn streckt mir mein Lieblingseis hin.

»Oh toll! Danke!« Ich versuche, das Eis zu nehmen und gleichzeitig das Tablet unbemerkt unter die Bettdecke zu schieben, wobei ungünstigerweise der Bildschirm angeht.

»Kleine Aufmunterung zwischendurch«, fährt mein Mann fort, um dann – als er die Psychoartikel auf dem Schirm aufleuchten sieht – missbilligend festzustellen: »Du arbeitest ja schon wieder! Dein Job ist es jetzt, mal zu entspannen.« (Ein Trick. Darauf falle ich nicht rein! Schließlich weiß ich genau, dass ich dann erst recht krank werde.)

»Genau, Mama, wenn du dich nicht entspannst, ist klar, dass du dauernd krank bist. Im letzten Urlaub vor drei Jahren warst du auch krank!«, sagt der Sohn und betont, dass er, wenn er krank ist, auch nicht den ganzen Tag auf den Computer gucken darf.

Ja zum Geier, was haben die denn? »Ich bin doch überhaupt nicht dauernd krank! Außerdem: Wer hat mir denn die Mails geschickt?«, rufe ich den beiden hinterher. Sie haben natürlich längst das Weite gesucht. Damit sie das Elend nicht weiter mit ansehen müssen. Ich bin doch nicht ständig krank? Und falls doch, merke ich es ja gar nicht, da ich es normalerweise nur für eine psychische Blockade halte. Das Eis ist sehr lecker. Gestern hatte ich gleich zwei davon. Da war aber auch so ein super Wetter, dass ich geschätzte zwölf Stunden auf dem Balkon verbracht habe. Zum Erstaunen der Nachbarn. Die riefen, ist dir nicht kalt? Und die hatten damit schon ein bisschen recht. Aber die Herbstnacht war so lau, wenngleich nicht jeder sie so bezeichnet hätte. Ich hatte halt so ein Urlaubsgefühl. Das hielt mich warm. Beziehungsweise war es eigentlich so ein typisches Vorurlaubsgefühl. So ein »Bald-geht's-los«-Gefühl. Dabei: Bei mir ging ja gar nichts los. Außer dass ich jetzt psychosoma… Verzeihung, außer dass ich jetzt krank bin, natürlich. Aber egal, es fühlte sich halt so an, und deshalb saß ich die ganze Zeit auf dem Balkon rum. Viele Menschen machen so was in der Vorurlaubszeit. Sie verlassen ihre schützende Büroatmosphäre und sagen Adieu zu den ihnen bekannten Viren und Bakterien, die sich dort tummeln. Sie werden unvernünftig, sie gehen raus, viele sogar in die Natur. Andere erledigen irgendwas – und zwar draußen – in ungeschützter Umgebung. Sie gehen schon mal ein Bier trinken in einem Biergarten. Womöglich werden sie alle nur davon krank. Vielleicht gäbe es diese sogenannte Freizeitkrankheit gar nicht, wenn alle Menschen ihren Urlaub komplett im Büro verbringen würden. Jemand sollte diesen Versuch mal machen. Ich schlecke, aber das Eis ist alle. Und ich frage mich das erste Mal: Habe ich mich gestern auf dem Balkon einfach nur erkältet, weil ich aus lauter Übermut auf meine Fleecejacke verzichtet habe? Bin ich vielleicht wirklich krank?

FAZIT:

Als wirklich Kranke war ich leider zu schlapp, um konsequent auf Psychologie zu verzichten. Noch weniger hatte ich die Kraft, psychologische Unterstellungen von liebenden Angehörigen abzuwehren. Aber dennoch ist mir etwas Einmaliges gelungen: Ich habe eine echte Erkältung als echte Erkältung erkannt.

MERKE:

Noch sind Krankheiten, die
nicht psychosomatisch bedingt
sind, nicht ausgerottet.

2. Zeugs erledigen OHNE ...

(Fortsetzung von Seite 26)

... in der Pause einen Stresstest im Internet zu machen, um die eigene Burn-out-Gefährdung festzustellen, OHNE Tipps zum besseren Workflow, einer gelungenen Arbeitsorganisation oder über die Behandlung von Prokrastinationsproblemen (zu deutsch: Aufschieberitis) zu lesen, und auch OHNE neueste Erkenntnisse der Hirnforschung zu Kreativitätsprozessen heranzuziehen.

Ich werde jetzt wirklich wahnsinnig!

Die kühnen Erwartungen nach Selbstversuch eins haben sich bislang noch nicht bestätigt. Ich bin zwar wieder gesund, aber »Schlafzimmerfenster putzen« ist nach wie vor etwas, das erledigt werden sollte, und zwar von mir. Ebenso wie ... ächz. Im Innern meiner Büroschranktür kleben Hunderte von To-do-Zettelchen. Heute verunsichern sie mich kolossal. Wegen des Versuchs. Unterschätze ich dessen Risiken und Nebenwirkungen? Was, wenn ich meiner armen Steuerberaterin aus Versehen eine Drohmail schicke? Was, wenn ich in einer Impulshandlung meine Krankenkasse kündige, um denen mal so richtig klarzumachen, dass sie so mit mir nicht umspringen können? Was, wenn ich den Wasserhahn einfach rausreiße, anstatt ihn zu reparieren, und unbemerkt die Wohnung unter Wasser setze? Derartige Dinge, so scheint es mir jetzt, können leicht passieren, wenn ich plötzlich ohne Psychologie dastehe. Denn: Kein kleiner

Stresstest zwischendurch wird mich vor überstürzten Aktionen schützen. Kein psychologisch durchdachtes Feilen an der Formulierung meiner Ziele wird dafür sorgen, dass mein Unterbewusstsein die anstehenden Dinge ganz von selbst erledigt, und zwar in einem Bruchteil der Zeit. Denn das Unterbewusstsein, so habe ich neulich gelesen, verarbeitet Informationen anscheinend 733.333.333 mal so schnell wie das Bewusstsein (*Erfolg beginnt im Kopf*, Alexander Balaska: Bewusster Verstand erreicht 15 bit pro Sekunde, Unterbewusstsein bis zu 11.000.000 bit pro Sekunde). Auch darf ich nicht davon träumen, wie ich dem neuen Trend des Downshiftens verfalle und derart bedürfnislos werde, dass es in meinem total vereinfachten Leben weder Wasserhähne noch Steuerberater und schon gar keine Krankenkasse mehr gibt. All das werde ich mir verwehren. Die mindeste Vorsichtsmaßnahme ist wohl, dass ich die Telefonverbindungen und das Internet vorher zerstöre beziehungsweise zeitweise abschalte und die Karteikarte mit dem Router-Passwort drauf aufesse.

▷▷ Versuch »Zeugs erledigen«

START (die Zweite)! Ich schüttle meine Finger aus, was idiotisch ist, noch niemals habe ich meine Finger geschüttelt, bevor ich mich an die Erledigung irgendwelchen Zeugs machte. Noch absurder ist, dass ich eine leichte Nervosität verspüre. Normalerweise fange ich beim Anblick meiner To-do-Zettelchen zu gähnen an. Der Versuch verfälscht die Stimmungen. Das ist der Hawthorne-Effekt: Sobald Versuchsteilnehmer wissen, dass sie beobachtet werden, verhalten sie sich ganz anders als sonst. Das stellt natürlich das Ergebnis vieler psychologischer Versuche stark infrage. Auch die Psychoentzugsversuche in diesem Buch geraten dadurch ins Zwielicht. Ganz klar! Wie soll ich es bitte hinkriegen, nicht zu bemerken, dass ich mich selbst beobachte? Geht ja gar nicht. Das ganze Buch hier ist Quatsch. Totaler Unsinn! Ich schreibe es besser gar nicht!

Doch halt! Vielleicht ist alles ganz anders. Dass ich so hemmungslos auf diesem Hawthorne-Effekt herumreite, ist doch nur wieder so eine Ausrede, in der sich mein innerer Widerstand gegen das Buch zeigt. Aber: ha! Gefahr erkannt, Gefahr gebannt. So leicht lasse ich mich nicht abschütteln. Ich rette mich mit dem abstrusen Gedanken, dass sich der Hawthorne-Effekt im Eifer des Gefechts verflüchtigt. Gut. So, mal gucken: »Aussage Radfahrunfall« (ächz), »Bankwechsel« (hm), »Monatsrechnung stellen« (oh nee!), »Handykosten checken wegen Internet«, »Reisekosten Steuer«, »Bankwechsel« (oh, das taucht sogar zweimal auf!), »Steuer«, »Internetrechnungen«, »Passbild Krankenkasse« (weil sie bislang keines der geschickten akzeptiert haben), »Buch schreiben« (immerhin, das mach ich ja gerade, den Zettel kann ich mir schon mal auf den Handrücken kleben), »B. mailen (DRINGEND)« … Ob andere Leute andere To-do-Listen haben? Und steht dann da zum Beispiel so was wie Kartoffelchips essen, Hund ausführen, Whirlpool austesten? Das ist natürlich ein Kinderspiel. Vielleicht sollte ich mal versuchen, ein paar entspannende Tätigkeiten in den To-do-Bereich mit aufzunehmen: Eis essen, schlafen, sonnen … Am besten, ich fange gleich jetzt damit an, sonst bin ich ja auch viel zu angespannt. Ja, genau, Und dann … Nee, halt, das ist jetzt Quatsch. Jetzt ist erst mal die Erledigung von DRINGEND angesagt. DRINGEND mit Großbuchstaben! So. »B. mailen (DRINGEND)« pappt nun ebenfalls auf meinem Handrücken. Allerdings ist DRINGEND in diesem Fall gleichzeitig auch HÖCHST ENTNERVEND, denn die dringende Mail an den viel beschäftigten Auftraggeber B. wird von ihm nach Grundsätzen aus dem Buch »Wie ich die Dinge geregelt kriege« bearbeitet.

Das bedeutet im Klartext Folgendes. Ich frage ihn: »Wie hoch ist das Budget für die Veranstaltung?« In zwei Sekunden habe ich seine Antwort. Sie lautet: »ok!« Ich verweise erneut auf meine sehr konkrete Frage. Er: »kanst du mr nochmls dene rusprungsmail mit der fage schickne?« Ich darauf: »Ja, klar, hier …« Und so weiter. Wenn B. nach gefühlten 50 Mailwechseln schließlich meldet: »da mus ih erstal drüber nacdemken«, juble ich. Geschafft! Meine Anfrage ist aufgestiegen, und zwar von dem Zeugs, das man sofort erledigen soll, weil es nicht länger als zwei Minuten dauert, zu dem Zeugs, das halt doch länger dauert. Mitunter sogar ewig, wenn ich vergesse, einen Termin zu setzen, um B. nochmals an mein Anliegen zu erinnern. Insofern finde ich es total verständlich, dass ich vor dieser dringenden Korrespondenz eine gewisse Scheu habe und den Zettel erst mal wieder zurück an die Schranktür klebe. Stattdessen zupfe ich den mit der »Monatsrechnung stellen« ab. Die geht an einen ganz anderen Auftraggeber, ist aber nicht weniger problematisch. Meist brauche ich mehrere Wochen dafür. Früher hatte ich eine zumindest oberflächlich einleuchtende Ausrede: Für diese Rechnung musste ich immer einiges zusammenrechnen, und ich hasse das Zusammenrechnen. Aber inzwischen wurde auf eine monatliche Pauschale umgestellt. Trotzdem brauche ich immer noch Wochen, um das Ding abzuschicken. Rätselhaft? Was ist da los? Habe ich etwa insgeheim etwas gegen Geld? Obwohl oder gerade weil es bei uns immer relativ knapp bemessen ist? Das ist eine interessante Fragestellung. Für deren Beantwortung könnte ich eine eigene Psychoanalyse machen …

▷▷ Versuch Stopp.

So geht es nicht! Die Zwischenbilanz dieses Versuchs könnte vernichtender nicht ausfallen: Weder hab ich irgendwas erledigt. Noch hab ich nichts erledigt, aber das wenigstens OHNE Psychologie. Stattdessen schwinge ich hier – immer noch vor dem offenen Büroschrank stehend – absurde Tiraden. Zerrüttet schleppe ich mich an den Schreibtisch, um wenigstens mal die Rechnung zu schreiben, wenn nicht OHNE, dann halt MIT Psychologie. Natürlich nur zur Vorbereitung! Damit ich das nächste To-do dann umso souveräner OHNE erledige.

▷▷ Versuchsvorbereitender Versuch »Rechnung schreiben MIT Psychologie«

START!

Es ist 11:05.

Es ist 11:06.

11:35. Irgendwie bin ich auf meine Homepage geraten und habe dort einige Änderungen ausprobiert, zum Beispiel das Foto von mir schief zu setzen. Aber was würden psychologisch geschulte Leute wohl daraus schließen? Ich habe überlegt, das Foto ganz rauszunehmen. Nach einer halben Stunde merke ich, was ich tue. Vor allem, was ich nicht tue: nämlich die Rechnung schreiben.

11:36. Ich google »Prokrastination und Psychologie« auf der Suche nach Hilfe. Ich finde Tipps wie: Loben Sie sich selbst! Teilen Sie alles in kleine Teilaufgaben! Erledigen Sie alles, was Sie in weniger als zwei Minuten erledigen können, sofort. Pff! Lächerlich! Zudem habe ich bei einem Prokrastinationstest gerade 3 von 20 Punkten erreicht: »Glückwunsch!«, heißt es da, »Aufschieben gehört offenbar nicht zu Ihren Angewohnheiten«. Na toll! Und warum schreib ich dann die Rechnung nicht?

11:38. Ich überlege, ob nicht doch noch was wichtiger ist, als diese Rechnung jetzt aufzusetzen. Problem: Ich spüre eine gigantische Abneigung dagegen, noch mal aufzustehen und meine To-do-Zettelchen anzugucken, um das herauszufinden. Warum nur? Es gab Zeiten, da standen viel, viel schlimmere Sachen drauf als jetzt gerade. Ich versuche mich zu erinnern, was genau im Moment an meiner To-do-Schranktür klebt. Damit ich gleich, wenn ich dann aufstehe und wirklich drauf schau, nicht so schockiert bin. Ich könnte allerdings vorher auch einfach die Rechnung schreiben.

11:40. Aber der Widerstand ist einfach zu groß. Ich überlege, schnell eine Mail an eine Freundin zwischenzuschieben. Aber eigentlich ist ja jetzt Arbeitszeit. Das Problem ist, ich habe einfach keine klaren Regeln. Das ist es. Genau. Ich hatte schon immer ein Problem mit Regeln. Ich sollte auch Ulli anrufen – wegen der Schlüssel für die Datsche. Stöhn! Ich werde noch verrückt. Ich guck im Internet nach »Prioritäten und Psychologie«. Google stellt mir sofort einen Seelenverwandten vor: Knut67. Er schreibt: »Ich hab ständig Probleme damit, Prioritäten zu setzen. Ich frage mich, ist es: 1. eine Vermeidungsstrategie von mir? Oder 2., eine Trotzreaktion? Oder ist es 3. der Versuch, die leichteren Dinge zuerst zu erledigen?« Tja! Die Internetgemeinde empfiehlt ihm, erst mal ein genaues »Tracking« zu machen, also ganz genau zu notieren, was er wann macht. So wie ich das hier gerade tue? Der Arme! Das bringt nicht viel. Jedenfalls bei mir nicht. Die Rechnung ist nämlich immer noch nicht geschrieben – trotz »Tracking«. Langsam bekomme ich Angst, dass ich es heute wieder nicht schaffe. Jetzt kommt mir zudem der Gedanke, dass sich vielleicht meine Unlustgefühle durch die übermäßige Beschäftigung mit ihnen und ihren Ursachen am Ende noch belohnt fühlen. Aber dann wäre ja jede Art von psychologischer Aufarbeitung psychologisch höchst fragwürdig. Das kann nicht sein.

11:51. Ich habe es geschafft, die Tintenpatrone zu wechseln! Große Begeisterung! Nach Lektüre einiger Tipps zum Prioritätensetzen bin ich mir sicher, dass mein Problem nicht die großen und wichtigen Dinge sind, sondern mehr das kleine, nervige Zeugs, wie halt die Rechnung zu schreiben. Apropos!

11.53. Die Rechnung! Jetzt! Man muss Anfangsrituale setzen. Das ist wichtig. Also hol ich mir erst noch einen Kaffee. Vielleicht trage ich auch die falsche Kleidung. Wenn ich extra zum Rechnung schreiben immer eine bestimmte Kleidung tragen würde, ginge es wie von selbst. Was soll auch Großes passieren, wenn man in einer Jogginghose steckt? Gibt's ebenfalls psychologische Studien dazu. Allerdings ist die Rechnung ja nicht das Einzige, was ich machen muss. Also müsste ich mich womöglich ständig umziehen. Gut möglich ist auch, dass ich das Rechnung schreiben nur als einen Blocker einsetze. Vielleicht graut mir also gar nicht vor der Rechnung, sondern vor dem anderen Zeugs, was ich danach machen muss? Fühle mich zunehmend entnervt. Google »Entnervt« und »Psychologie«. Bringt nix. Nur Familienprobleme.

11:55. Ich glaube, ich habe Schwierigkeiten mit relativ hurtig zu erledigendem Zeugs, das keinen Abgabetermin hat, wie diese Rechnung. Ich google »Prokrastination« und »wenn die Deadline fehlt«: »Was hilft, sind zum Beispiel selbst gesetzte Deadlines«, glaubt Google. Super Vorschlag. Hier aber kommt endlich mal was Vernünftiges. Der Psychiater Ned Hallowell sagt: »Aufschieberitis ist ein Symptom dafür, dass man zu viel zu tun hat.« Ich liebe ihn! Zudem habe es zwei Ursachen: Entweder sind die Aufgaben zu langweilig oder zu schwierig. Da zu schwierig wohl ausscheidet: zu langweilig! Das ist es. Ich google »Langeweile« und »Psychologie« und finde heraus: Wer sich häufig langweilt, stirbt früher. Das deprimiert mich sehr.

11:57. Noch immer nichts erledigt.

11:59. Ich stoße auf einen Artikel über das Bore-out-Syndrom. Das ist es. Das habe ich. Langeweile ertragen können, fördert aber die Kreativität, heißt es darin.

12:01. Ich lege eine kleine Computerpause ein, um mal nachzudenken.

12:11. So, das war jetzt erfrischend. Ich habe beschlossen: Ich werde jetzt diese Rechnung einfach schreiben! Jetzt! Dank übermenschlicher Willenskraft und OHNE Psychologie.

▷▷ Versuchsvorbereitender Versuch Stopp.

▷▷ Versuch »Zeugs erledigen« !

START (die Dritte)! Ich mach es … unerträglich! Ich hasse es. Erst mal muss ich den Desktop aufräumen, sonst komme ich überhaupt nicht an die richtigen Dateien ran (aber jetzt keinen Gedanken an digitales Messietum verschwenden). Ich fühle mich entsetzlich. Bis das Schreibprogramm überhaupt mal aufgeht! Es geht nicht auf! Warum nicht? Ich werde wahnsinnig! Doch jetzt, jetzt geht es auf, nach gefühlten sieben Minuten. Aber was ist nun schon wieder los? Falsche Datei! Ich hab die nicht angeklickt. Mann! Okay. Jetzt, das ist die richtige. So. Datum austauschen. Halt, vorher noch unter anderem Namen abspeichern … Na, lieber Leser, das ist Hochspannung vom Feinsten, nicht? Wie lange werden Sie und ich das noch aushalten? Puh! Oho. Das Datum. Letztes Mal hab ich die Rechnung erst am 17. geschrieben. Dieses Mal ist es der 5. Der Auftraggeber wird in Ohnmacht fallen. So. Jetzt, wach bleiben! Zweimal August durch September austauschen. Mir ist unerträglich langweilig. Wer weiß, wie viel Lebenszeit mich das kostet. Vielleicht sind Sie als Leser sogar auch betroffen? Vielleicht klappen Sie das Buch doch besser zu! Oder Sie überspringen zumindest dieses Kapitel. So, jetzt noch schnell als PDF abspeichern. Hä? Wohin habe ich die Datei jetzt gespeichert? Wo ist die hin? Na super! Weiß der Geier, wo die jetzt ist. Ah, doch, hier, hier ist sie. Mist! Ich entdecke, dass sich eine Null reingeschummelt hat und ich beim Datum »05.010.« geschrieben habe. Wie sieht das denn aus? »05.010«? Ist ungewöhnlich. Kapiert der Auftraggeber das überhaupt, falls es ihm auffällt? Aber das ist mir jetzt egal. Ich schick das so weg. Verwegen! Mach ich sonst nicht. Ha! Wegschicken? Einfacher gesagt als getan. Ungünstigerweise habe ich vorher alle Browserfenster geschlossen, also auch das mit dem Mailpostfach. Na toll! Meine Laune ist derart am Boden, dass ich spontan beschließe, gleich anschließend noch der Steuerberaterin zu mailen. Typisch! Statt mich zu belohnen! Verdammt, schon wieder verklickt. Aber jetzt! Jetzt! Ist das jetzt der richtige Anhang? Ach komm, weg damit. So. Die Mail ist raus. Jetzt schnell weiter, bevor ich schlappmache. Oh nein! Jetzt hat der Browser die Adresse der Steuerberaterin nicht? Wieso nicht? Stöhn! Ich bin im falschen Mailpostfach. Schock, jetzt fällt mir gerade ein, ich sollte unbedingt auch noch die Steuerberaterrechnungen überweisen, da kam schon die Mahnung, verflucht! Hallo, ist noch ein Leser da? Erstaunlich. Alle Achtung, das muss ich schon sagen. So. Jetzt login! Ich klappe gleich zusammen vor Widerwillen und Langeweile. So. Jetzt. Onlinebanking. Hä! Was ist jetzt schon wieder?

Wieso ist jetzt plötzlich der Rechnungsbetrag unterstrichen, was soll das denn? Ist doch sonst nie! Ach was, ignorier ich einfach. So, geschafft! Das Geld ist überwiesen. Aber ich bin am Ende. Mehr geht wirklich nicht. Es war grauenvoll. Keinesfalls fühl ich mich jetzt irgendwie gut, weil ich was erledigt habe. Lebenszeit wurde mir gestohlen! So fühl ich mich. Völlig ausgebrannt oder totally bored out.

FAZIT:
MIT Psychologie hab ich zwar nichts erledigt, aber das dafür wesentlich besser, schöner.

MERKE:
Große Unlust, eine gewisse Sache zu erledigen, ist meist kein Anzeichen für eine Burn-out-Gefährdung, sondern dafür, dass diese Sache total nervig ist.

4. Extrem hungrig einkaufen gehen OHNE ...

... selbst entwickelte Antimaßnahmen gegen manipulative Fallen der Werbe- und Verkaufspsychologen (wie etwa nie Einkaufswagen nehmen, sondern sich beim Tragen lieber von anderen Einkaufsopfern helfen lassen, die dadurch selbst auch gleich weniger einkaufen) oder eine einzige der vielfältigen von Verbraucherschutzorganisationen entwickelten Psychostrategien anzuwenden und OHNE über fiese Werbetricks auch nur nachzudenken und sie deshalb wohl gar nicht erst zu bemerken. Wie auch? Also: Einfach einkaufen und in jede Psycho-Verkaufsfalle reintappen! Schluck!

Die Großhirnrinde kippt sich einen hinter die Binde

»Einen Milchkaffee zum Mitnehmen, bitte!« Und dann ist Schluss. Bis zum geplanten großen Supermarkteinkaufserlebnis in fünf Stunden soll diese, meine erste Mahlzeit des Tages, auch meine letzte sein. Erstaunt stelle ich fest, dass ich diesem Versuch uneingeschränkt entgegenfiebere. »Stark oder normal, den Kaffee?« Lustig, ich hab den Versuch noch gar nicht gestartet, schon erweitert sich automatisch das Warenangebot. Toll! »Stark! Bitte! Danke!« Denn ich bin nicht wirklich ausgeschlafen. Das gehört mit zum Versuch. Auch werde ich heute nicht zwischen 10 und 12 Uhr einkaufen gehen, wie es der Supermarkt-wissenschaftler Paco Underhill empfiehlt. Diese Tageszeit, in der ich – wie viele andere Menschen auch – die persönliche Leistungsspitze erlebe, werde ich heute ausnahmsweise mal zum Arbeiten verwenden und nicht zur Abwehr fieser Psychotricks im Supermarkt. Heute werde ich beim Einkaufen extrem schlapp sein. So schlapp, dass ich mir nicht mal vorstellen kann, mit Stöpseln in den Ohren (gegen Audiowerbung) und in der Nase (gegen kaufanregende Düfte) am Boden durch den Supermarkt zu robben, um so den überteuerten Angeboten aus der Greif- und Blickzone zu entgehen und gleich die günstigen Produkte der Bückzone vor Augen zu haben. Zu Hause bleiben müssen auch Lupe und Taschenrechner, die ich mir manchmal wünsche dabeizuhaben, aber nie habe. Gar nicht selten stehe ich vertieft in ein Rechenproblem vor einem Regal, um zwischen normaler Kekspackung, der Vorteilsgroßpackung sowie der Kombipackung die günstigste Variante rauszukriegen. Ha! Das kurzfristige Glücksgefühl, es der Schokolinsenindustrie durch den Kauf von dreizehn Kleinstpackungen mal wieder richtig gezeigt zu haben, verfliegt leider meistens, wenn ich an der Kasse ausrechne, wie viel ich als Freiberufler in der Zeit der Preisvergleiche möglicherweise hätte verdienen können – vielleicht doch mehr als 13 Cent?

Mit meiner in fünf Stunden angehungerten Schwäche werde ich einen dieser überdimensionierten Einkaufswagen als Rollator brauchen. Mit dem werde ich auch nicht – wie vielfach empfohlen – verkehrt herum durch den Laden düsen, also gleich eine Abkürzung zu den Kassen nehmen, um dann von dort aus rechts herum von der Süßigkeitenabteilung wieder zum Gemüse zurückzuzuckeln. Nein, heute werde ich mich ganz dem wunderbaren menschlichen Linksdrall hingeben. Schließlich sind unsere

Supermärkte extra dafür gemacht. Dieser natürliche Drall führt nämlich dazu, dass ich in der Linkskurve aufgrund von Fliehkräften und schlecht in den Kurven liegenden Einkaufswägen an der rechten Außenwand entlangschrammen werde. Quasi automatisch reißt dann meine vom Körper wegwehende Hand die dort gelagerten Waren mit. Andere Einkaufspsychologen haben festgestellt, dass alle Sachen, die links liegen, viel aufmerksamer betrachtet werden als die rechts liegenden, weshalb es also in der Linkskurve womöglich gar zu einer gleichzeitigen Befüllung des Einkaufswagens von beiden Seiten kommen kann. Als absolutes Highlight werde ich heute keinen Einkaufszettel dabeihaben. Der lässt mich üblicherweise wie ein verschrecktes Kaninchen zwischen den Regalen hin und her hoppeln, weil leider die Anordnung auf dem Einkaufszettel nie mit den Produktverstecken im Supermarkt übereinstimmt. Der Vorteil des Hakenschlagens soll sein: Ich werde nicht von den Werbefüchsen geschnappt. Das Genialste heute ist: Da ich gar keinen Einkaufszettel mitnehme, kann ich auch nichts auf seiner Rückseite notieren. Dort soll man während des Einkaufens all die Dinge aufschreiben, die man gerade wahnsinnig gerne kaufen würde, die blöderweise aber nicht auf der Liste stehen. So baut man Verführung vor. Erst zu Hause sollen sich die Rückseiten-Wunschartikel dann für einen Listenplatz auf der Vorderseite des nächsten Einkaufszettels qualifizieren dürfen. Damit verhindert man, dass man jemals aus purer Lust irgendwelche Dinge kauft. Jeder Einkauf wird zur lästigen Pflicht. Tolle Sache!

Selbstverständlich gehört dieser raffinierte Ratschlag zu den Grundprinzipien des vernünftigen Shoppens, die ich versuche, auch meinem Sohn beizubringen: »Wenn du morgen das jaulende und blinkende Plastik-Laserschwert noch willst, kannst du dich ja immer noch in gigantische Taschengeldschulden stürzen.«

»Aber Mama, morgen will ich doch wahrscheinlich was ganz anderes!«, entgegnet er entrüstet.

»Na siehste!«, antworte ich, begeistert über meine gelungene Beweisführung. Doch in den Augen meines Sohnes erkenne ich: Er findet meine Worte total sinnlos oder komplett irre. Denn: Wird er sich mit dieser Aufschiebetechnik jemals irgendwas kaufen können? Das ganze Prinzip leuchtet ihm nicht ein. Klar! Schließlich weiß er ja noch nicht, dass die Freuden eines Impulskaufes ganz kurz vorm Drogenkonsum stehen.

»So, bitte schön, der Milchkaffee! Wollen Sie unsere Bonuskarte?«

Ha! Die Bonuskarte ist natürlich der kleine Bruder des Rabatts beziehungsweise seine zehn großen Schwestern. Rabatte, das hat der Hirnforscher Bernd Weber rausgekriegt, schalten den Verstand des Konsumenten aus. »Beim Betrachten von Produkten mit Rabatt ist ein Teil des sogenannten Belohnungssystems in der Gehirnmitte (das Striatum) bei Probanden besonders aktiv. Weniger aktiv ist es, wenn die Rabattschilder fehlen.« Gleichzeitig sei das Vorderhirn, wo das Kontroll- oder Verstandeszentrum sitzt, quasi ausgeschaltet. Yep! Ich spüre deutlich, was mir mein Striatum sagen will. Heute ist DEIN Tag, Gehirnmitte.

»Ja«, sage ich lächelnd, »warum eigentlich nicht. Gerne nehme ich die Bonuskarte.« Mein Striatum dankt es mir mit einer Woge von beglückenden Gefühlen. Das Striatum der Thekenkraft scheint ebenfalls in Aktion zu sein, wahrscheinlich weil sie es geschafft hat, mir eine Bonuskarte anzudrehen. In bester Laune verabschieden wir uns, und ich habe – dank psychologischer Selbstüberlistung – tatsächlich das Gefühl, dass dieser Milchkaffee ganz besonders außergewöhnlich lecker schmeckt. Und für diesen leckeren Kaffee habe ich die Bonuskarte in der Tasche. Der Tag fängt prächtig an. Mein Rabattbereich im Gehirn überschüttet mich mit Endorphinen. Mein Einkauf heute Nachmittag wird sicher gigantisch werden: Auf der extra für mich als Kundin präparierten Route treibe ich durch den Supermarkt, und wie von selbst fliegen mir die auf der Theke dargebotenen Käsewürfel in den Mund. Während ich noch kaue – zack –, wird die Falle zuschnappen. »Lecker, oder?«, wird eine aus dem Nichts auftauchende Käsefachverkäuferin mich, ihr kauendes Opfer, fragen. »Wie viel darf ich Ihnen geben?« Die Thekenprobierangebote gelten als besonders teuflischer Trick, in Fachkreisen als Reziprozitätsfalle bekannt, in anderen Fachkreisen (zum Beispiel in der Wochenzeitung *Die Zeit*) werden sie schon mal mit dem verstörenden Ausruf »Als ob wir nicht wüssten, wie Käse oder Äpfel schmecken!« gegeißelt (Marcus Rohwetter). Was ich nicht gleich von den Thekenfallen wegfuttern kann, das werde ich anfassen. Ich werde sanft über die Oberflächen der Verpackungen streichen, denn der Tastsinn ist direkt mit dem Emotionssystem verbunden, sagt Olaf Hartmann, Experte für Multisensorik. Und ich werde alle Packungen, die ich schön finde, einfach in meinen riesigen Wagen laden. Kurz: Ich werde das totale Einkaufsopfer sein. Was sonst? Denn wenn ich ohne jede psychologische Erwägung einfach kaufe, worauf ich Bock habe, müsste ich im Prinzip genau das kaufen, worauf auch der Laden Bock hat, dass ich es kaufe. Zumindest wenn der Werbeguru und Werbewarner in Personalunion, Martin Lindstrom, recht hat: »Der Kauf als freie und bewusste Entscheidung am Ende eines rationalen Abwägungsprozesses ist eine Illusion. Wir kaufen nicht selten, was wir kaufen sollen. Wir bezahlen dann den Preis, den wir bezahlen sollen. Und sind am Ende überzeugt, das Richtige getan zu haben«. Das ist der Plan. Noch heute Morgen versuchte mein Mann, das Schlimmste zu verhindern. Mit den Worten »Ähm, ich rette mal ein bisschen Geld aus der Haushaltskasse« holte er die größten Scheine aus unserem Einkaufsgeldbeutel. Tja, niedlich. Offenbar denkt er, ich will bar bezahlen. Er ist und bleibt ein Träumer.

Ich erzählte ihm ein paar Neuigkeiten aus der Realität. »Also«, sagte ich, »es gibt doch dieses Pareto-Prinzip.«

»Das was?«

»Pareto! Das bedeutet: Wenn du für irgendwas insgesamt 100 Minuten brauchst, hast du nach 20 Minuten bereits 80 Prozent davon geschafft. Die restlichen 80 Minuten brauchst du dann für die restlichen 20 Prozent. Oder war's andersrum? Nee, das wär ja Quatsch!«, behauptete ich bestimmt und dozierte schnell weiter, bevor eine seiner Wortmeldungen mir den Schwung nehmen konnte: »Da derzeit kaum noch Pareto-Prinzip-freie Sachbücher auf den Markt kommen, halte ich es inzwischen schlicht für DAS Grundprinzip des Lebens. Jedenfalls, zuletzt habe ich gelesen, dass man 80 Prozent der Einkaufszeit auf 20 Prozent der Ladenfläche verbringt. Ist das nicht irre?«

»Na ja«, sagte er, »ein bisschen irre« sei das schon. Aber auch er habe erst gestern nach diesem Prinzip eingekauft. Ich schaute ihn fragend und neugierig an. »Ganz einfach«, erklärte er, »nachdem ich 20 Prozent des Weges zum Supermarkt zurückgelegt hatte, bin ich umgekehrt, weil ich damit ja 80 Prozent des Einkaufens bereits erledigt hatte.« Die restlichen 20 Prozent hätten nur unnötigerweise genau jene Energie verkonsumiert, mit der er gerade jetzt auf dem Küchenstuhl sitze. »Wir haben jetzt deshalb ein bisschen weniger im Kühlschrank, du hast also freie Hand für deinen prinzipienlosen Einkauf heute!«

Top! Normalerweise erledigt nämlich er 80 Prozent unseres Einkaufs – selbstverständlich in 20 Prozent der gesamten Einkaufszeit. In den restlichen 80 Prozent Einkaufszeit suche ich nach all dem Zeugs, von dem er sagt: »Das hatten die nicht!« Also: Gemüse, Obst, Salz, Vanilleschoten, Muskatnüsse aus dem Nildelta – limitierte Edition. Würden wir den irren Versuch starten, diese 20 Prozent gemeinsam einzukaufen, sähen wir alt aus. Wir würden nur mit der Hälfte davon heimkommen. Das hat der Wissenschaftler Daniel Kruger von der University of Michigan herausgefunden, offenbar ein Gegner des Pareto-Prinzips. Weil Männer als typische »Buyer« das erjagte Fleisch so schnell wie möglich nach Hause bringen wollen, drängeln sie die Frauen permanent zum Aufbruch. Und dabei wollen die doch als typische »Shopperinnen« lange und gründlich die leckeren Käsewürfelfallen prüfen. Um genau dies möglichst vielen Frauen trotz ihrer Begleitmänner zu ermöglichen, versucht man, so Franz-Rudolf Esch, Professor für Markenmanagement, die Männer mit duftenden Bockwürsten am Ladeneingang abzufangen. Und genau dort befinde ich mich jetzt.

▷▷ Versuch »Extrem hungrig einkaufen gehen«

START! Nicht nur die Bockwürste duften, auch die frischen Brezeln, Brötchen, Schinkenhörnchen verströmen verlockende Düfte. HUUUUNGER! Mir läuft das Wasser im Mund zusammen. Das ist ein Problem. Eine Versuchskomplikation. Einerseits müsste ich mir ja nun – wie vom Versuch vorgesehen wäre – eine Spontan-Bockwurst reinziehen. JAAAA! Aber dann wäre ich ja satt und der Versuch damit beendet, bevor ich den Laden richtig betreten habe. Mmmmh! Diese Wurst würde sich so großartig auf meiner Zunge anfühlen. Verdammt! Dass es mir der Supermarkt selbst so schwer machen würde, hungrig einkaufen zu gehen, damit habe ich überhaupt nicht gerechnet. Ich sehe, dass ich bereits einen leichten Schlenker hin zum Wurststand gemacht habe. Halt! Halt! Ich will nicht umsonst fünf Stunden gehungert haben.

▷▷ Versuch Stopp.

Mit einer Reihe von selbstsuggestiven Einflüsterungen setze ich mich gegen die Verführungskraft des ja wahrscheinlich eh nur künstlichen Aromadufts zu Wehr. »Aber die Wurst ist trotzdem real«, flüstert mir mein Magen zu. »Woher willst du das denn wissen? Alles Tricks, alles Tricks!«, sage ich, nicht restlos überzeugt. Ich halte die Luft an und stürze mich auf einen der riesigen Einkaufswagen. In den lasse ich meine Tasche fallen und stütze meinen müden, wahrscheinlich sauerstoffreduzierten Körper drauf. So rolle ich in die Gemüseabteilung, auch Bremszone oder Dorfmarkt genannt. Vorsichtig hole ich Luft. Puh! Kein Bockwurstduft mehr! Gott sei Dank! Ich bin gerettet! Jetzt kann's losgehen.

▷▷ Versuch »Extrem hungrig einkaufen gehen«

START (die Zweite)! Direkt vor mir ragt ein Kirschenstand auf. Lecker! Und so praktisch. Ich nehm die bereits eingetüteten. Und ich wiege die gar nicht nach. Ab damit in den Wagen. Die Glücksgefühle sind enorm. Nur ganz kurz denke ich an Geld. Mist! Das ganze Versuchssetting ist eigentlich kompletter Unsinn. Nur weil ich ohne Psychologie unterwegs bin, habe ich ja nicht unbegrenzt Kohle zur Verfügung. Müsste nicht das Budget gleich bleiben? Macht sonst der Versuch überhaupt Sinn? Sollte ich den Versuch erst mal abbrechen? Aber: Ich will den Versuch nicht abbrechen. All die leckeren Sachen hier! Ich will die jetzt kaufen! Und zudem: Geht es nicht genau um Tricks, die einem das Geld aus der

Tasche ziehen? Wie soll man die mit einem festen Budget austesten? Ich blicke in den Wagen und entdecke freudig überrascht, dass dort neben den Kirschen jetzt auch eine Packung Erdbeeren liegt. Wie kommen die denn dahin? Wahnsinn! Es funktioniert. Ich kaufe einfach, was ich nach Ansicht der Supermarktleitung kaufen soll, und bin total glücklich darüber. Ich muss den Versuch auf jeden Fall fortsetzen. Ich rolle weiter, dem sogenannten Schnelldreher-Kühlregal zu, um ein paar Liter Milch rauszuholen. Das muss sein. Ohne Milch können wir nicht überleben. Reste von Vernunft sind also in meinem Kopf noch vorhanden. Auf dem Weg dahin komme ich an einigen apart platzierten Weidenkörben und rustikalen Holzkisten vorbei. Aus denen nehme ich mir etliche große Käsebrocken und eine neuartige Salami mit schönem Goldwappen heraus. Habe ich schon erwähnt, dass ich mich super fühle? Wie der Kaiser auf dem Dorfmarkt. Ich kann mir überall einfach was rausnehmen, ohne zu bezahlen. Der tollkühnste Kauf passiert, als ich in die Truhe der besonders leckeren Käsespezereien greife und plötzlich einen spanischen Käsekuchen in der Hand halte. Hocherfreut lege ich ihn ebenfalls in den Wagen. Was für ein genialer Trick. Mein Magen knurrt. Ich knurre im Takt weiter. Auf der »Frischtheke« stehen Käse- und Wurstwürfel zum Probieren. Allerdings ist da eine durchsichtige Glocke drübergestülpt. Die müsste ich erst mal hochstemmen, um da dranzukommen. Dafür bin ich leider zu schwach, womöglich schon ein bisschen unterzuckert. Lieber schnappe ich noch zwei sogenannte »Packs« Nudeln, die zu einem riesigen Turm aufgehäuft sind. Das Pack zu keine Ahnung wie viel. Ich bin trotzdem höchst zufrieden, denn es handelt sich um sogenannte Vorteilspacks. Ich fühle mich sehr gut! Irgendwie im Vorteil. Schade nur, dass ich vorher die Bockwurst nicht vertilgt habe. Dann könnte ich – und das würde ich auch tun – viel, viel länger einkaufen. Aber so: Ich muss jetzt wirklich was essen. Und zwar bald, sonst legt es mich zwischen Drehregal und Hygieneartikeln lang! Ich halte es nicht mehr aus und rolle zur Kasse. Der Typ vor mir hat zwei fettarme A&P-Milchtüten auf dem Band liegen. Entgeistert starrt er in meinen Einkaufswagen. Schließlich wirft er mir einen verächtlichen Blick zu. »Ist sicher reine Projektion«, werde ich mich später außerhalb des Versuchs beruhigen. Jetzt aber stelle ich andere Überlegungen an: Jeder aufmerksame Beobachter erkennt sofort, dass ich – bis auf die Milch – ausschließlich Produkte aus Stapeln genommen habe, die sie mir direkt an den Wegesrand auf Greifhöhe hingestellt haben. Fast so, als hätte ich mir meinen Weg freigekauft. Ich habe genau das einpackt, was ich sollte. Ein bisschen schäme ich mich jetzt dafür. Der fettarme A&P-Milch-Mann muss mich für völlig bescheuert halten. Ich versuche so auszusehen, als hätte ich diesen Einkauf nur zu experimentellen Zwecken gemacht. Ich weiß nicht, ob er es kapiert. 52 Euro … Hups. Ein bisschen happig ist das schon für die paar Sachen. Aber lecker! Alles so lecker! Oder?

▷▷ **Versuch Ende.**

Doch! Ist lecker! Vor allem, wenn man Hunger hat! Während ich zu Hause die köstliche Salami kaue und beim Begutachten der eingekauften Waren überlege, was ich als Nächstes essen könnte, fallen mir zwei untypische Einkaufsergebnisse auf. Erstens, auf keinem einzigen Produkt steht: »Nur für kurze Zeit« oder »Limited Edition«. Das ist höchst ungewöhnlich. Unser Kühlschrank ist voll von dem Zeugs. Weil das extra für Leute wie mich ersonnen wurde. Leute nämlich, die mit ihrem Wissen über perfide Verkaufstricks diese aushebeln und beworbene Sachen schon allein deshalb nicht kaufen, weil sie beworben werden (unter Marketingexperten ist dies als Bumerangeffekt von Werbung gefürchtet). Extra für diese Schlaumeier werden Produkte künstlich verknappt und irgendwo unauffällig im Regal die sogenannten Reaktanzfallen aufgestellt. Bislang kannte ich keinen einzigen Psychotrick dagegen. Ich war wehrlos. Ich musste das Zeugs kaufen. Noch schlimmer: Ich stritt sogar ab, dass es sich bei der Reaktanzfalle überhaupt um eine Falle handle. Schließlich gebe es das Produkt ja wirklich nur für kurze Zeit. Sprach ich, obwohl ich sogar den Namen der Falle kannte. Jetzt habe ich ein Mittel dagegen gefunden. Sobald ich mich allen anderen Supermarktfallen hemmungslos ergebe, verliert die Reaktanzfalle jede Wirkung. – Mmmmmh! Der Käse ist auch nicht schlecht. – Zweitens fällt mir auf, dass ich gar keine Quengelware gekauft habe. Psychologen hätten mir das vorher sagen können. Schließlich belohne man sich mit der Quengelware dafür, dass man mal wieder Übermenschliches geleistet habe: Auf dem langen Weg zur Kasse ist man auf zahllose Aktionspreise, Sonderangebote und Probierstände, womöglich sogar »Limited Editions« eben nicht hereingefallen. Das ist schon ein Grund – so flüstern einem die dadurch stark ermüdeten Abwehrkräfte des Verstandes zu –, sich eine kleine Belohnung aufs Band zu legen. Ha! Wer aber wie ich auf dem langen Weg zur Kasse gar nichts geleistet hat, und schon gar nichts Übermenschliches, der braucht auch keine Belohnung. Entweder hat er schon eine Großpackung Süßes im Wagen oder halt einen spanischen Käsekuchen, der – wie ich gerade feststelle – fantastisch schmeckt. Allerdings hatte ich auch keinen Nachwuchsquengler dabei. Was gemein ist. Was sich rächen wird. Vielleicht schon in wenigen Jahren. Dann wird mir der Sohn nicht nur, wie alle Jugendlichen ihren Eltern, eine üble Doppelmoral vorwerfen. ER wird auch Beweise dafür vorlegen können – hier in diesem Buch. Angesichts dieser Beweise werde ich dann wohl auch nicht mehr abstreiten können, dass mein Mann und ich uns früher in den Nächten heimlich mit all den Süßigkeiten vollstopften, die für den Sohn viel zu schädlich waren. Deshalb mussten wir sie ja essen. Bei uns war es ja schon egal. Während also alle anderen Mütter und Väter darauf beharren werden, dass das alles üble Verleumdung ist und gar nie so stattgefunden habe, wird mein Sohn mir dieses Buch vorhalten und den Text über den Einkaufsversuch vorlegen: »Haste mich mitgenommen oder nicht?« Und ich werde ins Stottern kommen. Es wird schreck...

»Hallo«, stellt mich mein plötzlich in den Türrahmen teleportierter Sohn zu Rede. Hinter ihm liegt die Schulmappe auf dem Boden. »Was is'n das? Käsekuchen? Darf ich? Mmmmh, übelst lecker!«

»Ähm«, sage ich und höre mich fragen: »Willst du morgen mit einkaufen kommen? Dann können wir noch mal einen holen.« Das war natürlich reichlich plump.

»Och, nö! Hol doch ohne mich noch einen.« Er entscheidet schnell. Das war zu erwarten. Ich kann es ihm nicht mal verdenken. Er kennt Einkaufen nur als Aufklärungsexkursion in einen menschenfeindlichen Dschungel aus psychologischen Fallen. Seit er fähig ist, die ersten Worte zu verstehen, begannen mein Mann und ich ihn zu warnen: vor Gesichtern auf Packungen, vor Wurst in Bärchenform, vor niedlichen Figuren und lustigen Sprüchen und natürlich vor Quengelware. »Guck, das legen ein paar ausgemachte Kinderhasser extra dahin, damit Kinder Ärger mit ihren Eltern und dem Zahnarzt bekommen«, erklärten wir ihm so oder doch zumindest ähnlich. Wir behaupteten, dass oft gerade die Produkte für Kinder aus besonders schlechten Zutaten bestehen. Wir zeigten ihm, wie man mit teuren Großpackungen reingelegt wird und wie man immer die Grundpreise vergleichen muss, und natürlich weiß er alles über die Wirkung von Zucker. Ich selbst habe diese ganzen Gefahren im Supermarkt kurz nach der Geburt meines Sohnes entdeckt. Da schließlich bei ihm – wie bei allen Kindern – der vernünftige präfrontale Kortex noch nicht so ausgeprägt sein soll, sah ich ihn schon hilflos am Gängelband des triebhaften limbischen Systems durch den Laden gezogen werden. So erging es jedenfalls mir, bevor der Sohn geboren wurde. Ihm sollte das nicht passieren. Er kennt jetzt schon alle Tricks. Wieso sollte er also Lust haben, einkaufen zu gehen?

Irgendwie muss ich andeuten, dass es um keinen normalen Einkauf geht. Aber warum nicht? Einfach so? Keine gute Idee, ohne vernünftige Begründung schafft man ungute Präzendenzfälle. Er schaut mich prüfend an: »Is was?«

»Ähm, ja, also ich schreibe doch dieses Buch ...« Ich weihe ihn in das Einkaufsexperiment ein.

Er hört sehr interessiert zu. »Ich darf auch Sachen aussuchen?«

»Öhm ...«, ich zögere noch, während ich mich schon längst »Ja« sagen höre und von einer Vision des Grauens überfallen werde: Ich sehe mich einen Lastwagen anmieten, um den ganzen Süßkram abzutransportieren. Und mein überglücklicher Sohn erklärt mir währenddessen: »Mama, du hast recht, das sind total böse Menschen, guck mal, was die mich alles haben kaufen lassen!«

»Mama!!! Für wie viel? Was ist mein Budget!«

»Was? Ach so, wie viel?« Völlig überhastet sage ich: »Fünf Euro?!« Oweia, das Grinsen auf seinem Gesicht zeigt mir deutlich: Das war viel zu großzügig kalkuliert. Bei geschicktem Einkauf können das bis zu sieben Kilo Zucker sein. Bin ich verrückt? Ja. Aber nun muss ich da durch. Allerdings nicht ohne auf weitere Vertragsdetails festgenagelt zu werden: Wann genau darf das Erstandene in welchen Mengen gegessen werden? Auch vor dem Frühstück? Und werde ich wirklich nichts dazu sagen und im Supermarkt auch nicht in Beratungstätigkeiten verfallen? Er darf sich alles komplett selbst aussuchen?

»Ja, das schon«, versuche ich noch etwas zu justieren, »aber du kannst jetzt natürlich nicht die ganzen nächsten Wochen permanent Süßigkeiten essen, es müssen süßigkeitenfreie Stunden dazwischen sein.«

»Wie viele?«

»Zweimal fünf!«

Schnell rechnet er nach, wie oft er dann am Tag naschen kann. »Dreimal vier!«, fordert er.

»Okay«, willige ich ein.

»Okay«, sagt auch er und: »Gehen wir los?«

Ich lächle. »Morgen«, sage ich, »morgen.«

Am nächsten Morgen fragt er, recht früh: »Gehen wir los?«

»Hm. Wir müssen erst Hunger bekommen.« Er hat schon Hunger. Höllischen Hunger. »Du hast gerade erst gefrühstückt!«, wende ich ein. Na ja, er hat noch nicht sooo Hunger, aber ein bisschen schon. In den kommenden zwei Stunden steigert sich dieses bisschen Hunger zu einem vor allem für mich kaum mehr auszuhaltenden Wahnsinn.

»Mama, ich hab so Hunger!«

»Ich auch!«, behauptet mein Mann. Wahrscheinlich hofft er auf weiteren Käsekuchen oder auf eine ruhige Wohnung. Wir starten den Versuch, wahrscheinlich verfrüht.

▷▷ Versuch »Extrem hungrig einkaufen gehen«

START (die Dritte)! Wir rollen in den Supermarkt, mein Sohn in bester Laune, ich selbst ziemlich verunsichert. Was für einen Quatsch mach ich da eigentlich? Ich merke, dass ich nur eines will: so schnell wie möglich wieder raus dem Laden. Der Sohn fängt schon an, den Wagen vollzuladen. »Käsestrings gehen doch von der Haushaltskasse ab, oder?«

»Äh, ja«, sage ich, muss ich sagen, weil Käsestrings die jüngsten Zugeständnisse sind, angesichts dessen, dass alle in der Klasse außer ihm die bereits seit mehreren Jahrzehnten essen dürfen.

»Darf ich Bananensaft?«

»Okay!« Ich entspanne mich langsam. Vielleicht wird es ja doch nicht so schlimm. Angefixt von meinem letzten Ausflug kaufen wir wieder Erdbeeren und Kirschen. Tomaten. Mozzarella. Wir kommen an der Wursttheke vorbei. Mein Sohn probiert.

»Lecker, oder?«

»Nee!« Das ist nicht die richtige, er möchte eine Bockwurst. Oder nee, doch nicht. Denn jetzt entdeckt er voller Begeisterung die Miniwurst von Ferdi Fuchs. Er weiß bereits, dass man die nicht wirklich als Wurst bezeichnen kann, sondern dass es sich dabei eher um Wurstmüll handelt, was ich daraus schließe, dass der »total süße« Fuchs Ferdi dafür wirbt. Wirklich wissen tu ich das natürlich nicht. Als der Sohn jetzt den Wurstmüll von seinem Budget in den Wagen lädt, bin ich glücklich: Das sind bis zu zwei Kilo Zucker weniger als befürchtet. Wir biegen in die Süßigkeitenabteilung ab, wo wir die nächsten anderthalb Stunden verbringen. Ich stehe rum und berate vertragsgemäß nicht oder zumindest wenig (manchmal kann ich mich nicht zurückhalten und versuche, ihn auf besonders kostspielige Schokoladentafeln aufmerksam zu machen, in der Hoffnung, so die Zucker-/Fettgesamtmenge zu senken). Ab und an erinnere ich an die vergehende Zeit und daran, dass er doch total Hunger habe.

»Ist nicht mehr so schlimm«, bekundet er. Verflixt. Aber mir knurrt der Magen gewaltig! Er recherchiert, er vergleicht, liest, rechnet und entscheidet sich für einen ausgewogenen Mix an altbewährten und neuen Angeboten: eine Tafel Schokolade (mit Kindergesicht drauf), eine Tüte neuartiger Bonbons und »dann habe ich noch 70 Cent für Quengelware«, sagt er und: »Wir können.«

Als wir an der Kasse ankommen, tätigt er noch seinen von langer Hand geplanten Impulskauf, ich dagegen lege völlig ungeplant einen Eiskaffee aufs Band. »Mamaaaa!«, ruft mein Sohn verblüfft, erstaunt und womöglich sogar besorgt aus.

FAZIT:
Durchbruch! Zum ersten Mal ging der Psychologie-Entzug ganz leicht. Ähm, Moment mal! Genauer gesagt ging natürlich der Entzug von Tricks gegen fiese Psychofallen im Supermarkt ganz leicht. Nach dieser einseitigen Abrüstung funktionierten Letztere – bis auf einige kleine Ausnahmen – bei mir zumindest umso besser! Angenehm! Jedoch teuer, womöglich sogar ungesund! Aber die mir nachfolgende Generation – die macht mir echt Hoffnung!

MERKE:
Wenn Sie im Supermarkt ausschließlich in Greifhöhe platzierte Produkte kaufen, kann Ihr Gehirnareal zur Abwehr fieser Psychofallen trotzdem richtig funktionieren. Sie haben vielleicht nur einen Hexenschuss und können sich weder bücken noch strecken.

5. Einen Blick auf den gruselig niedrigen Kontostand werfen OHNE ...

... von der inneren Stimme einen der folgenden Sätze an die Schädeldecke geworfen zu bekommen: »Reichtum beginnt im Kopf«, »Geld verdirbt den Charakter«, »Geld macht nicht glücklich«, »Geld macht glücklich«, »Geld macht unglücklich« oder über den analen Ursprung des Geldes und der eigenen Fixiertheit darauf nachzudenken.

Sitz, Dagobert! Sitz!

»Betrag von 150 Euro abheben ist nicht möglich, maximal 130 Euro möglich«, behauptet der Geldautomat. Hä? Wie, nicht möglich? Was soll das denn heißen? Verblüfft verharre ich für ein paar Sekunden regungslos vor dem Ding, bis ich eine Art Mitgefühl spüre. Hat er halt gerade nicht mehr. Ist ja auch Ende des Monats. In einem Anflug von Großzügigkeit murmle ich: »Is nich so schlimm, alter Junge. 20 Euro weniger kann ich gerade noch verkraften.« Ich lasse die 130 möglichen Euro rausrattern und stopfe sie in meinen Geldbeutel – beglückt darüber, dass ausgerechnet ich noch die letzten Euros erwischt habe. Sie erscheinen mir fast wie ein Schnäppchen. Ha! Dieses Geld macht noch glücklicher als normales Geld. Kurz überlege ich, ob ich drinnen in der Bank Bescheid sagen soll, dass ihr Automat da draußen nach meinem Raubzug nun pleite ist. Aber wahrscheinlich leuchten bei denen schon alle Warnleuchten auf sämtlichen Computern. Deshalb sage ich nur einer nachfolgenden weniger glücklichen Kundin: »Ich fürchte, da ist kein Geld mehr drin.« Und entschwinde. Eile mit fünf großen Schritten auf die nächste Ampel zu. Bei Schritt eins überlege ich, dass ich jetzt wirklich dringend die Bank wechseln sollte. Gleich wenn ich heimkomme, werde ich zu meinen beiden To-do-Zetteln, auf denen »Bankwechsel« steht, noch einen gleichlautenden dritten kleben. Eine Bank, die während der üblichen Geschäftszeiten ihren Automaten nicht füllt, ist einfach nicht hinnehmbar. Bei Schritt zwei denke ich noch mal über die seltsame Formulierung nach. Der Automat hätte sich durchaus auch entschuldigen können. Ja, ich werde die Bank wechseln. Bei Schritt drei beglückwünsche ich mich, dass der Automat fast genau den Betrag hatte, den ich wollte. Ein gutes Zeichen. Bei Schritt vier wundere ich mich nochmals über die Formulierung. Wieso sagt der Automat nicht einfach, dass er kein Geld mehr hat? »Nicht möglich«? Das könnte auch was ganz anderes bedeuten. Vielleicht ist es im Automaten zu einem Geldstau gekommen, ähnlich dem Papierstau heute Morgen in meinem Drucker? Eventuell droht sogar Geldzerfetzung? Also eine Bank, die derartige Automaten aufstellt, die Geld zerfetzen und merkwürdige Mitteilungen an die Kunden ausspucken, eine solche Bank hätte ich schon längst verlassen sollen. Da muss man als Kunde, der eigentlich anderes zu tun hat, als stundenlang über die Formulierungen des Geldautomaten nachzudenken, stundenlang drüber nachdenken. Bei Schritt fünf erreiche ich die Ampel. An deren Mast pappt ein Zettel: »Ständig in den Miesen? Kein Geld mehr? Wie Sie zu mehr Geld kommen: Geldcoaching ist das Antivirusprogramm für Ihr finanzielles Unterbewusstsein! Geldaufstellungen in Berlin und Mannheim ...« Ganz genau. Ich sag's ja immer: Reichtum beginnt im Kopf. Oder im Bauch. Oder irgendwo dazwischen. Im Hals? Um diesen jedenfalls schlingt sich jetzt wie eine Zombiehand ein elendes Gefühl. Ich japse nach Luft. Und schlagartig wird es mir klar: Heute ist der große Tag. Heute bin ich so richtig im Thema drin, heute kann der Versuch »Einen Blick auf den gruselig niedrigen Kontostand werfen« starten. Mist, ich hab Bammel! Aber kann es denn überhaupt sein, dass ich nichts mehr auf der Bank habe? Schon allein, dass ich diese Frage stelle, bedeutet nichts Gutes. Sie bedeutet, dass ich eines jener verantwortungslosen Individuen bin, die nie wissen, wie viel Geld auf ihrem Konto ist. Okay, ich habe noch ein Geschäftskonto, und dann hat ja mein Mann auch noch ein Konto. Aber: keine Ahnung, was da drauf ist. Diese weiteren Konten machen die Sache also keinesfalls besser, sondern schlimmer: Ich nehme es locker mit drei dieser verantwortungslosen Individuen auf. Ich ganz allein. Erschwerend kommt hinzu, dass es Ende des Monats ist und von meinem Konto unsere gesamten Fixkosten abgehen. Statt gar nichts sollten da jetzt rund 2000 Euro drauf sein. Dann wär alles im grünen Bereich. Dann könnten die ganzen Plünderer ihre üblichen Monatsend-Abbuchungen vornehmen: Wohnungsmiete, Büromiete, Versicherungen und dann die ganzen Flats, DSLflat, Streamingflat, Handyflat, Hörbuchflat, Zeitungsflat ... Ob wenigstens die Wohnungsflat schon überwiesen wurde? Herrje, das sollte ich möglichst schnell herausfinden. Diese Bank, die ich wirklich dringend mal wechseln sollte, gibt mir nämlich keinen Dispo, weil: »Sie sind doch freiberuflich!« So, jetzt, ab nach Hause an den Rechner! Ich torkle über die Ampel und sinke dann doch ermattet auf die nächste Bank am Wegesrand.

Meine große ungelöste Lebensfrage hat mich dort hingeparkt. Worauf soll ich angesichts der Geldmisere plädieren: schuldig, nicht schuldig oder unzurechnungsfähig? Aus naheliegenden Gründen schwanke ich eher zwischen den letzten beiden. Weil aber »nicht schuldig« gleichzeitig auch bedeutet, dass ich gar nichts daran ändern kann, tröste ich mich doch relativ oft damit, dass ich wohl unzurechnungsfähig bin. Möglicherweise trifft andere Leute auch noch eine Teilschuld. Leute wie diese da zum Beispiel, die bereits vormittags im Café rumsitzen und nicht wie ich auf der wackligen Straßenrandbank. Diese Leute haben dank unserer total ungerechten Gesellschaft das Geld, das eigentlich mir zusteht! Etwa dieser Typ im gestreiften Hemd, bei dem sich der andere gerade dafür entschuldigt, dass diese Gegend noch nicht so entwickelt sei. »Das wird sich aber bald ändern, nicht umsonst investieren wir in diese Luxusappartementanlage, glauben Sie mir ...« Dieser elende Gentrifizierer also: Der hat mein Geld! Und dadurch einen verdorbenen Charakter. Ohne mein Geld wär der total sympathisch. Das ist schon mal klar. Jetzt fehlt mir nur noch diese aggressive Energie, umgehend von den morschen Holzplanken aufzustehen, die eh bald unter mir zusammenbrechen, zu seinem Kaffeehaustisch zu gehen und mein Geld einzutreiben. Denn: Irgendjemandem muss ich es wegnehmen. Es gibt kein herrenloses Geld. Das weiß ich vom Psychoanalytiker Ruediger Dahlke (*Die Psychologie des Geldes. Erfolg*reicher *und glücklicher mithilfe der Lebensgesetze*). Aber ich bleib energielos sitzen, was sich gleich als doppelter Fehler erweist. Denn neben mir fällt nun ein schwankender Hundehalter auf die laut knarzende Bank. So eine zweifelhafte Gesellschaft ist kein gutes Omen, laut Dahlke. »Wichser«, schimpft mein Banknachbar vor sich hin. Wenn man Geld haben will, muss man sich da hinsetzen, wo Leute sitzen, die Geld haben. Dieses Phänomen ist unter dem Begriff Resonanzgesetz bekannt. Das Resonanzgesetz ist das zweitwichtigste der Dahlke'schen

Schicksalsgesetze und besagt: »Wenn Sie Geschäfte machen wollen, bei denen viel Geld rauskommt, dann gehen Sie besser in einen Bereich, wo reiche Leute sind. [...] Setzen Sie sich ins 5-Sterne-Grand-Hotel, da ist die Wahrscheinlichkeit viel größer, dass Sie mit denen auch in Kontakt kommen, eine Resonanz da bekommen.« Der schwankende Hundehalter und ich ergeben eine eher ungünstige Resonanz. Ich frage mich gerade, was wohl einem Reichen passieren würde, der sich jetzt genau zwischen uns platziert. Würde der von unseren unguten Resonanzen in die Zange genommen alsbald verarmen? Schade, dass ich dazu keine Versuche kenne. Könnte sich doch mal der gut situierte Dahlke zwischen uns setzen!

»Sitz jetzt, Dagobert! Sitz! Verdammte Kacke!«, raunzt der Nachbar seinen Hund an.

Ruediger Dahlke braucht nicht viel Geld. »Wenn ich im Winter auf Bali bin, vielleicht 500 Euro im Monat«, erzählte er der *Süddeutschen Zeitung*. Als ich das las, wollte ich ihn sofort entführen und unter grausamsten Folterungen zu diesen 500 Euro befragen: »So, Herr Dahlke, nur 500 Euro im Monat auf Bali! Wie verdienen Sie die denn auf Bali? Und wofür genau geben Sie die denn bitte schön aus? Wissen Sie, dass ein Balinese im Durchschnitt höchstens 60 Euro im Monat verdient? Und wie kommen Sie überhaupt dorthin? Zu Fuß?« Dahlke schreit auf, weil ich vor seinen Augen einen Tausend-Euro-Schein verbrenne. »Was machen Sie während der Zeit mit Ihren Möbeln in Deutschland? Sie haben doch wohl keine Eigentumswohnung oder gar ein eigenes Häuschen in Österreich?« Dahlke stöhnt. Doch ich kenne kein Erbarmen, etliche Geldbündel zerfallen zu Asche. »Oder haben Sie vielleicht sogar mehrere? Na?«

»Is doch alles Scheiße mit der Scheiße ...«, wirft mein Banknachbar ein. Recht hat er. Stundenlang kann ich mich an diesen lächerlich-naiven Folterszenen berauschen. Kurzum: Meine ganze schöne aggressive Energie, die ich zum Geldbesorgen nutzen sollte, richte ich einzig und allein gegen einen harmlosen Psychoanalytiker. Warum? Ich weiß natürlich warum. Weil der sagt: »Viele Leute könnten sich das Leben leichter machen, wenn sie nicht so hinter dem Geld her wären.« Da fühl ich mich ertappt: Weil ich dauernd hinterm Geld her bin. Und das Polaritätsgesetz sorgt dafür, dass ich gerade deswegen keines bekomme. Denn dieses Gesetz »führt dazu, dass, wenn ich blind auf einen Pol setze, [...] der Gegenpol ins Spiel kommt. Wir müssen aufpassen, dass wir nicht nur auf dieses zweitwichtigste der Schicksalsgesetze bauen, das Resonanzgesetz, sondern immer wissen, obendrüber gibt es das Polaritätsgesetz«, sagt Dahlke.

Fatal! Aber ich bin nicht ohne guten Grund hinter dem Geld her. »Hören Sie, Herr Dahlke! Falls Sie dies hier lesen: Es ist nicht freiwillig. Es sieht zwar so aus, als litte auch ich unter dieser Geldgier-Neurose, aber das stimmt gar nicht. Ich muss es einfach tun.« Natürlich weiß ich, dass alle Zwangsneurotiker das Gefühl haben, sie müssten etwas tun. Aber bei mir ist das etwas anderes. Und klar: Ich könnte auch frohlocken, dass ich mich im ersten Achtel einer Geldkurve befinde, die vom Aufbau-/Armutsbereich (mehr Geld macht glücklich) über die Luxuszone (mehr Geld macht nicht glücklich) bis zum Überflussbereich (das viele Geld hat einen schon total unglücklich gemacht) reicht. Ich lebe im Aufbau-/Armutsbereich. Da tritt schon durch wenige Euro mehr ein enormer Zugewinn an Lebensqualität ein. Das stimmt tatsächlich, ich spüre es auch immer wieder. Im Grunde ein Superzustand also. Immer wieder falle ich in den akuten Mangel zurück, und dann überrascht mich was und löst totale Glücksgefühle aus (wie die fünf Euro, die ich letztens in der Manteltasche gefunden habe). Allerdings: Die gesteigerte Lebensqualität sinkt sogleich wieder, weil ich zu ihrem Erhalt beinahe unablässig Tag und Nacht arbeiten muss. Leider wissen nämlich fast alle meine Auftraggeber, dass mir meine Arbeit zu viel Spaß macht (intrinsische Motivation), als dass ich mich durch miese Bezahlung davon abhalten ließe (extrinsische Motivation). Manche wundern sich sogar, dass ich überhaupt was dafür will. Noch schlimmer ist, dass ich für manches sogar überhaupt kein Geld verlange. Aber wahrscheinlich ist das alles auch nur so ein Glaubenssatz von mir, den ich dringend entlarven sollte, um dann mithilfe der Dahlke'schen Lebensgesetze »locker, leicht und mit links zu Geld und zu vielem mehr zu kommen!«. Ja, das will ich eigentlich sehr gerne. »Is doch kacke!«, faucht es nebenan. Der Banknachbar hat sein Bier umgekippt.

Ich sollte jetzt wirklich nach Hause, um »einen Blick auf den gruselig niedrigen Kontostand zu werfen«, ohne Gedanken an Bali, Dahlke, Geldkurven oder Folterträume zu aktivieren. Der schwankende Hundebesitzer setzt sich knurrend in Bewegung, bevor ich es tun kann. Eine unübersichtliche Familie strebt der Bank zu: »Mama, Finn bekommt ein iPhone, wenn er drei Dreien und eine Zwei auf dem Zeugnis hat.« Waaaas?! Wenn das mal stimmt! Das wäre ja ein skandalöser Dumpingpreis. Normalerweise ist ein iPhone nicht unter einer Drei und drei Zweien zu haben. So hat es mir mein Sohn berichtet. Er selbst hat sich ungünstigerweise wegen zu vieler zu guter Noten von der üblichen Kinderwährung ausgeschlossen, sozusagen selbst ins Knie geschossen. Würden wir ihm jetzt für diese gute Noten ein iPhone kaufen, würde das seine natürliche intrinsische Motivation, das reine Interesse an der Sache, zerstören und durch eine extrinsische (nur wegen Geld) ersetzen. Alle Psychologen sagen, dass das viel schlechter ist. Andererseits: Angesichts meiner eigenen

Lage sehe ich schon ein paar Geldprobleme auf ihn zukommen. Es sei denn, er durchschaut das System endlich und schreibt schlechtere Noten. Theoretisch könnte er uns natürlich auch gleich ein erpresserisches Ultimatum stellen. »Mama, ich glaub, mein nächstes Zeugnis wird übelst schlecht, weil ich so darunter leide, das ich kein iPhone hab.« Um dieses Horrorszenario abzuwenden, haben wir ihm vorsichtshalber eine günstigere Alternative zum iPhone gekauft. Keine Ahnung, welche Geldbotschaft er dadurch empfangen hat, jetzt in dieser wichtigen Phase. Denn aktuell hat er noch den ursprünglich sinnlichen Bezug zum Geld und spürt, dass Geld nur durch andere Menschen zu uns fließt. Eine Tatsache, aus der – laut Rolf Haubl, dem stellvertretenden Direktor des Sigmund-Freud-Instituts in Frankfurt am Main – folgt, »dass alle Probleme mit Geld immer Beziehungsprobleme sind«. Das sagt auch die Therapeutin Cloé Madanes: »Geld an sich ist nie ein Problem« (*Geld und Gefühle. Wie Geld unsere Beziehungen beeinflußt*). Eher soll man sich die Frage stellen: Welche geheime Bedeutung hat das Geld in meiner Familie?

»Mama, warum kann ich kein iPhone haben? Alle haben eins, nur ich nicht!«, will der Junge neben mir wissen. In meiner Familie, denke ich, kennen wahrscheinlich schon alle dieses Geldgeheimnis – alle außer mir. Weil ich dauernd zu sehr damit beschäftigt bin, mich vom sicherheitsfixierten Geldstil meiner Eltern abzuwenden – also zumindest solange Geld da ist. Ist keins mehr da, falle ich sofort wieder in die elterliche Geldsicherheitsneurose zurück, und in den Phasen dazwischen greife ich zu komplizierten Zwischenstufen von totaler Ablehnung und kritikfreier Kopie. All das wiederum spiegelt nur meine beziehungsmäßige Zerrissenheit, von einem irgendwie gearteten Geldstil oder Geldverhältnis kann bei mir überhaupt keine Rede sein. Ein durch und durch schizoides, zerrüttetes Verhältnis. Neben mir macht sich ebenfalls Zerrüttung breit. Der Junge kann Finns Dumpingpreis bei seiner Mutter nicht durchsetzen. Weil: »Wir haben keinen Geldesel!« Darauf gerät sein Ellbogen aus Versehen an die Rippe seiner kleinen Schwester, die laut aufheult, die Mutter schimpft, er kickt Kies und Staub durch die Gegend. Ich würde gerne dasselbe machen: Mein Verhältnis zum Geld ist einfach kindisch.

Ich stehe auf beziehungsweise ich stemme mich hoch. Mein Magen ist ein einziger schwankender Sumpf. Kein Geld mehr, wie lange werden wohl die eben gezogenen 130 Euro reichen? Ich komme an einem Juwelier, zwei Handyshops und dem Bio-Bäcker vorbei, welcher der eigentlich Schuldige an meiner Misere ist. Würde er nicht in höchstem Maße manipulativ meine Muttertriebe stetig mit seiner Werbung bearbeiten, dann hätte ich sicher noch was auf dem Konto. Ich werfe der Thekenkraft einen bösen Blick zu. Da sie ihn ignoriert, lasse ich den Blick einfach weiterschweifen und stelle fest, dass in dem Haus zwischen Bio-Bäcker und Videothek zwei Psychotherapeuten sowie ein Psychoanalytiker praktizieren. Ich könnte da jetzt einfach reinspazieren und eine selbst finanzierte Psychoanalyse beginnen. Dann hätte ich wenigstens das Geld für die Analyse auf dem Konto. Das weiß ich von der Schriftstellerin Iris Hanika und ihrer Psychoanalytikerin Edith Seifert (*Die Wette auf das Unbewusste oder Was Sie schon immer über Psychoanalyse wissen wollten*). Kaum beginnt man eine nicht von der Krankenkasse bezahlte Analyse, schon kommt das Geld für den Psychoanalytiker von irgendwo anders her. Magie. Blöd nur, dass man – so Iris Hanika – »mit dem Geld nichts anderes machen könnte, als es für die Analyse auszugeben.« Ihre Psychoanalytikerin bestätigt: »Psychoanalysegeld gibt man, wenn man nichts hat. Wie man in der

Liebe gibt, was man nicht hat ... [es] ist kein normales Geld.« Mit dem könnte nicht mal der Schnorrer an der Ecke mit dem Spitznamen »Fifty Cent« was anfangen. Als ich an ihm vorbeikomme, knattert er: »Ham Se mal 'nen Euro?« Jahrelang hatte »Fifty Cent« an derselben Stelle von morgens um 10 bis abends um 18 Uhr immer nur 50 Cent gewollt und sich so seinen Spitznamen erworben – bis vor einem Jahr. Urplötzlich verdoppelte er seinen Preis. Das war gewagt. Viele Passanten schnappten nach Luft. Auch ich! Irgendwie war das krass. Klar wird alles teurer und so. Aber einfach verdoppeln? Bedauernd schüttle ich den Kopf. Hinterher schäme ich mich: Mann, bin ich vielleicht geizig. Und Geiz, das weiß ja jeder, das ist gar nicht gut. Das deutet auf einen Analneurotiker hin. Analneurotiker bekommen Verstopfung, oft sogar Darmkrebs, sagt die Psychoanalyse. Auf keinen Fall wird so einer jemals so »flüssig« sein, um etwa in diesem Nobelladen »Sexy Mama« einzukaufen, an dem ich soeben vorbeimarschiere. Wobei: Ich kenne mehrere Gegenbeispiele. Trotzdem – zur Sicherheit: lieber schnell noch mal zurück zu »Fifty Cent«?

Ich drehe mich um und sehe mich dabei ganz kurz in einer »Sexy Mama«-Schaufensterpuppe gespiegelt. Finanzielle Dysfunktionen kommen manchmal auch daher, dass der weibliche Körper nicht respektiert wird, denke ich in den Worten der Bestsellerautorin Colette Dowling (*Sterntaler. Wie Frauen mit Geld umgehen*) und gleich danach: Was für ein Unsinn! Allerdings frage ich mich manchmal schon: Will ich – natürlich nur in den allertiefsten Tiefen meines Unterbewusstseins, das ja möglicherweise noch nicht mal existiert –, will ich also vielleicht doch aus meiner Geldmisere gerettet werden? Von wem jetzt? Von einem Mann? Womöglich von meinem eigenen? Ich weiß nicht so recht. Aber mich an die Börse gestürzt und mein Geld, das ich nicht habe, in gewinnbringende Risikoaktien investiert habe ich auch nicht. Hätte ich aber tun sollen, wenn ich nicht gerettet werden will. Aber dazu muss man Angst ertragen, »die Angst, die auftritt, wenn man das Geld in die Investition steckt, und die Angst, die auftritt, wenn man sich der Unbeständigkeit des Marktes ausliefert«, schreibt Dowling. Ich bin mir nicht sicher, ob ich diese Angst wirklich ertragen will. So. Da. Ich schließe die Haustür auf – bereit zum Unternehmen Kontostand abfragen. »Heute verantwortungsvoll mit Geld umzugehen, erfordert Aggressivität«, zitiere ich im Geist weiter, während ich die Treppen zur Wohnung hinaufsteige, das hat ja schon der Dahlke gesagt. Und deshalb müssen Frauen kalkulierte Risiken auf sich nehmen, so Dowling. Hm. »Kalkulierte Risiken?« Noch drei Treppenstufen. »An der Börse?« Gibt es gar keine andere Lösung für mich? Ich schließe die Wohnungstür auf.

»Hallo«, sagt mein Mann, der komisch im Flur rumsteht.

»Hast du noch Geld?«, frage ich, die Frau, die gerettet werden will.

»Woher soll ich denn das wissen?«, knurrt mein ... sich verziehender Retter?

▷▷ Versuch »Einen Blick auf den gruselig niedrigen Kontostand werfen«

START! So. Jetzt. Ich sitze am Schreibtisch. Die Bankwebsite leuchtet schon. Wieso muss ich jetzt noch mal aufs Konto gucken? Ich weiß doch, dass nichts drauf ist. Arrgh, schwachsinnige Frage. Ich muss gucken, ob die Wohnungsmiete schon überwiesen ist. Nur mal für den Fall, dass nicht: Was könnte ich tun, falls die Miete noch aussteht? Wen könnte ich um Geld anhauen? Meine Eltern? In meinem Alter? Ich könnte selbst schon Großmutter sein. Mann! Warum schaff ich es nicht, einfach schön permanent Geld zu haben? Moment, keine Fragen nach dem Warum. Gut! Hier, jetzt, einloggen. So. Was würde Claire Danes an meiner Stelle machen? Beziehungsweise natürlich, was würde diese CIA-Agentin machen, die Claire Danes in der US-Serie *Homeland* spielt? Eine idiotische Frage. Die kennt das Problem mit niedrigen Kontoständen gar nicht. Die ist doch beim CIA, ich dagegen bin bei niemandem. Ha! Und das war sogar noch meine eigene Entscheidung. Schön blöd. Genauer betrachtet ist Claire Danes, die Schauspielerin, natürlich nicht beim CIA, sondern ebenfalls wie ich bei niemandem, also freiberuflich – wir haben also was gemeinsam. Nur das Einkommen – ich sollte mich jetzt endlich mal einloggen bei meiner Bank – dürfte etwa anders aussehen. Aber wenn Claire Danes vielleicht mit dem Ruhm nicht zurechtkommt, ihr ganzes Geld verjuxt und Alkoholikerin wird ... Und dann geht sie eines Tages zum Geldautomaten und, zack!, ergeht es ihr genau wie mir. Was würde sie tun? Nachgucken würde sie, du Trottel, also zumindest dann, wenn Claire Danes den alten Psychotrick mit dem geborgten Genie kennt. Dann sagt sie sich: »Hey, ich bin doch die CIA-Agentin Carrie Mathison!« Und schon ist sie viel mutiger als die normale Claire Danes. So! Also jetzt: CIA-Agentin Berkenheger klickt und flupp! Jetzt muss ich nur noch die Augen aufmachen. Da: 3,02 Euro verfügbar. Pfff: Viel besser fühlen würde ich mich, wenn dort -32.408 Euro stünde. Das haben schon viele Studien ergeben. Das Minuszeichen übersieht man einfach, man fühlt sich subjektiv viel reicher als jemand, der nur 3,02 Euro hat. Aber so was gönnt mir meine Bank nicht. Kein Dispo. Nicht mal eine Visakarte. Na ja. Wahrscheinlich wissen die gar nicht, dass Geld nie das Problem ist. Jetzt schnell noch die Kontoumsätze anzeigen lassen, um rauszukriegen, ob die Miete wenigstens ... Bitte, lieber Weltgeist, bitte lass die Wohnungsmiete abgebucht sein. Schon will ich jene aktivierende Aufregung spüren, welche von der einzigartigen Erfahrung ausgeht, völlig abgebrannt zu sein, merke aber noch rechtzeitig, dass es sich ohne psychologische Umbewertung eigentlich nur um nackte Angst handelt. Trotzdem, jetzt guck ich. Miete, Miete! Ha, hier! Abgebucht. Puh! Das Ausmaß der finanziellen Katastrophe hat sich soeben halbiert. Das sind Freuden, die nur Pessimisten kennen. Ein Optimist hätte ja damit gerechnet, dass bereits sämtliche Flats abgebucht sind. Und da würde er jetzt schön blöd gucken, weil lediglich die Wohnungsmiete schon weg ist. Aber derart falsch kann natürlich nur ein Pessimist einen Optimisten sehen. Und nur ein Pessimist wie ich sitzt hier mit flattrigen Fingern und zermartert sich das Hirn mit der Frage: Wo zum Geier kriege ich die vielen Hundert Euro her, die fehlen? Wäre ich Carrie, die CIA-Agentin, hätte ich gar keine Zeit zum Überlegen. Da würde ich abgeholt und vor ein Kriegsgericht gestellt. Und da steh ich dann und werde mit Beweisen für meine Schuld konfrontiert. Ich streite alles ab: »Die Kontoauszüge sind alle gefälscht! Ich hab damit nichts zu tun.« Doch es bringt ja nichts. Da öffnet sich die Tür. Saul kommt rein und sagt: »Ich hab auch nur noch 400.« Aber: Ist das wirklich Saul, Carries väterlicher CIA-Freund? Nein, Quatsch. Es ist mein Mann, der Retter. Ich stehe doch nicht vor dem Kriegsgericht. »Vielleicht«, sag ich zögerlich, »sollten wir doch eine Bank überfallen.« Und für eine Sekunde fürchte ich, er nimmt mich beim Wort.

FAZIT:

Total verpatzt! Der Versuch strotzt vor psychologischem Rumgequarke. Ich kann aber nichts dafür. Liegt wahrscheinlich daran, dass Geldmangel ziemlich dumm macht. Sagt zumindest der Psychologe Eldar Shafir von der Universität Princeton.

 **MERKE:**

Ein leeres Konto bedeutet nicht unbedingt, dass Sie unter einer analen Störung leiden, auf jeden Fall aber, dass Sie neues Geld beschaffen müssen.

6. Urlaub planen OHNE ...

... diverse Partnerschaftstests im Internet zu machen oder sich über die Möglichkeit einer anschließenden Paar- und/oder Familientherapie zu informieren, OHNE zu berücksichtigen, dass, psychologisch gesehen, häufige Kurzurlaube besser sind beziehungsweise der Erholungseffekt mit der Länge des Urlaubs steigt, am besten also ein Dauerurlaub wäre, der allerdings – das zeigen wiederum psychologische Untersuchungen – dumm macht.

Unsere kleine Tierpension

Träge schlurfen die Wellen am Ostseestrand lang, hinter ihnen paddelt mein Sohn, winkt und ruft, dass Papa auch reinkommen soll. Mit nassen Hosenbeinen steht mein Mann im Wasser, winkt und ruft, dass der Sohn jetzt rauskommen soll. Nicht weit von ihnen liegt eine Frau im Bikini und sonnt sich. Wenige Meter neben dieser Frau sitzt eine weitere Frau in Stiefeln und Wintermantel – ich. Ah, das war schön, damals. Vielleicht ein bisschen frisch. Mit einem wehmütig-nostalgischen Lächeln wühle ich mich durch die soeben ausgedruckten Urlaubsfotos auf meinem Schreibtisch. An der Ostsee haben wir immer tolle Urlaube verbracht. Wenn auch die Vorstellungen davon, was genau man dort am besten machen kann, zuletzt etwas auseinanderdrifteten.

Dieses Jahr machen wir, getreu einer vor einigen Jahren neu entwickelten Familientradition, gar keinen Urlaub beziehungsweise nur so ein bisschen Urlaub zu Hause, beziehungsweise haben wir unsere Wohnung in eine gut laufende Tierpension verwandelt – mit Kaninchen, Katzen, Fischen, fast wäre sogar noch ein Hund dazugekommen. Für immer mehr tierhaltende Freunde, Nachbarn und Bekannte sind wir die Rettung. Es hat sich schon herumgesprochen: Wir sind immer da. Und ja, wir nehmen gerne Tiere auf. (Einfach anrufen, liebe Leser. Wir wohnen in Berlin. Am liebsten sind uns Hunde!) Als Urlaubsersatz. Was ist mit uns los? Sind wir nicht normal? Ich inspiziere ein weiteres Urlaubsfoto. Es zeigt uns drei in einer Art Skihütte. Mein Mann und ich sitzen im Hintergrund auf dem Sofa, auf unseren Schenkeln liegt je ein grünes Sofakissen. Mein Mann hält eine absurde Nachttischlampe Marke Ur-Oma in der Hand, und der Sohn hatte sich gewünscht: »Jetzt müsst ihr total grimmig gucken!« Wir taten wie befohlen. Er selbst stellte sich mit verschränkten Armen und ebenfalls grimmigem, aber auch etwas triumphierendem Gesichtsausdruck vor die Kamera. Gerade als der Selbstauslöser das Bild schoss, fiel vom Fenster her ein Sonnenstrahl auf ihn. Es ist eine tolle Aufnahme geworden. Aber wenn die je ein Psychologe in die Finger kriegt, sind wir geliefert. Denn der erkennt sofort: Hier hält ein Kind seine Eltern wie zwei verdatterte alte Haustiere gefangen. Und nachts – das ahnt man schon – werden die alten Viecher in einen Käfig gesperrt. Von dem Kind. Wie gesagt: ein tolles Bild. Aber ein Urlaubsfoto? Ein überzeugendes Urlaubsfoto muss doch vor lauter Vergnügen total verwackelt und überhaupt eher so schnappschussartig sein. So sieht unser Foto nicht aus! Unser Foto sieht danach aus, dass wir totale Urlaubsnieten sind. Ist das so? Ich vielleicht ja, mutmaßlich, oder eher doch, ja, ich bin, glaube ich, leider im Urlaub ein Totalausfall. Dabei reise ich absolut gerne, egal mit welchen Verkehrsmitteln, egal wie lang, egal wohin: Arbeitsaufenthalte, Workcamp-Einsätze, Weltrettungsaktionen, Sprachkurse, Stipendien, Freunde besuchen, alles super. Aber Urlaub? Urlaub ist schwierig. Ich kenne mich. Entweder ist der Urlaubsort zu beschaulich, sprich: ein bisschen langweilig. Dann arbeite ich klammheimlich im Kopf an all jenen Projekten weiter, die ich vor dem Urlaub nicht abgeschlossen habe. Oder der Urlaubsort ist zu abenteuerlich, sprich: hochinspirierend. Das ist noch schlimmer. Dann arbeite ich klammheimlich im Kopf neue Projekte aus. Die lassen dann nach dem Urlaub den Stapel der bereits vorhandenen unabgeschlossenen Projekte unschön anwachsen. Ich kann natürlich nichts dafür. Für einen Charakter vom Typus A ist das leider typisch. Das kann man im Bestseller der beiden Psychiater François Lelord und Christophe André (*Der ganz normale Wahnsinn. Vom Umgang mit schwierigen Menschen*) nachlesen. Früher, ganz früher, als weder ich noch sonst irgendjemand was von Projekten oder Charakteren namens Typus A wusste, da verbrachte ich fantastische Urlaube – auf herrlichen Skipisten, gemütlichen Campingplätzen, Reiterhöfen, Klettersteigen, Bauernhöfen. Ich fand alles toll. Als Kind halt. Und das, obwohl immer wieder zu Hause zurückgelassene Haustiere diese Urlaube nicht überlebten (schlechtes Pflegepersonal, nehme ich an). Natürlich war ich untröstlich. Aber: Es machte mir lange nicht so viel aus, wie ich mir heute wünschte, dass es mir damals ausgemacht hätte. Als Kind ging ich für meinen Urlaub offenbar sogar über Leichen. Und im Alter meines Sohnes war ich schon ein geradezu fanatischer alter Urlauber.

Und er? Er kommt gerade zur Tür rein, mit Puffi, unserem Ferienkaninchen, auf dem Arm. »He, was ist das denn?«, ruft er aus, stürzt hinzu, schnappt sich ein Foto. Puffi prüft, ob es sich um ein Kohlrabiblatt handeln könnte. Das sind die Urlaube meines Sohnes, denke ich. Er steht in meinem Homeoffice rum und guckt sich – zusammen mit dem Kaninchen eines Schulkameraden – Urlaubsfotos an, während der Schulkamerad gerade irgendwo im Schwarzen Meer herumdümpelt. Ich fühle mich sehr, sehr schlecht. Am liebsten würde ich sofort aufspringen, meinen Sohn ganz fest in die Arme nehmen, ihn trösten und dabei – wegen einer ebenso unbewussten wie irren Schuldzuschreibung – ganz aus Versehen das Kaninchen zerdrücken. Hach je. Er wüsste nicht mal, warum. Das muss anders werden! Heute noch werden wir einen Urlaub planen – für nächstes Jahr.

»He, das sieht ja wohl total bescheuert aus!«, ruft mein Sohn entsetzt aus. Er hat ein Bild von sich in Lederhosen entdeckt. »Das muss vernichtet werden!«, fordert er, während Puffi in die Küche hoppelt – wahrscheinlich auf der Suche nach Kohlrabiblättern.

»Zeig! Ah! Hach, das war München. Erinnerst du dich noch?«, seufze ich.

Darauf er: »Vernichten! Das musst du vernichten!« Dass mein Sohn eine gewisse Intoleranz gegenüber fremden Kulturen und ihren lustigen Kostümen entwickelt, daran bin eindeutig ich schuld. Liegt natürlich an den viel zu raren Urlauben.

»Na ja«, sag ich, »vielleicht sollten wir im nächsten Urlaub in ein Land fahren, in dem die Leute mehr so schicke Sachen tragen«, schlage ich vor und fühle mich sehr raffiniert in meiner Argumentation.

»Vielleicht mal wieder: Berlin?«, schlägt er grinsend vor.

Ich lache. »Nein, ich mein, mal wieder so richtig wegfahren, in andere Länder, wo die Leute andere Sprachen sprechen und so.« Er schaut mich skeptisch bis interessiert an. Ich erschrecke. Ich ahne Wünsche. Ich ahne ungeheure Wünsche. Vor allem in mir selbst gurgeln sie jetzt hoch. Ist ja auch klar: Ein Urlaub, der nur alle zwei, drei Jahre angetreten wird, auf dem lasten natürlich noch viel gigantischere Erwartungen als die eh schon gigantischen, die jeden x-beliebigen Jahresurlaub überschatten. Und bereits vor diesem warnen die Psychologen ja schon inständig: Jede dritte Scheidung passiert nach einem Urlaub (Paartherapeut Reinhold Schmitz-Schretzmair). Schuld ist neben den zu hohen Erwartungen auch eine falsche Planung. Sowieso bringt Urlaub das Schlechteste im Menschen zum Vorschein, behauptet der britische Psychologe Tremor Ellis. Trifft alles haargenau auf uns zu: Wir sind Menschen mit hohen Erwartungen, die schlecht im Planen sind! Gleichzeitig zur ziemlich sicheren Nachurlaubsscheidung kann mich dann noch das Post-Holiday-Syndrom mit seinem »tiefen Gefühl der Leere« befallen (35 Prozent aller Arbeitnehmer soll es bereits treffen. Wer weiß schon, wie viele von uns Freiberuflern es erwischt? 80 Prozent? 90?). In diesem Fall bin ich wohl – nächstes Jahr um dieselbe Zeit – am Ende. Herrje.

»Mama, kann ich das Foto jetzt vernichten? Auch auf der Kamera?«

»Na ja, ja«, sage ich matt und beginne, diesen Versuch der Urlaubsplanung ohne psychologische Tricks für eine ziemlich doofe Idee zu halten. Die doofe Idee soll starten, sobald der Mann zur Tür reinkommt. Dann, ab dann, darf ich mir nicht mehr vor Augen halten, dass der Urlaub nicht die tollste Zeit im Leben sein muss, denn dies ist eine Empfehlung des Psychologen Markus Schaer. »Schrauben Sie Ihre Erwartungen konsequent hinunter«, der Internet-Tipp Nummer eins gegen die »Liebesfalle Urlaub«, ist ebenfalls tabu. Werden meine Erwartungen dann explodieren? Und das auch noch bezüglich eines Familienurlaubs? »Ist es meist schon stressig und konfliktreich genug, mit dem Partner in Urlaub zu fahren, und mühsam, einen Kompromiss zwischen seinen und unseren Bedürfnissen herauszuleiern, so bietet der Familienurlaub noch wesentlich mehr Konfliktstoff«, warnt Internetpsychologin Dr. Doris Wolf. Ah, hier, der Sohn noch ganz klein, mit knallorangener Riesenschwimmweste und Riesensonnenbrille auf der Nase, wie er übers Sonnendeck einer Art Minijacht krabbelt. Damals war noch gar nicht klar, ob er diesen Hausbooturlaub überhaupt überleben würde. Wir jedenfalls sahen ihn permanent von Deck segeln (Bedürfnis des Sohnes). Dieses Bedürfnis stand in klarem Konflikt zu unserem. Am liebsten hätten wir ihn die ganze Zeit in die Kajüte gesperrt. Warum uns der Hausbooturlaub als ideal gerade für Familien mit kleinen Kindern empfohlen wurde, konnten wir nie ergründen. Aber die meisten Leute sind sowieso während des Urlaubs am allerunzufriedensten. Das hat man in den USA herausgefunden (Leigh Thompson und Terence Mitchell). Die Hochphase des Urlaubs ist Wissenschaftlern der Universität Rotterdam zufolge vor dem Urlaub. Daher ist es wahrscheinlich am günstigsten, den Urlaub nur zu planen und sich dann gründlich in der Vorfreude zu suhlen. Tatsächlich hinfahren und sich hinterher scheiden lassen, kann ja dann jemand anderes. So ähnlich praktizieren wir es bereits. Unsere Urlaubsenthaltsamkeit ist somit psychologisch total fundiert.

»Obi-Wan Kenobi, schnell, wir müssen noch mehr Sendemasten abgeschlagen! Die Droidika kommen. Sie müssen sie aufhalten.« – »Wozu sollte meine Existenz sonst gut sein, Anakin?« Die Synchronstimmen erkenne ich wieder: Obi-Wan Kenobi – mein Mann. Anakin – mein Sohn. Sie quäken aus meiner Kamera heraus. Wieso? Ich schaue auf. Der von der Fotovernichtung zurückgekehrte Sohn hat sie in der Hand. Natürlich kenne ich auch die Bilder dazu. Schließlich war ich die Kamerafrau. Mann und Sohn stehen in Ikeas kargem Tannenwald in Südschweden und schlagen mit Stöcken kahle Äste ab, die wie Spieße von den Stämmen abstehen. So weit das Auge reicht. Der Wald war voll davon. Vielleicht zur Touristenabwehr? Wir wohnten jedenfalls mittendrin. Weit und breit kein Mensch. Nur wir drei! Das war der Horrorurlaub schlechthin. Als wir wieder zu Hause waren, fühlten wir uns alle super. Weil wir halt wieder zu Hause waren! Glücklicherweise hielten damals unsere Urlaubsgefühle nicht an. Dass das auch ein Vorteil sein kann, macht man sich im Planungsstadium oft gar nicht so klar. Zumindest ich befolge schon diverse psychologische Tipps, die das Urlaubsgefühl angeblich verlängern sollen und die gleich im Versuch natürlich tabu sind: So müssen etwa schon bei der genauen Planung die richtigen Kompromisse getroffen werden. Aber diese Kompromisse dürfen auf keinen Fall faule Kompromisse sein, sonst wirken die in seltenen Fällen unerklärlicherweise trotz fauler Kompromisse eintreffenden guten Urlaubsgefühle nicht mal eine Woche nach (Rotterdamer Erkenntnisse), während sie bei Kollegen, die besser geplant haben, maximal bis acht Wochen (ebenfalls Rotterdam) oder noch maximaler sogar bis zu einem Jahr nachwirken (Wiener Psychologin Ilse Kryspin-Exner). Betrifft vielleicht nur 0,1 Prozent aller Urlauber. Aber man kann nachhelfen und irgendwo eine Stelle seines Körpers zu einem Urlaubsschalter umgestalten. Das empfiehlt der Diplompsychologe Peter Groß aus Köln. Drückt man dann nach dem Urlaub auf die entsprechende Stelle, hört man Möwengeschrei, Meeresbrausen, Lastwagen auf der Autobahn oder auch das brüllende Kind, was man halt im Urlaub gerade hörte, als man den Urlaubsschalter aktivierte. Also Obacht! Oder man verwendet im Urlaub ein anderes Shampoo als zu Hause. Das hab ich mal ausprobiert. Immer wenn ich dieses dann zu Hause benutzte, sollte es mich an den Urlaub erinnern. (Allerdings hat es mich schon bald nur noch an jene Tage erinnert, an denen ich mich ebenfalls an den Urlaub erinnern wollte.) Aber mit meinem Urlaubsshampoo fühlte ich mich schon während des Urlaubs den Alltags-Shampoo-Benutzern meilenweit voraus. Die glaubten schließlich beim Haarewaschen unbewusst, dass sie jetzt gleich ins Büro rennen mussten. Das sah ich denen doch an! Tage verbrachte ich damit, die Campingplatzbesucher in Urlaubs- und Alltagsshampooer einzuteilen. Überflüssig zu sagen, dass ich dabei ziemlich viel über Büros nachdachte. Aber vielleicht muss man es auch einfach noch etwas intensivieren: auch andere Kleidung als daheim tragen, mit anderen Stiften schreiben oder durch eine andere Brille gucken. Oder man nimmt einfach eine ganz andere Familie mit, denn die eigene erinnert einen doch immer sehr an zu Hause. Getrennter Urlaub soll kein Tabu sein, das sagt auch Diplompsychologe Dietmar G. Luchmann. Die Berücksichtigung dieser und anderer psychologischer Gefährdungen, denen man sich durch den Urlaub aussetzt, führte bei uns schließlich zu der Einsicht: Wir sind viel zu unterschiedliche Urlaubertypen! Das kann nicht funktionieren. Der Partnerschaftstest, den ich nach dem letzten Urlaub machte, bestätigte dies: »Paradoxerweise verbindet Sie (also meinen Mann und mich) gerade die große Bedeutung, die Sie beide der persönlichen Freiheit beimessen! Es kommt für Sie nicht infrage, sich blind den Interessen und Bedürfnissen des Partners anzupassen ...« Öhem. Dabei fanden wir durchaus schon Kompromisse, die uns nicht faul erschienen, die nur bislang an der Realität scheiterten. So gab es etwa den Plan, dass mein Sohn und ich zelten gehen und mein Mann im zum Campingplatz dazugehörigen Grand Hotel übernachtet. Oder: Mein Sohn und ich wandern in einer fantastisch zerklüfteten Gebirgslandschaft, mein Mann gondelt im Sessellift nebenher, so niedrig, dass wir uns noch bequem unterhalten können. Oder:

Wir alle drei reisen zur Frauenfußball-EM nach Schweden, Sohn und Mann sitzen unten in den Rängen, während ich mich in den über dem Fußballfeld angebrachten Hochseilklettergärten tummle und durch lautes Rufen und Fuchteln versuche, ihre Aufmerksamkeit zu ergattern. Oder Sohn und Mann spazieren mit Urlaubsleihhund bei 5 Grad und eisigem Wind stundenlang an der Nordsee entlang, ich schalte mich von meinem Segelboot aus der Südsee live über Skype zu. So in etwa sähen unsere Traumurlaube aus. Wie gesagt scheiterten sie bislang leider am Versagen der Reisebranche.

Der Schlüssel quietscht im Schloss. Der Mann kommt.

▷▷ Versuch »Urlaub planen«

START! »Hallo. Wir haben tolle Fotos hier. Als Inspiration für die Urlaubsplanung!«, rufe ich hastig in den Flur, bevor mein Mann vergessen kann, dass jetzt Urlaubsplanung ist. Nein, jetzt nicht darüber nachdenken, dass ich damit bis zu drei grundlegende Kommunikationsregeln gebrochen habe. Ich weiß, dass ich nicht durch die Wohnung rufen soll. Ich weiß, dass Ankömmlinge gerne erst mal ankommen. Und ich weiß, dass das lieber der Sohn gerufen hätte. Ich bin aufgeregt.

Und der Sohn: »Papa, Mama möchte im Ausland Urlaub machen!« Im Ausland!

»Im Ausland?«, fragt mein Mann, in der Tür stehend. »Hm. Wir könnten vielleicht rüber nach Kreuzberg?« Ein alter Witz unseres früheren Ost-Hausmeisters. Ich sammle derweil Fotos, auf denen ich lache. Hier eins vom Gartencafé in Schweden, dort eins von der Sonnenterrasse auf der Binsalm und dann noch eines von einer Gartenwirtschaft am Müggelsee und dann … »Leute«, sage ich, »ich glaube, ich hab was rausgefunden!«

»Nämlich?«

»Ich brauch im Urlaub lauschige Gartenlokale und schönes Wetter, damit ich dort was auch immer vertilgen kann. Schaut euch die Fotos an, sie sprechen eine eindeutige Sprache.« Zum Vergleich lege ich noch ein paar Fotos von mir als Entführungsopfer hin. Sie zeigen mich mit verkniffenem Lächeln vor dem Schwedenhäuschen, in schlapper Haltung im Wald, mit geplagtem Gesicht im Wasser.

»Stimmt!«, sagt der Sohn.

»Interessant«, sagt mein Mann und sucht nach seinen Wohlfühlfotos. Er hat eine leichte Tendenz zu großen Wasserflächen, was hier keinen überrascht. Aber der Sohn bemerkt, dass, wenn er vor den großen Wasserflächen zusätzlich noch sein Hertha-BSC-Fantrikot trägt, die Laune noch besser zu sein scheint. Nun sucht auch er, der Sohn. Und knallt seine Gute-Laune-Fotos auf den Tisch. Sie haben natürlich mit Süßkram, aber auch vor allem mit Tieren zu. Der Sohn mit Katzen, Kälbern, früher auch mit Pferden.

»Am allerglücklichsten aber bin ich mit Hund. Hier, guckt.« Wir gucken. Ja, es stimmt.

Ich überlege. »Wenn wir also bei schönem Wetter mit einem Hund in einem Gartenlokal am Meer oder an einem großen See sitzen und Papa ein Fußballtrikot trägt, weil ein Fußballspiel war oder sein wird, das wäre dann das Optimale«, sage ich leichtfertig. Noch während ich es sage, weiß ich schon, was folgt.

»Den Hund müssen wir kaufen! Alles andere können wir hinkriegen«, folgert der Sohn messerscharf und: »Kaufen wir einen?«, um dann resigniert hinzufügen: »Na ja, ich weiß schon, dass wir das nicht machen.« Schweigen in der Runde. Sogar Puffi, das Kaninchen, das selbst wie ein Hund zu unseren Füßen liegt, hält den Atem an. Achtung, Achtung. Jetzt ist ein ganz prekärer Moment. Wenn jetzt einer von uns ein falsches Zucken im Gesicht zeigt, liegt schon morgen statt Puffi ein Hund vor uns. Mein Mann, der zweite große verhinderte Hundefreund in unserer Familie, räuspert sich. Ich denke, dass ich vielleicht durch äußerst geschicktes Vorgehen den Hundekauf womöglich noch ein, zwei Tage hinauszögern kann. Aber der nächste Urlaub ist dann schon klar. Wannsee, Café, Hund!

FAZIT:
Der Psychologie-Entzug wird langsam etwas unberechenbar. Bei einer Urlaubsplanung sollte nicht plötzlich die Anschaffung eines Hundes quasi beschlossen werden. So Zeugs passiert doch sonst nur in einer Therapie!

MERKE:
Auch außerhalb von familientherapeutischen Gruppensitzungen können sich sinnvolle Widerstände und Blockaden auflösen – sogar innerhalb von Sekunden.

7. Sockenbeseitigung im häuslichen Umfeld vornehmen OHNE ...

... **psychologische Kriegsführung** oder Überlegungen darüber, dass Männer, die im Haushalt helfen, auf Frauen sexuell anziehend (Studie aus dem Jahr 2008) beziehungsweise sexuell abtörnend wirken (Studie aus dem Jahr 2013).

Im Land der No-Gos

Mein Mann ist mein Kollege. Mein Heim ist mein Office. Mein Office ist gleich neben dem des Kollegen. Diese komprimierte Personal- und Ortsunion führt unter anderem auch dazu, dass es im Eingangsbereich unseres Arbeitsplatzes immer wieder zu herumliegenden alten Socken kommt. Ein absolutes No-Go natürlich! Heute sichte ich dieses No-Go um kurz nach 8 Uhr, als ich, von draußen kommend, mit Zeitungen unterm Arm den Eingangsbereich des Büros betrete. Vor dem schicken neuen mattgrauen Drucker dümpeln zwei ausgewaschene, ehemals schwarze Socken mit hauchdünnem Fersenbereich, eine stark zusammengekrumpelt, die andere halb auf links gedreht. Ich identifiziere sie umgehend als Kollegensocken. Natürlich gibt es viel, viel Schlimmeres als Socken. Säßen da etwa jetzt zwei Vogelspinnen, was würde ich dafür geben, wenn die Spinnen nur Socken wären, selbst welche vom Kollegen. Herumliegende Socken tun keinem was, weder schmutzen sie noch müssen sie gefüttert werden. Manche, zum Beispiel mein Kollege, finden sie sogar gemütlich. Sich über herumliegende Socken aufzuregen, gehört also ganz klar zu den typischen Luxusproblemen. Andere Leute, denen es nicht so gut geht wie mir, Leute, die in Elendsvierteln leben müssen, die würden sich nie über so Kinkerlitzchen wie Socken aufregen. Niemals! Die haben gar keine Chance, so zwanghafte Persönlichkeitszüge wie ich zu entwickeln. Aber diese Leute wohnen auch nicht mit Leuten wie meinem Sockenkollegen zusammen, der erst kürzlich wieder darauf hingewiesen hat, dass auffällig häufig in meinen Texten von herumliegenden alten Socken und Staub oder gar von herumliegenden und schon ganz verstaubten alten Socken die Rede sei (und hier geht's jetzt schon wieder damit los). Vielleicht wär's daher doch besser, wenn diese Socken jetzt mal wegkämen! Doch wie? Wie können diese Socken sozialverträglich verschwinden? Und vor allem: nachhaltig! Bislang wachsen nach erfolgreicher Sockenbeseitigung neue Exemplare meist innerhalb nur weniger Stunden nach. Und dann ist immer auch die Frage: Was liegt unter diesen Socken? Kaugummis? Köttel vom Ferienkaninchen? Oder gar wieder diese klebrige Masse, die nie einer identifizieren will? Mit solchen Socken kann man nicht vorsichtig genug sein. Ich sinke auf unseren Schuh-an-und-auszieh-Stuhl im Eingangsbereich, um – wie jeden Tag – zunächst meine Sockenoptionen zu überdenken. Da in meiner Familie meist nur ich über Socken nachdenke, habe ich manchmal das Gefühl, in einem Paralleluniversum zu leben, das eben voller Socken ist. Während die beiden anderen in einer Wohnung zu Hause sind, in der es gar keine störenden Socken gibt. Zumindest solange ich sie nicht erwähne. Erst durch meine präzise Ortsbeschreibung tauchen sie auch in der von Mann und Sohn bewohnten Welt auf. Nur so ist zu erklären, dass der Sohn immer wieder direkt vor herumliegenden Socken steht, ohne sie auch nur ansatzweise zu erkennen. Eine logische Erklärung für dieses Phänomen wäre natürlich, dass ich diese ganzen Socken nur halluziniere, und mein Mann und mein Sohn mir zuliebe immer wieder Socken wegräumen, die es in Wirklichkeit gar nicht gibt. Ich kannte mal eine Frau, die sah überall Schlangen. Ich seh halt überall Socken! Seufzend schließe ich die Augen. Als ich sie wieder aufmache, sind die Socken immer noch da. War ja auch nicht anders zu erwarten.

Die Socken von gestern – schwarze Füßlinge mit dunkelgrauen Rändern –, welche über dem Router hingen, habe ich kommentarlos weggeräumt. Glücklicherweise war nichts unter ihnen, nur der Router halt. Gleich nachdem ich sie in den Wäschekorb verfrachtet hatte, fühlte ich mich extrem schlecht. Da ich mich der Füßlingsmode strikt verweigere, kann ich sicher sagen: Meine Socken waren das nicht. Das bedeutet: Jede Therapeutin hätte mir diese Dinger um die Ohren gehauen. Wer derartig feige und konfliktscheu Socken beseitigt, braucht sich nicht zu wundern, wenn immer wieder neue auftauchen. Selber schuld dran! »Und übrigens«, würde die Therapeutin sagen, »kennen Sie die Studie, nach welcher Paare, in denen der Mann viel im Haushalt hilft, mehr und auch viel besseren Sex haben als Paare mit haushaltsfaulen Männern? Wie wollen Sie bitte dahin kommen, wenn Sie die Socken immer schon vor ihm aufräumen? Na?«

»Ja«, würde ich sagen, »selbstverständlich kenne ich diese Studie des US-Psychologen Joshua Coleman. Allerdings wissen Sie doch sicherlich auch, dass eine neuere US-Studie inzwischen das Gegenteil herausgefunden hat. Nur sind sich Psychologen noch nicht ganz einig, warum das so ist. Eine Erklärungsmöglichkeit sei, dass die klassische Ehe höhere Zufriedenheit bringe, eine andere, dass die klassische Frau Sex als ihre eheliche Pflicht sehe, und eine dritte besagt, dass eine putzende Frau das sexuelle

Verlangen des Mannes steigere, weil sie eine geschlechtstypische Rolle einnehme. Dazu übrigens kann ich anmerken, dass also bei meinem Mann, wenn er mich beim Spülen sieht, ein kaum zu unterdrückender Drang entsteht, sich von hinten zu nähern und ...«

»Mit wem sprichst du denn da?«, unterbricht mich der von der Küche in sein Homeoffice strebende Sockenkollege.

»Ich? Mit niemandem. Ich teste nur mein Smartphone-Diktiergerät.«

»Hm!«

Weg ist er. Im Office verschwunden. Mist! Die Gelegenheit, die Socken in seine Welt eintreten zu lassen, habe ich nun dummerweise wieder mal verpasst. Heute war das vielleicht nicht überlebenswichtig für mich, das könnte es aber ganz leicht werden. Der US-Psychologe Michael R. Cunningham hat nämlich herausgefunden: »Leicht unangenehme Verhaltensweisen von anderen scheinen unsere Emotionen in einer Weise zu beeinflussen, die der immunologischen Funktionsweise von physischen Allergien ähnelt.« Sprich: Die ersten Socken lösen nur eine ganz leichte Irritation aus, jedes weitere Sockenpaar verstärkt aber diese Reaktion. In zwanzig Jahren werde ich beim Anblick von Socken japsend und in epileptischen Krämpfen zuckend am Boden liegen – dank der zahlreichen »stimmungskongruenten Erinnerungen«, welche Socken dann bei mir auslösen. Und dass dieses Sockenproblem, das ja vielleicht nur auf unterschiedliche Ordnungsvorstellungen zurückgeht, rein zufällig in meinem Fall auch noch weitverbreiteten Geschlechterstereotypen entspricht, verschlimmert die Allergie nochmals! Sagt Cunningham. Ich spüre ganz deutlich, dass Cunningham recht hat und ich an einer beginnenden sozialen Sockenallergie leide, die vielleicht dieses sonderbare Kapitel hier erklärt. Umso wichtiger ist es natürlich, dass ich unermüdlich gegen diese Socken kämpfe. Das wird zwar bei meinem Mann irgendwann eine soziale Allergie gegen mich auslösen. Ich muss es aber trotzdem tun. Bestätigt auch der Beziehungscoach Christian Thiel. »Liebe Leserinnen«, schreibt er in *Streit ist auch keine Lösung: Wie Sie in Ihrer Partnerschaft das bekommen, was Sie wirklich wollen*, »bitte nicht aufgeben. Es ist ungerecht. Es ist sogar sehr ungerecht!« Aber wir Frauen sollen unbedingt dabeibleiben, Dinge anzusprechen, wenn es nötig ist. Männer erreichen diese Fähigkeit, Thiel zufolge, erst in drei oder vier Generationen. Immer wenn ich Socken kommentarlos wegräume, befürchte ich deshalb: Nie, nie wird das passieren! Solange es solche freiwilligen Sockensklavinnen wie mich gibt, ist es ja ganz logisch, dass Frauen nur über Bruchteile des auf der Welt vorhandenen Vermögens verfügen, dass immer noch in den fortschrittlichsten Nationen der Welt 99 Prozent aller großen Konzerne von Männern geführt werden, ja, dass Politik zu 99 Prozent von Männern gemacht wird. Das ist ja total klar. Weil Frauen ständig mit Sockenaufräumen beschäftigt sind. Und da brauche ich mich auch gar nicht zu wundern über Männer wie den Buchautor Oliver Stöwing, Sprachwissenschaftler mit Zusatzausbildung in Psychologie und NLP, und ihre absurden Erkenntnisse wie: »Der Streit um den Haushalt ist anstrengender als der Haushalt selbst«, sagt er. »Was für ein Quatsch, Stöwing«, rufe ich laut durch den Homeoffice-Eingangsbereich. »Schon mal was geputzt? He?! Also ich sitze während eines Streits meistens bequem in der Küche rum. Im äußersten Fall stehe ich. Selbst wenn du, Stöwing, zum Streiten Weitwurf mit Coffee-to-go-Bechern und Kaffeelöffeln betreiben solltest, das ist gar nichts verglichen mit Haushaltstorturen: stundenlange, Kräfte zehrende Körperverrenkungen.« Zudem macht Haushaltsarbeit depressiv. Das haben die beiden Diplompsychologen Claudia

Clasen-Holzberg und Oskar Holzberg (*Brigitte Kursbuch Familie. Familie im Gleichgewicht*) herausgefunden. Nur ganz wenige Psychologen haben angeblich schon beobachtet, dass man sich »aus einem Stimmungstief regelrecht herausputzen« kann. Dass also, wenn man sich aus Versehen in eine Depression hineingeputzt hat, es möglicherweise helfen kann, einfach weiterzuputzen. Kann aber leicht ein Putzfimmel draus werden.

Deshalb wandte ich bei einem dunkelgrauen Sockenpaar mit einem breiten schwarzen Abschlussbündchen, welches bis vorgestern neben dem Fax lag, einen Ratschlag von Clasen-Holzberg/ Holzberg an: »Kümmern Sie sich nicht ständig um alles, was liegen geblieben ist, lassen Sie auch mal was liegen. Warten Sie ab, wer sich dann drum kümmert.« Gut. Ich wartete. Ich wartete Sekunden, Minuten, Stunden, Tage. Wie lange sollte ich warten? Mein Interesse am Werdegang dieser Socken wuchs stetig an. Immer öfter und in immer kürzeren Zeiträumen ging ich nach den Socken gucken. Es war wie eine Sucht. Schon wieder ein Paradebeispiel für Cunninghams Erkenntnisse. Besonders nervig seien Unannehmlichkeiten, die ohne Vorankündigung plötzlich irgendwo rumliegen (wie Socken). Und die allernervigsten von diesen nervigen Unannehmlichkeiten seien diejenigen, von denen man nie wisse, wie lange sie noch nerven würden (ganz typisch für Socken). Einmal schaffte ich es eine halbe Stunde lang, die Socken völlig unbeobachtet zu lassen. Danach versuchte ich sogar, am Fax vorbeizugehen, ohne einen Blick auf die Socken zu werfen. Sie lagen trotzdem noch da! Wie immer. Eines Tages aber war doch etwas passiert: Die Socken waren nicht mehr allein. Sie hatten Gesellschaft bekommen. Ein hellgraues Paar mit drei abschließenden grünen Ringeln hatte sich ihnen angeschmiegt. Das war ja klar. Ich hatte es kommen sehen. Jeder hätte dies wahrscheinlich kommen sehen. Es handelte sich um das Wirken des berühmten Broken-Windows-Effekts: Sobald in einer Straße ein Haus mit ein paar zerborstenen Fenstern steht, dauert es nicht lange, bis im Nachbarhaus die Mülltonnen brennen und die Kinder auf dem Gehweg gegenüber Bierflaschenweitwurf betreiben. In Windeseile verfällt so der ganze ehemals wunderschöne Wohnblock – nur wegen ein paar kaputter Fensterscheiben. Allerdings! Was für ein bescheuerter Ratschlag, Sachen liegen zu lassen. Die Hölle. Nie wieder. Schon morgen werden weitere vier Socken hier rumliegen. In wenigen Wochen wird der ganze Eingangsbereich unserer Homeoffices mit alten Socken verstopft sein. Zu uns muss man sich dann durchwühlen. Schock! Diese Socken vor dem Drucker da, die müssen weg. So schnell wie möglich. Jemand muss sie entfernen. Ich? Na ja, am besten halt der Kollege Sockenbesitzer.

Moment, ich schaue mir die Socken noch mal genauer an. Dieser halb auf links gestülpte Zustand könnte andeuten, dass es sich doch nicht um Kollegensocken, sondern um Kindersocken handelt. Also sogenannte Kindersocken von Söhnen, die bereits in der 4. Klasse Grundschule Schuhgröße 40 tragen. Womit deren Socken nicht mehr eindeutig von Kollegensocken zu unterscheiden sind. Allenfalls anhand des Umstülpungsgrades. Sohnessocken finden sich immer und überall. Von ferne erinnern sie an gigantische Kaninchenköttel. Möglicherweise sitze ich zudem auf welchen drauf. Denn der Stuhl, auf dem ich jetzt gerade meine Optionen überdenke, gehört zu den bevorzugten Sockenplätzen. Sohnessocken sind noch hartnäckiger als Kollegensocken. Da muss man höllisch aufpassen, dass man nichts falsch formuliert. Man darf nämlich zu Kindern nicht sagen: »Räum bitte deine Socken weg.« Denn, so schreiben die Familienberater Jan-Uwe Rogge und Angelika Bartram, das vorsichtige »bitte« schüre unbewusste Ängste im Kind. Deshalb soll man sein Anliegen so formulieren: »Ich möchte gern, dass du deine Socken wegräumst!« Dieser Vorschlag schürt allerdings wiederum Ängste in mir. Der Sohn könnte eine Generation überspringend Spruchweisheiten vom Opa geerbt haben und antworten: »Ich möchte auch viel, wenn der Tag lang ist.« Deshalb befehle ich lieber: »Räum deine Socken weg!« Dann sagt der Sohn: »Ja, gleich!« Und gut ist. Um dem Sohn psychologisch nicht zu sehr zuzusetzen, murmle ich die übliche Befehlsergänzung »Wie oft soll ich dir das denn noch sagen?« nur unverständlich in mich hinein. Dieser Wortwechsel wiederholt sich einige Male, bis der Sohn schließlich entgegnet: »Wie oft willst du mir das denn noch sagen, Mama?« Na ja, er weiß halt noch nicht, dass so ein Satz nicht nur von Kindern, sondern auch von Eltern meist ignoriert wird und daher komplett seine Wirkung verfehlt. Und ich nur wieder sagen werde: »Räum deine Socken weg!« In wenigen Jahren wird er mir wahrscheinlich vorhalten, diese ehemals gehypte »Sprung-in-der-Platte-Methode« sei psychologisch total veraltet und führe nur dazu, dass mittlerweile immer mehr Kinder ihre Eltern für miserabel programmierte Sprachcomputer hielten, mit denen man sowieso kein vernünftiges Wort wechseln könne. Möglicherweise, so denke ich, wird er damit sogar recht haben. Aber was soll man tun? Schätzungsweise besteht bereits jetzt rund zehn Prozent aller Kommunikation, die ich mit meinem Sohn führe, aus Sockendialogen. Steht nun schon wieder einer bevor? Soll ich ihn gleich in der Schule anrufen? Hm. Normalerweise sind bei ihm immer beide Socken in dieser verkrümmten Position. Kann es sein, dass eine Socke vom Sohn und die andere von meinem Mann stammt? Das wäre natürlich perfide. Eine Verschwörung? Eine Falle der beiden? Ein Test? Wollen sie herausfinden, ob ich schon unter jenem Aufräumzwang leide, der aufgrund neurotisch aufgeräumter Filmwohnungen und Fernsehserienbüros oder Abbildungen in Möbelkatalogen neuerdings immer mehr ahnungslose Personen befällt? Wollen sie mir zeigen, dass ich schon so fanatisch bin, dass ich den subtilen Witz eines ungleichen Sockenpaares gar nicht mehr erkenne? Ein Rumpeln aus dem Homeoffice meines Mannes reißt mich glücklicherweise aus diesen absurden Gedanken. Alles Quatsch. Ich werde ihn jetzt zur Rede stellen, selbst wenn nur eine der beiden Socken von ihm stammen sollte. Denn: Eine Socke ist nicht keine Socke!

Aber nicht so wie neulich: Da hatte ich leise und vorsichtig an die Kollegentür geklopft. Ein ungehaltenes »Wieso klopfst du denn?« ertönte. Was ich als Aufforderung verstand einzutreten. Der Kollege musterte mich finster. »Und?«

Ich räusperte mich und behauptete: »Ich werde noch depressiv, wenn ich im Flur immer über deine Socken stolpere.« Ein bisschen stimmte es sogar: Ich hatte meine Wut erfolgreich zu einer depressiven Stimmung eingedampft. Nur so war es mir möglich, eine von zahlreichen Psychologen empfohlene aggressionsfreie Formulierung zu verwenden. Andererseits nahm ich aber aus familientherapeutischer Sicht die ungute Position des Verfolgers, sprich des Rumnervers, ein. Auf so einen Rumnerver, meist Rumnerverin, reagiere dann der Partner entsprechend distanziert. Et voilà: »Ich arbeite gerade!«, schnaubte der Kollege, womit er mich in Millisekunden aus meiner Depression riss.

Noch wütender als zuvor schnaubte ich zurück: »Gratulation! Ich würde auch gerne arbeiten, kann ich aber nicht, wenn überall deine Socken rumfahren!« Ich knallte die Tür zu. Verschwand grummelnd und fluchend in meinem Homeoffice und schrieb einen Text. Überflüssig zu sagen, dass herumliegende Socken darin eine Rolle spielten. Als ich gerade an der Stelle angekommen war, bei der die Erzählerin mit einem heimtückischen Grinsen einen Reißnagel in diese Socken einführte, klopfte es leise an meiner Tür. Ich schnaubte: »Wieso klopfst du denn?«

Der Kollege trat ein und fragte: »Was ist denn eigentlich los mit dir? Kann ich dir irgendwie helfen?«

»Ja, indem du deine Socken wegräumst«, kläffte ich ihn an.

Er mit weicher, einfühlender Stimme: »Ach, komm! Du kannst doch nicht nur wegen dieser Socken so sauer sein.«

»Nur wegen dieser Socken? Wo du so fragst, nein, nicht nur wegen dieser Socken, sondern auch wegen des überquellenden Wäschekorbs, den Staubwolken, dem dreckigen Geschirr, dem kaputten Klodeckel, dem tropfenden Wasserhahn, dem Schulhortantrag, der Steuererklärung und, und, und. Halbe-halbe war ausgemacht. Aber tatsächlich bin ich für alles zuständig. Das ist so typisch – für euch Männer, für euch Männer in Deutschland und Österreich.«

»He, willst du damit sagen, ich bin wie ein Österreicher?«, unterbrach er mich wütend.

»Zumindest nicht besser als ein solcher. Das hat eine Studie ergeben. Hier! Guck! Von ›FamWork‹.« Ich deutete auf ein ausgedrucktes Kochrezept auf meinem Schreibtisch. Da er sowieso nicht draufgucken würde, war das genauso gut wie die echte Studie. »Die Studie wurde an Psychologie-Instituten von acht europäischen Universitäten durchgeführt. Und: Die partnerschaftliche Aufteilung der Hausarbeit ist ein bloßes Lippenbekenntnis, gerade von deutschen und österreichischen Männern. Heuchler seid ihr! Da sind ja die südeuropäischen Männer noch besser, die sagen gleich, dass sie nichts machen im Haushalt, und machen dann halt auch nichts. Und hier!«, triumphierte ich und fischte einen weiteren Ausdruck hervor, welcher die genetischen Probleme des Kromfohrländer-Hundes beschrieb. »Der Historiker John Gillis sagt auch: ›Väter taten früher mehr, als wir denken, und heute weniger, als wir glauben.‹ Und damit hat er recht. Mein Vater zum Beispiel, der ist überhaupt nicht so wie du, der macht viel, viel mehr ...«

Natürlich war der Kollege längst davongezogen. Später beim gemeinsamen Mittagessen wagte er einen neuen Vorstoß. »Meinst du nicht, dass hinter so Kleinigkeiten wie unerledigter Hausarbeit was ganz anderes steckt? Hast du eine unangenehme Mail bekommen? Haben deine Eltern angerufen? Hat irgendwas nicht geklappt?« Ich grummelte etwas Unverständliches vor mich hin. Das Perfide ist: Ich weiß, dass es sich hier um eine üble Nebelrakete handelt, um einen besonders fiesen Psychotrick, der von vielen Psychologen landauf, landab verbreitet wird mit Sätzen wie: »Das Bad ist nie das Problem« oder »Hinter Kleinigkeiten wie nicht erledigter Hausarbeit steckt häufig ein anderes Thema.« Und obwohl ich das Ablenkungsmanöver klar erkenne, kann ich nicht anders. Den Rest des Tages frage ich mich brav: Was ist denn eigentlich mit mir los? Aber genau das wird mir zumindest heute nicht passieren. Heute werde ich ganz anders vorgehen!

▷▷ Versuch »Sockenbeseitigung im häuslichen Umfeld vornehmen«

START! Die Socken sollen verschwinden! Das ist meine Aufgabe. Und ich geh jetzt einfach mal ganz neu an die Sache ran! Logisch. Ich werde das Problem einfach logisch durchdenken. Das Beste wäre doch, wenn diese ganze Sockensache einfach in Rauch aufginge. Verbrennen? Ich könnte die Socken verbrennen. In der Brainstormphase darf man keine Idee verwerfen! Über diese wichtige psychologische Handreichung zum richtigen Brainstorming sollte ich jetzt aber gar nicht nachdenken, verflucht! Dennoch: Ich könnte die Socken mit Grillanzünder übergießen und dann abfackeln. Oder zerstückeln? Oder mit Salzsäure übergießen? Wieso gibt es keinen Sockenkammerjäger? Natürlich, wenn ich jetzt nicht gerade mitten im Versuch stecken würde, entstünden gewisse Gedanken und Überlegungen in mir, dass das eigentliche Ziel dieser hemmungslosen Gewaltfantasien ja wohl kaum ein paar völlig unschuldige Socken sein können. Nein, nein, nein. Darüber denke ich jetzt nicht nach! Schluss damit! Konzentrier dich auf die Aufgabe! Sockenbeseitigung. Mann! Ich gehe in mich und stelle fest: Weder will ich die Socken aufräumen noch will ich sie hier weiter vor dem Drucker rumdümpeln sehen. Sprich: Sie könnten vielleicht einfach irgendwo anders rumdümpeln, wo sie auch nicht aufgeräumt sind, mich aber nicht so stören und gleichzeitig noch eine deutliche Sprache sprechen. Denn schließlich sprechen ja diese Socken auch zu mir. Ich höre das sehr wohl. Okay, ich verstehe nicht ganz genau, was sie mir sagen wollen. Aber ich höre sie. So wie man jemanden rumsummen hört. So in etwa. Und ich will, dass die jetzt woanders rumsummen. Bei dem Gedanken »Ich will, dass ...« klingeln alle Psycho-Alarmglocken in meinem Kopf. War diese Redewendung vor der Verbreitung der Psychologie überhaupt in Verwendung? Ist sie psychologiefrei? In den letzten Tagen habe ich erschrocken festgestellt, dass ich inzwischen fast alle meine Sätze damit beginne. Bald gehe ich damit noch zum Bäcker: »Ich will, dass Sie mir jetzt vier Brötchen geben!« Warum? Ist das der gefürchtete Rebound-Effekt? Schlägt die Psychologie jetzt doch zurück? Moment. Ich darf nicht abschweifen. Und ich muss das auch gar nicht. Denn jetzt habe ich eine Idee: Ich werde die Socken dem Kollegen direkt vor die Tür legen. Genial! Quatsch, nicht legen, sondern ich werde die dahinkicken! Genau! Psychologisch sicher ein absolutes No-Go, vermute ich. Aber das kann mir ja wurscht sein. Herrlich! So. Weg mit euch! Ich kicke. Brav schlittern die Socken über die Holzdielen. Super. Doch jetzt, mitten im Triumphgefühl, stoße ich auf ein Hindernis. Die Türschwelle ist so blöd hoch. Die halb auf links gedrehte Socke hat die Schwelle zwar schon genommen, aber die andere, die ganz und gar lose, ist einfach zu schlapp. Verdammt! Na ja, dann helfe ich halt kurz ein bisschen nach. Ich bücke mich, um die Socke weiterzubugsieren, da geht die Tür auf. Mein Mann, der Kollege. Gerade rechtzeitig kann er noch abbremsen. Er sieht mich. Er sieht zu Boden. Er sieht die Socken. Höchst erstaunt fragt er: »Wieso legst du mir deine Socken vor die Tür?« Ich erstarre. Ich schaue ihn an. Ich schaue zu Boden. Ich schaue die Socken an. Meine? Scheiße, das sind meine! Das darf doch nicht wahr sein. »Ich, äh«, sag ich, »hab die Tür verwechselt!«

Und er: »Alles in Ordnung mit dir?«

»Ja ja, klar, alles top in Ordnung«, sage ich kleinlaut und versuche, die Socken ins Badezimmer zu kicken. Schließlich ergänze ich noch: »Nur immer diese Socken, die regen mich so auf. Ich kann einfach keine Socken mehr sehen. Glaubst du, sie erfinden bald mal die sich selbst zerstörende Socke?« Er schaut mich skeptisch an. Irgendwas hat er gemerkt. Er weiß nur noch nicht was.

FAZIT:

Die unpsychologische Sockenbeseitigung im häuslichen Umfeld brachte erste gute Ansätze, zum Beispiel alte Socken einfach wegzukicken. Bevor ich diese Methode allerdings weiterentwickle, muss ich in der Sockenerkennung besser werden. Das strenge Festhalten an der bekannten Lebensgrundregel, dass alte Socken, die irgendwo rumliegen, jedem, nur nicht einem selbst gehören, hat bei mir offenbar dazu geführt, dass ich meine eigenen Socken tatsächlich nur erkenne, wenn sie aufgeräumt im Schrank liegen. Verblüffend!

MERKE:
Herumliegende Socken, die einem selbst gehören, kriegt man nicht mit einer Paartherapie weg, sondern mit einem Industriesauger mit extra breitem Schlauch (besonders empfehlenswert, falls es doch nicht die eigenen Socken sind).

8. Auf einem Spielplatz herumsitzen OHNE ...

... Erziehungsfehler an anderen Eltern zu beobachten oder die Folgen von Erziehungsfehlern an frei herumlaufenden Kindern festzustellen und womöglich erst im zweiten Moment zu erkennen, dass es sich um das eigene Kind handelt, OHNE sich darüber auszutauschen, welche Kinderzahl psychologisch am günstigsten ist und welches Kind dann jeweils in dieser Geschwisterzahl am allergünstigsten aufwächst, vorausgesetzt natürlich, die Mutter bleibt zu Hause, um eine gute Mutterbindung herzustellen, und arbeitet Vollzeit, um ein gutes Vorbild abzugeben.

Nackte Wahrheiten

Bisschen frisch heute. Vor allem, wenn man wie ich auf dem Spielplatz in Augustklamotten rumsitzt, weil halt August ist. Aber so einen August hab ich noch nie erlebt. Eiskalt. Nun schiebt sich auch noch eine Wolke vor die Sonne. Der Spielplatz ist voller bibbernder Eltern und Kinder ohne Temperaturempfinden. Ich wärme mich notdürftig mit einem aufgeschlagenen Nachrichtenmagazin, dem aktuellen *Spiegel*. Elegant warne ich so alle auf dem Spielplatz rumcruisenden Schulkinder vor mir und ihren Eltern. Denn auf dem Cover prangt: »Achtung! Eltern! Sie tun ALLES für ihr Kind – und schaden ihm.« Wie hätte ich dieses Magazin nicht kaufen können? Es passierte vor ungefähr einer halben Stunde. Ich, unterwegs zum heutigen Spielplatzversuch, im Schlepptau den Sohn und seine zweijährige Cousine, ramme einen Zeitungsaufsteller. Die Titelseite zeigt mir eine Kleinfamilie des Grauens: Mama und Papa als sonnenbebrillte Bodyguards ihres Sohnes. Ihren Job als Sicherheitspersonal scheinen sie sehr ernst zu nehmen. Darunter der oben zitierte Warnhinweis. Mir wird sofort klar: Es hilft nichts, ich muss das Magazin kaufen, um herauszufinden, ob ich meinem Sohn auch schade.

»Dürfen wir die Schuhe ausziehen?«, will mein Sohn jetzt wissen, während die Nichte ihre bereits abstreift.

»Na ja, okay«, sag ich zögerlich, nachdem ich etliche andere Kinder auch barfuß gesehen haben. Die wahrscheinlich auch deshalb barfuß sein durften, weil wiederum ein anderes Kind mal kurz auf der Schaukel einen Schuh mitsamt Socke verloren hat. Passiert so ein Unglück, laufen binnen wenigen Minuten alle Kinder barfuß, bis auf ein paar wirklich unglückliche, deren Eltern behaupten, es interessiere sie nicht, was andere Kinder machen. Ist halt Abwägungssache. Was schadet dem Kind mehr: Lungenentzündung oder tief greifende Charakterstörung durch Überbehütung? Hm. Mal gucken, was der *Spiegel* dazu sagt: So. Hier. »Kampfauftrag Kind ... aus Angst, der Nachwuchs könnte im Leben scheitern, überwachen Eltern ihre Kinder ... der Psychologe und Schuldirektor Josef Kraus hat ein Buch geschrieben: Titel: ›Helikopter-Eltern‹ ... der Ausdruck kommt aus dem Amerikanischen und bezeichnet Eltern, die vor lauter Sorge wie Hubschrauber ständig um ihre Kinder kreisen«. Diese Hubschrauber schaden dem Kind. Kraus kennt: »Transport-, Kampf- und Rettungshubschrauber.« Ich fühle mich gleich dreimal ertappt.

»Mama?«, fragt der Sohn und deutet auf die Nichte, die begeistert mit einer Schippe, die ihr nicht gehört, auf einen Eimer eindrischt, der ihr auch nicht gehört. Der Sohn weiß schon: Wer sich an vermeintlich herrenlosen Buddelsachen vergreift, kann ganz schnell gelyncht werden. Bevor ich jedoch reagieren und den Kindern durch mein Eingreifen schaden kann, sagt von der Nachbarsbank eine Frau mit einem Säugling auf dem Schoß:

»Schon okay, könnt ihr ruhig mit spielen. Nur nicht wegtragen.«

Ich lächle freundlich und zucke die Schultern, der Sohn ebenfalls, dann setzt er sich zu der Cousine und buddelt. Im Notfall bin ich ja auch noch da – als Kampf- und Rettungshubschrauber. Zufrieden lese ich weiter: »Es ist ein Experiment riesigen Ausmaßes. Was wird aus einer Generation von Kindern, denen die eigenen Eltern so viel Förderung und Rückhalt geben wie möglich?« Hach!, denke ich beglückt, und auch: toll! Dann lese ich weiter und erfahre, dass dieses Experiment weder »hach!« noch »toll!« ist, sondern den Kindern ganz übel mitspielen wird. Schon längst habe das Ganze nämlich eine narzisstische Komponente bekommen, sagt die Psychologieprofessorin Inge Seiffge-Krenke. »Man möchte sich mit seinen klugen und tüchtigen Kindern schmücken.«

»Toll! Du bist ja total geschickt!«, höre ich da gerade eine Mutter begeistert ausrufen, als sie eine aparte Haarverlängerung aus Gras am Kopf ihrer Tochter bemerkt. Ja, so habe ich früher auch immer gelobt. Bis ich gelesen habe, wie schädlich das ist. Kinder, die so gelobt werden, fallen nämlich im Vergleich zu anderen Kindern schon bald zurück, weil sie nur noch die Aufgaben erledigen, von denen sie vorher hundertprozentig wissen: Da bin ich total geschickt drin. Neue Aufgaben gehen sie gar nicht erst an – aus Angst vor Ungeschicklichkeit. Schließlich verweigern sie alles und werden zu Streunern. Darauf deuten Experimente mit 400 Fünftklässlern hin, die Dr. Carol Dweck von der Stanford University angestellt hat. Da kam raus, dass man ganz anders loben muss. Entweder man lobt ein Detail, oder man lobt, wie sehr sich das Kind angestrengt hat. Deshalb sag ich jetzt zur Nichte: »Hey, mit diesen Sandkuchen hast du dir aber ganz doll Mühe gegeben.« Sie sitzt nämlich vor einer stattlichen Anzahl wirklich erstklassiger Exemplare. Insgeheim befürchte ich aber, mit diesem von Psychologen empfohlenen Lob womöglich nur den nächsten Schaden anzurichten. Kann es nicht sein, dass Kinder, die permanent dafür gelobt werden, dass sie sich anstrengen und sich Mühe geben, später einmal die typischen Burn-out-Kandidaten werden?

»He, die Sandkuchen hab ich gemacht!«, meldet sich mein Sohn beleidigt zu Wort.

»Ach so?«, sag ich und pfeife anerkennend, um ihm nicht mit einem Viel-Mühe-Lob noch mehr zu schaden als der Nichte. Denn spätestens ab zwölf bemerken Kinder, dass sie vor allem für Sachen gelobt werden, von denen die Eltern denken, dass da noch ein bisschen »Luft nach oben« ist. Sobald sie das begreifen, wirkt jedes Lob wie Kritik. Der Sohn ist zwar erst neun, aber womöglich ja seinem Alter weit voraus. Jetzt zerstört er genießerisch mit dem Fuß die Sandkuchen. Keine Ahnung, warum. Wegen schädlichem Pfeifen vielleicht. Die Nichte guckt finster. Ich auch. Aber wenn ich jetzt was sage, schade ich wiederum der Nichte, weil die – laut Eltern und Kita – lernen muss, sich zu wehren. Da naht schon die nächste Gelegenheit zum Sich-wehren-Lernen. In einem Affenzahn krabbelt die Gelegenheit auf sie zu und reißt ihr Schippe und Eimer weg. Die Nichte guckt betrübt, sehr betrübt.

Von der anderen Seite des Spielplatzes hechtet eine Frau auf uns zu. »Moritz«, sagt die Mutter zum Dieb. Und zu mir: »Früher konnte er sich auch nie durchsetzen. Vom großen Bruder unterjocht. Aber dann kam die kleine Schwester auf die Welt, und jetzt übertreibt er es ein bisschen ...« Während Moritz fröhlich Sand in den Eimer schippt und die Nichte mit einem von ihm verschmähten Mini-Förmchen spielt, sprechen wir darüber, welche Schäden Einzel-, Doppel-, Trippel- und Quadrippel-Kinder erleiden, wenn man als Mutter arbeiten geht, und welches Ausmaß diese Schäden annehmen, wenn sie zu Hause bleibt. Später kommen die Freunde der Moritzmama, und ich vertiefe mich wieder in die Lektüre. Die Hamburger Psychologin Katrin Hagemeyer berichtet über einen Typus »Mutter, die über die übertriebene Sorge räsoniert, ihrer Tochter dabei aber am Klettergerüst die ganze Zeit das Händchen hält.« Das sei überhaupt kein Einzelfall. Ich schaue auf und sehe hinten beim Klettergerüst tatsächlich mindestens fünf Stück dieser Mütter. Vor einigen Jahren, als der Sohn noch jünger war, gehörte ich auch dazu. »Theoretisch«, sagt Hagemeyer, »ist diesen Eltern klar, dass es ein Zuviel geben kann.« Aber praktisch sähen sie es nicht. Sie führten Methoden aus, sähen das Kind nicht als Person. Eine solche Person, ungefähr vier Jahre alt, kommt gerade laut schreiend angerannt. Brüllt! Zetert! Warum? Ja, jetzt wird es klar. Er ist der Besitzer der Buddelsachen. Er stürzt sich auf die Nichte und Moritz und rafft wütend Eimer, Schaufeln, Förmchen an sich. Er schreit seine Mutter mit dem schlafenden Säugling auf dem Schoß an, wieso sie denn nicht auf seine Buddelsachen habe aufpassen können. Die sagt »Schsssschssch«, was das Gebrülle verstärkt, auch Nichte und Moritz fangen an zu brüllen, der Säugling stimmt mit ein. Mein Sohn, der vor den vielen Kleinkindern auf Sicherheitsabstand gegangen war, schafft es, sich irgendwo mitten im Sand auf mysteriöse Weise das Knie anzuschlagen und ebenfalls loszubrüllen. Ich brülle zurück: »Ach komm, so schlimm wird es doch nicht sein!« und richte damit – wie kann es anders sein – Schaden an. Ich ignoriere damit nämlich völlig sein aktiviertes Bindungsbedürfnis. Was typisch für mich ist. Seitdem ich vor Jahren von der Kita-Erzieherin erfuhr, der Sohn sei »sicher gebunden«, ruhe ich mich auf diesen Lorbeeren einfach aus. Habe aber ein schlechtes Gewissen deshalb. Und aus diesem heraus verursache ich nun einen weiteren Schaden, indem ich kapituliere und den Sohn mit der Nichte Eis holen schicke. Schließlich lernen sie so, Probleme durch die Einnahme von Zucker wegzudrücken. Der Buddelsachenbesitzer sitzt inmitten des ganzen Gebrülls erstarrt da, seine Buddelsachen fest im Griff. Seine Mutter redet mit Engelszungen auf ihn ein. Keine Reaktion. Schließlich steht sie mit dem immer noch heulenden Säugling auf, sagt zum Buddelsachenbesitzer: »Ich geh uns kurz was zur Stärkung holen!« Und zu mir: »Könnten Sie kurz aufpassen?«

»Ja klar!« Als die Mutter geht, sitzt er da, als interessiere ihn das nicht im Geringsten. Er tut mir leid. Denn Kinder, die so tun, als sei es ihnen egal, ob die Eltern weggehen, die leiden besonders darunter. Sagt die US-Psychologin Mary Ainsworth. Diese Kinder sind nämlich unsicher gebunden. Und das wiederum schadet ihnen dann später in allen möglichen Belangen. Ich frage den Jungen, wie er heißt, will aber, nachdem er keine Antwort gibt, nicht weiter in ihn dringen. Könnte schaden. Oder schadet es Kindern zum Schluss noch am allermeisten, wenn ihnen niemals einer schadet? Ich werfe einen letzten Blick ins Magazin. Hier noch mal die Hagemeyer: »Die Eltern kommen aus der Denkfalle gar nicht mehr heraus.« Ha! Von wegen! Ich schon! Und zwar jetzt! Jetzt werde ich den Versuch starten. Toll! Ein paar Minuten lang werde ich hier sitzen, ohne einen Gedanken daran zu verschwenden, wie viel Schaden ich und andere Eltern unseren Kindern hier permanent antun. Es wird herrlich. Ich hoffe natürlich, dass ich dabei durch grobe Nachlässigkeit eventuell entstehende Schäden nachher wieder ausbügeln kann.

▷▷ Versuch »Auf einem Spielplatz herumsitzen«

START! Ich lockere meine Mimik. Soll ruhig jeder sehen, wie entspannt ich jetzt hier sitze. Guckt nur her. So geht's auch. Sogar die Sonne kommt wieder raus. Puh! Freundlich gleitet mein Blick über den glitzernden Sand in der Abenddämmerung. Zwei Grundschülerinnen, sicher beste Freundinnen, hängen kichernd von den Stangen, die Haare streichen übern Sand. Am liebsten würden sie die ganze Nacht so hängen. Ein Baby wälzt sich wie ein junger Hund oder besser wie ein junger Spatz? Jedenfalls kräht es vor Vergnügen, wie ein Hahn also? Drei Kinder lachen auf einem großen wippenden Gummiband. Noch als Urgroßeltern werden sie davon schwärmen. Eines winkt begeistert seinem Vater zu. Der lacht und zückt sofort sein Handy, um es der Mama zu berichten. Zwei niedliche Kinder fragen, ob sie ihre Hosen und T-Shirts ausziehen dürfen. Der Duft von Erdbeergeschmack (Brause, Kaugummi, Eis?) zieht träumerisch in meine Nase, und ich frage mich, ob ich wohl übergeschnappt bin. Mann! Entspannung heißt ja nicht, dass ich ins vollkommen Kitschige und Idiotische abgleite. Zudem soll ich mich ja gar nicht entspannen. Mensch. Es geht hier nicht um Entspannung! Es geht hier um Beobachtung ohne Psychologie. Ohne Spekulationen über Erziehungsschäden. Also noch mal. So. Bei genauerer Betrachtung lächelt eine der beiden besten Freundinnen ziemlich gequält. Wahrscheinlich schmerzen ihr die Kniekehlen. Aber sie hat Angst, von der angeblichen Freundin ausgelacht zu werden, wenn sie sich jetzt von der Stange runterlässt. Das Baby hat einen Kronkorken im Mund, und zwei der drei Kinder sind inzwischen vom Gummiband runtergefallen. Sie werden wohl niemals wieder hinaufklettern können. Die Eltern desjenigen Kindes, das noch oben ist, der Papa, der mit der Mama telefoniert, die werden sich scheiden lassen, weil ihr Kind immer alles, alles abstreitet, und der Vater mit ihm unter einer Decke steckt, obwohl er genau gesehen hat, wie sein Kind die beiden anderen einfach runtergeschubst hat. Auf der anderen Seite des Platzes sitzt ein relativ kleines, ganz nacktes, schlammverschmiertes Kind auf einer Drehschaukel, und ein relativ großes, ebenfalls nackt und schlammverschmiert, sitzt ihm gegenüber und schreit unaufhörlich nach seiner Mama. Die soll mal die Schaukel in Schwung bringen. Jetzt schreit auch das kleinere. Beide Kinder schreien nach ihrer Mama. Oder – Moment mal – das kleinere, das ruft was anderes. Aber was? Ich kann es nicht genau verstehen. Weil nuscheln tun die nämlich auch noch. Wahrscheinlich weil ihnen die Zähne vor Kälte klappern. Doch, jetzt, jetzt verstehe ich es. Das kleinere ruft ganz eindeutig: »Susanne! Susanne!« Was heißt ruft? Es brüllt. Is ja ulkig. Für eine Sekunde lehne ich mich amüsiert zurück und warte auf die Helikopter-Susanne (Entschuldigung für den Psychologenbegriff), meine Namensvetterin, die jetzt da doch sicher bald angerannt kommt. Oder kommt sie – nach der alten Hundeerziehungsmethode – nur jedes vierte Mal? Egal, denn jetzt schießt mir ein unschöner Gedanke durch den Kopf! Kenne ich diese Stimmen nicht? Kommen mir die Größen der beiden Kinder nicht irgendwie bekannt vor? Das gibt's doch nicht! Wieso seh ich das erst jetzt? Das darf doch nicht wahr sein! Ich sage dem Wächter der Buddelsachen »Bin gleich wieder da!« und stürme zur Drehschaukel. »Herrje! Wo sind eure Klamotten«, stoße ich aus. Ebenso einige brutale Befehle: »Holen! Sofort anziehen!«

»Aber du hast es doch erlaubt!«

»Du bist total gemein!«

Öhm. Wann habe ich das erlaubt? Während Sohn und Nichte unter lautem Wehklagen Richtung Horizont verschwinden, um hoffentlich ihre Klamotten zu holen, suche ich hektisch meine Gedächtnisaufzeichnungen ab. Ganz leise erinnere ich mich an zwei niedliche Kinder, die fragten, ob sie ihre Klamotten ausziehen dürfen. Aber wen sie fragten und was diese Person dann antwortete, keine Ahnung! Ich? War das ich? Mammamia! Im Augenwinkel sehe ich, wie eine Mutter auf der Bank nahe der Drehschaukel sich amüsiert, aber auch mitfühlend zurücklehnt.

FAZIT:

Ohne Psychologie fantasierte ich wild drauflos. Ich weiß auch warum: Ich habe einfach keinen Dunst, warum Kinder auf dem Spielplatz tun, was sie tun. Wie die Gestrandeten in der Mystery-Serie »Lost« stolpern sie ohne einen für mich erkennbaren Sinn durch den Sand. Aber dass ich ohne Psychologie meinen eigenen Sohn nicht von anderen »Lost«-Darstellern unterscheiden kann, ist wirklich verstörend. Erkenne ich ihn womöglich nur an seinen charmanten Erziehungsschäden?

MERKE:

Um Leute wiederzuerkennen, kann man sich außer deren Macken auch noch äußerliche Kennzeichen wie Größe, Geschlecht, Haarfarbe et cetera merken.

9. Eltern besuchen OHNE ...

... nach frühkindlichen Traumata zu forschen, regressive Tendenzen bei sich selbst festzustellen, emotionale Defizite bei den Eltern zu diagnostizieren oder während des gemeinsamen Kaffeetrinkens der Großfamilie im Kopf heimlich Familienaufstellungen vorzunehmen.

Frühkindliche Frisurenstörung

Am Abend vor der großen Familienfeier haben mein Mann und ich Freunde zu Besuch. Richtig gute Freunde, die – vor allem nach einigen Gläsern Wein – in ähnlichen Monsterfamilien aufgewachsen sind wie wir selbst. Daraus entwickelt sich auch heute wieder ein höchst anregendes Gespräch. In dessen Verlauf ergibt es sich (nicht zum ersten Mal), dass meine Kindheit wohl die bei Weitem schlimmste gewesen sein muss, so, wie ich das immer wieder hartnäckig zu leugnen versuche. Und zwar mit so platten Behauptungen wie: »Andere hatten es weitaus schlimmer als ich.« – »Das war damals, jetzt haben wir heute.« – »Im Grunde ihres Herzens meinten sie es gut.« Geradezu idealtypische Phrasen seien dies. Man habe sie erst kürzlich bei Jean C. Jenson (*Die Lust am Leben wieder entdecken. Eine Selbsttherapie*) gefunden. Allerdings, das gebe man zu, seien deren Erkenntnisse und Tipps nicht ganz unumstritten. Ungünstigerweise habe man das erst im Nachwort der Psychologin Alice Miller erfahren, als man die Jenson'schen Tipps bereits alle beherzigt hatte. Sodass jetzt möglicherweise bei einem selbst »die Konfrontation mit der Vergangenheit zu einer nicht endenden Qual« geworden sei, wovor eben Alice Miller in ihrem Nachwort warnt, nämlich dann, wenn die Bedürfnisse der Gegenwart vernachlässigt würden.

»Was meinst du? Ist das bei mir passiert?«

»Hm. Na ja, vielleicht schon ein bisschen?« Aber auch bei mir ist nicht alles verloren. Im weiteren Verlauf des Abends fällt meine Blockade. Ich erkenne: Auch meine Kindheit war die Hölle! Prost! Zum Beispiel durften alle meine 23 Schwestern schöne lange Haare haben, nur mir wurden die immer raspelkurz abgeschnitten. Alle meine 23 Schwestern liefen in wunderschönen Paillettenkleidern rum, nur ich in praktischen Kniebundhosen. Es war schlimm! Prost! Wir kommen überein, dass wir alle ziemlich gestört sind. Der Abend wird entsprechend lang und immer lustiger.

So lang, dass Mann, Kind und ich am nächsten Morgen fast den Zug verpassen. Sechs Stunden Fahrt haben wir vor uns, bevor uns die Feiergesellschaft verschlingen wird. Heute darf ich keine heimlichen Familienaufstellungen nach Bert Hellinger vornehmen, auch wenn sich meine tausend im Festsaal herumstehenden Tanten, Onkel, Nichten und Neffen noch so sehr dafür anbieten. Heute darf ich nicht jedes Mal, wenn sich eine besonders stimmige Verteilungssituation im Raum ergeben hat, meinem unmittelbaren Nachbarn zuprosten und mir heimlich vorstellen, es handle sich dabei um eine typische Vergebungsverbeugung, wie sie bei Familienaufstellungen eben üblich ist. Ich werde nicht nach dem schwarzen Schaf der Familie suchen, nur um wieder festzustellen, dass ich selbst es bin. Selbst von Onkel G. werde ich auch im angetrunkenen Zustand nicht erwarten, dass er auf mich zukommt und sagt: »Du bist nicht vergessen.

Ich bin dir treu. Ich achte dich und deine Krankheit«, wie man es bei ordentlichen Familienaufstellungen halt so sagt, auch wenn alle kerngesund sind. Und ich werde auch niemandem mit den Worten »Ich achte dich und dein Sektglas!« zuprosten. Ich werde kein Familienmitglied nach den Lehren der transgenerationalen Psychologie als Stellvertreter eines übel aus der Familie ausgestoßenen Ururur-Großonkels meines Opas ansehen. Und ich werde keineswegs Tante K. unter Folter nach dem Familiengeheimnis, dem Tabu, befragen. Das alles wird mir dieses Mal bei der Familienfeier nicht passieren. Auf keinen Fall.

▷▷ Versuch »Eltern besuchen«

START! Wir sind früh da, sogar die Ersten. »Gut siehst du aus! Warst du beim Frisör?«, begrüßt mich meine Mutter und wedelt mit einem Zettel. Es gibt ein kleines Problem. Durch die kurzfristige Absage eines Cousins und seiner Frau ist die fein ausgeklügelte Sitzordnung völlig aus dem Lot geraten. Sitzplätze, die zuvor noch ganz normale Sitzplätze waren, sind plötzlich zu Beleidigungen geworden. Beim Versuch, diese Beleidigungen zumindest abzumildern, werden wiederum andere Sitzplätze zu Herausforderungen sozialer Art oder zu gemeinen Gesprächsfallen ohne jede Fluchtmöglichkeit. Gegenüber der Erstellung einer Sitzordnung für eine Familienfeier ist eine Familienaufstellung Pipifax. Die Sitzordnung muss jeden zu jedem in den richtigen Abstand und die richtige Blickrichtung bringen, darf aber keine Tische zersägen. Ein Ding der Unmöglichkeit. Wir machen schon mal einen Sekt auf.

»Gut siehst du aus! Süß, die Haare!«, begrüßt mich wenig später Tante A. Viel besser als letztes Mal, ergänze ich in Gedanken. »Gut siehst du aus! Neue Frisur?«, sagt auch Onkel B. »Du auch!«, erwidere ich. »Gut siehst du aus!«, sagt Tante C., die kaum noch was sieht. Gott, wie muss ich letztes Mal ausgesehen haben, denke ich beschämt. Ich lobe ihr Outfit. »Gut siehst du aus!«, geht's weiter. Ich weiß nicht mehr, wer es sagt. Die Familie ist groß und unübersichtlich. »Berlin? Ja klar, wir fühlen uns sehr wohl in Berlin.« Aber wer ist wir? Mein Mann und mein Sohn sind verschwunden. Wahrscheinlich schon längst wieder zurück in Berlin. Ich bereue schwer, dass ich mitten im Versuch bin. Ich fühle mich total gelähmt. Festgenagelt. Ganze Minuten lang gelingt es mir nicht, irgendeinen Gedanken zu denken. Außer dem, dass ich mitten im Versuch stecke. Ich darf jetzt nicht darüber nachdenken, wieso ich gerade für diese Sitzordnung plädiert habe. Und was das zu bedeuten hat. Es ist einfach nur so eine Sitzordnung. Ich bin ja auch total zufrieden mit meinem Platz. Mir gegenüber sitzt Nichte O. mit hüftlangen Korkenzieherlocken (ganz frische Haarverlängerung). Weiß der Geier, wie ich den Tag überstehen soll. Ich stürze zum Kuchenbuffet und türme mir auf. Balanciere das Zeugs zurück zu meinen Platz. »Du bist aber groß geworden!«, sagte Großtante D. zu mir. Nein. Quatsch. Natürlich hat auch sie gesagt: »Gut siehst du aus.« Zumindest glaube ich das.

»Die Kuchen aber noch besser!«, entgegne ich und biete an, ihr ein Stück abzugeben. Da passiert es: Überraschung! Mein Vater zeigt Dias »von früher«. Auch das noch! Damit hatte ich nicht gerechnet. Wie soll ich das überleben? Ich sage nur: Ich kenne diese Dias. Ich weiß, wie tief die blicken lassen. Da sieht man alles. Wirklich alles. Das ist, als würde man Nacktfotos von mir hier zeigen. Auf diesen Fotos sieht man meine 23 Schwestern in opulenten Kostümen und Hochsteckfrisuren und ich mittendrin in Lederhose, mit einem Skinhead-Haarschnitt und einer dicken braunen Brille. Eins ist klar: Wenn ich diese Dias angucke, dann ist der Versuch damit beendet. Denn das stehe ich ohne eigene psychologische Gegensteuerung nie durch. Ich beschließe, meinen üblichen Ist-mir-jetzt-bisschen-zu-spannend-Thrillertrick zu benutzen und einfach nur einen kleinen Ausschnitt am Rand des jeweiligen Dias anzugucken. Den Rest verdecke ich mit einem Stück Rührkuchen. Ich sehe ein Ohr von mir. Der Rest des Ohres erzeugt großes Gelächter, und ich ahne schon, welches Foto hier gezeigt wird. Ich trage darauf Rattenschwänze aus maximal einem Zentimeter langen Haaren. Das tat Hölle weh! Ich spür das heute noch. Genauso Hölle war ich stolz, dass ich diese Zöpfe wenigstens einmal durchgesetzt hatte. Ich versuche, den Bildausschnitt noch etwas zu verkleinern, und halte den Kuchen näher vor meine Augen: Ich sehe nun neben einer Rosine eine halbe Nase (von meiner 14. Schwester vermutlich) und ein paar Sekunden später einen güldenen Rocksaum. Da zerbröselt der Rührkuchen zwischen meinen Fingern und gibt den Blick frei auf …

▷▷ **Ich breche den Versuch ab.**
   Das ist zu viel für mich.

Später sitzen wir in der Küche meiner Eltern. Eine meiner 23 Schwestern erzählt vom Sohn unserer Cousine. Mit zehn habe er aus sich heraus jeden Tag seine Oma angerufen. Das habe die betroffene Oma berichtet. Meine Mutter lacht und sagt zu meinem Sohn: »Du, das könntest du doch auch mal machen! Das wär doch was!« Dass mein Sohn verstockt vor sich hin brummelt, registriere ich kaum noch. Denn ein mächtiger Erinnerungsflash hat mich erwischt. Mit der Wendung »Du, das könntest du doch auch mal machen!« bin ich groß geworden. Egal was, ob eine Schulkameradin durch Stricken eines ultralangen Schals ins Guinness-Buch der Rekorde zu kommen suchte, Dagmar Berghoff die Nachrichten verlas oder ein angeheirateter Cousin einen Bestseller nach dem anderen schrieb, immer hieß es: »Du, das könntest du doch auch mal machen!«. Jetzt bekommt dasselbe mein Sohn zu hören. Ich schaue ihn an. Mein Sohn! Er sieht so gut aus.

»Isch des a netts Büble!«, höre ich in der Erinnerung meine Mutter sagen. Das habe man ihr öfters auf dem Spielplatz gesagt. Damit war ich gemeint. Hat sie mir früher immer wieder gern erzählt. Irgendwie schien sie darauf stolz zu sein. Stolz?! Herrje, das ist ja wohl klar, was das bedeutet! Offensichtlich sollte ich ein Junge werden. Nachdem meine Eltern bereits 22 Mädchen hatten, sollte ich ein Junge werden. Ich habe diese ganze Thematik schon so vielen Psychologen erzählt. Das müsse doch etwas in mir ausgelöst, um nicht zu sagen zerstört haben. Und ob das nicht empörend sei. Aber nie, nie, nie wollte einer irgendwas davon hören. Weil ich einfach nie ein entsprechendes Symptom ausgebildet habe. Warum bloß nicht? Manchmal frage ich mich ernsthaft, ob mit mir vielleicht was nicht stimmt.

FAZIT:

Erschreckend! Der Versuch weckte in mir den Wunsch, sofort eine Therapie zu machen! Gerne würde ich nämlich mal nach all jenen Symptomen forschen, die ich nie entwickelt habe, obwohl ich allen Grund dafür gehabt hätte.

MERKE:
Psychische Symptome, die man nie
entwickelt hat, lassen sich weder durch
Therapie noch Selbstanalyse beseitigen.

10. Einen Tag im Office verbringen OHNE ...

... die Kunden, den Arbeitgeber oder die Kollegen zu lieben (wie man es erst kürzlich im Teambildungsseminar gelernt hat), OHNE mit eigenen Delegiertechniken auf den Chef zu reagieren, welcher gerade in einem Chefseminar das Delegieren erlernt hat, und OHNE Verhaltenshinweise aus dem Buch »Vom Umgang mit schwierigen Menschen« zu verwenden.

Gepeinigt, gedemütigt und geknechtet

»Ich fahr hinaus aufs Land ...«, trällern und knistern die Lassie Singers auf meiner sich selbst abschmirgelnden, selbst gebrannten Nostalgie-CD, und ich düse auch im Sauseschritt in meinem Fiat Panda, aber im Grunde schlafe ich noch. Wie jeden Tag wurde die Konferenz in meiner kleinen Landkreisredaktion um eine halbe Stunde vorverlegt. Wie jeden Tag werden diejenigen, die jeden Tag diese Vorverlegung von 10.30 auf 10.00 Uhr durchsetzen, nicht rechtzeitig da sein. Jeder weiß das. Selbst ich. Jeder weiß auch, dass ich trotzdem brav eine halbe Stunde früher losfahre. Warum? Ich kann nicht anders. Ich habe alles versucht. Meine Wanduhr zu Hause geht bereits mehr als eine Stunde nach – durch meine Einwirkung. Mein Handy zeigt die Zeit von vor 28 Minuten an. Aber: bringt alles nix. Es ist wohl psychisch. Ein ausgewachsener Zwang. Diese Störung lässt mich unablässig pünktlich sein, Verabredungen einhalten, auch wenn ich weiß, ich werde die Einzige sein. Um pünktlich zu sein, scheue ich keinerlei – »Hup! Hup! Was macht der denn da? Mann, schläft der noch?« – Gefahren, niete jeden um, der sich mir in den Weg stellt. Diese wahrscheinlich mit der typischen Untertanensymptomatik eng verwandte Neurose wird allen Anzeichen nach bereits seit Generationen in unserer Familie weitervererbt. Väterlicherseits, wie meine Mutter nie müde wird zu betonen. Immerhin ist es bei meinem Vater noch viel, viel schlimmer als bei mir. Denn der ist ja sogar überpünktlich! Und wir reden hier nicht nur von ein paar Minuten. Allerdings brauch ich da jetzt gar nicht zu triumphieren, denn wahrscheinlich heißt das ja nur: Noch ist es bei mir nicht ganz so schlimm. Noch nicht! Das kommt erst noch! Noch kann ich mich sinnlosen Gedankenspielen hingeben, wie etwa: Vielleicht ist es bei mir eigentlich gar kein Pünktlichkeitszwang – »Brems! Uiuiui. Das war jetzt aber fast knapp. Wieso fahren die eigentlich jeden Morgen wie die Bekloppten?« –, sondern eher der Zwang, immer recht zu haben, nämlich dass wieder nur ich um 10 Uhr auf der Matte stehen werde. Womöglich kaschiere ich damit ein frühkindliches Trauma, welches derart tief sitzt, dass es vermutlich nie ans Licht kommen wird. Aber das ist alles Quatsch. Richtig ist, dass »dieser Parkplatz meiner ist! Nicht? Doch!«. So, jetzt aber zackig, zackig. Schon 9.55 Uhr. Ich reiße die Redaktionstür auf: »Hey, Morgen, wie geht's?«

»Danke, es läuft!«

Also, die Sekretärinnen, die Praktikanten und ich sind schon mal da. Mann! Hätt ich gut noch ausschlafen können. Das war ja mal wieder klar. So, so klar!

REWIND

REPLAY OHNE Psychologie

»Ich fahr hinaus aufs Land …«, trällern und knistern die Lassie Singers auf meiner und so weiter, und ich düse auch im Sause-schritt, aber im Grunde schlafe ich noch. Ich errechne aus den Vorkommnissen der vergangenen fünf Jahre die Wahrschein-lichkeit, dass die Konferenz heute schon um 10.00 Uhr beginnt. Sie liegt bei circa einem Prozent. Die Wahrscheinlichkeit, dass sie – wie jeden Tag – erst um 10.30 Uhr losgeht, liegt dagegen bei 96 Prozent. Mit dreiprozentiger Wahrscheinlichkeit fällt sie kom-plett aus. Plötzlich passiert etwas: Mit kühnem Schwung reißen meine Arme das Steuer nach rechts, und ich sehe mich in die Tankstelle einfahren. Zapf einfach noch einen Kaffee, ganz ge-mütlich!, spricht es in mir drin. Ha! Den trink ich dann, während sich ganz locker alle frühkindlichen Konflikte in mir lösen – dank Tankstellenkaffee! Stoppidu! Und zwar Tankstellen-Milchkaffee. Interessante Brühe. Hat sich wirklich gelohnt, das. Buaaargh! Mein Blick fällt auf eine Pyramide preisreduzierten Motoröls. Hätte ich womöglich sogar noch Zeit, schnell den dringend not-wendigen Ölwechsel zu machen? Das wär super. Aber ja. Natür-lich reicht die Zeit dafür. Die reicht super. Verschmiert und glück-lich treffe ich um 10.35 Uhr in der Redaktion ein. Alle sind schon da und begrüßen mich entgeistert: »Wo kommst du denn jetzt her? Die Konferenz ist längst vorbei! 10 Uhr war abgemacht!« Ich schwanke zwischen Entsetzen und Begeisterung. Letztere setzt sich durch: Ich habe es geschafft! Geschafft! Geschafft! Ge-schafft! Ich habe die Konferenz verpasst!

PLAY MIT Psychologie

11.35 Uhr: Im realen Leben füllt sich der Konferenzraum jetzt langsam. Redaktionsleiter Harry erinnert an den vorverlegten Konferenzbeginn, den er leider heute wegen einer verworrenen Termingeschichte nicht ganz geschafft hat. Die Befürworter der Vorverlegung betonen, wie wichtig die Vorverlegung ist, dass sie aber nur funktionieren kann, wenn ALLE, also auch der Redaktionsleiter, sich dran halten. Sie selbst hätten heute Morgen allerdings wichtige Termine gehabt. Ich grüble, wie ich selbst ein Befürworter der Vorverlegung werden könnte, um dann ebenfalls zu spät kommen zu können. Mit Selbstbelohnung? Selbstbestrafung? Oder Selbstsuggestion? Wenn ich es mir immer und immer wieder sage: »Susanne, andauernd kommst du zu spät! Du bist einfach so eine Tante, die nie pünktlich sein kann.« Und ich dann, darauf: »Ja, ich weiß, ich versuche alles, aber es gelingt mir einfach nicht. Die Konferenz muss noch eine weitere halbe Stunde vorverlegt werden!« So? Natürlich ist mir klar, dass die chronischen Zuspätkommer nichts für ihr Zuspätkommen können. Die sind halt passiv-aggressive Persönlichkeiten. Aus dem Buch *Der ganze normale Wahnsinn. Vom Umgang mit schwierigen Menschen* von François Lelord und Christophe André weiß ich: Die müssen sich den Forderungen anderer immer widersetzen. Bei meinen Kollegen ist es offenbar so schlimm, dass sie sich sogar ihren eigenen Forderungen widersetzen müssen. Problem ist nur: Ich kann ja ebenfalls nichts für meinen schwierigen Charakter, der einerseits aus einer Mischung aus Donald Duck und Averell Dalton besteht. (Averell ist der Lange, Dünne der vier »Daltons«, der, der nie was kapiert.) Andererseits bin ich aber auch dieser Typus-A-Charakter mit einer leicht schizoiden Note. So ein Typus A, das kann man in *Der ganz normale Wahnsinn* nachlesen, kämpft permanent gegen die Zeit. Und meine schizoide Note verhindert, dass ich mich in die passiv-aggressiven Typen gebührend einfühle und die ihnen gegenüber empfohlenen Verhaltensweisen anwenden kann: »Seien Sie liebenswürdig«, »Fragen Sie sie so oft wie möglich nach ihrer Meinung« und »Kritisieren Sie sie nicht so, wie es Eltern mit ihren Kindern tun würden.« Meine Herrn! Wieso wenden die passiv-aggressiven Charaktere nicht einfach die für mich empfohlenen Verhaltenshinweise an, deren erster und wichtigster lautet: Lass einen Typus A nie, nie, nie warten! Dann könnten wir alle in Frieden leben. Ich nehme Augenkontakt mit der Abteilung passiv-aggressiv auf, schüttle missbilligend den Kopf, rolle mit den Augen und wedle hoffentlich Furcht einflößend mit den Armen. Sie sehen sehr zufrieden aus! Ich grüble darüber nach, ob ich meinen schwierigen Charakter wechseln könnte. Ich will auch passiv-aggressiv werden! Doch noch niemals habe ich dazu irgendeine psychologische Handreichung gelesen. Immer soll man nur gesunden und vernünftig sein, während die anderen schön weiter ihre Macken ausleben dürfen. Ist doch ungerecht. Inzwischen hat die selbsternannte Investigativfraktion zu ihrer täglichen Entrüstungsrede angesetzt. Diese Fraktion besteht aus einer leicht autistischen Redakteurin, die meist von zwei traumatisierten Windhunden aus dem Tierheim und einem hochexplosiven, paranoiden Redakteur begleitet wird. Nach ihrer eigenen Aussage sind die Hunde nur deshalb mit Vorsicht zu genießen, weil die bei ihren früheren Besitzern ziemlich was mitmachen mussten. Mit solchen Hunden genießt man hohen Respekt in der Redaktion. Der hochexplosive Redakteur dagegen muss dem Flurfunk zufolge jeden Tag bei seiner Frau ziemlich was mitmachen.

Heute hat er wieder »so viele Geschichten, um die sich endlich mal jemand kümmern muss.« Aber er wisse natürlich genau, warum sich da keiner rantraue. Mehr sage er bewusst nicht, denn sonst wisse das nachher gleich wieder die ganze Stadt. Der Co-Chef (narzisstische Persönlichkeit) meldet sich in einer leisen maliziösen Stimmlage zu Wort: »Vielleicht solltest du meinem Beispiel folgen und an deinen Delegiertechniken arbeiten. Da einige schon nachgefragt haben, will ich ganz kurz von dem Führungsseminar berichten, an dem ich am Wochenende teilgenommen habe ...« Der explosive Paranoiker stiert während der seltsam euphorisierten Ausführungen des Co-Chefs in die Zeitung, holt plötzlich Luft und brüllt: »Seid ihr wahnsinnig?! Das ist nicht euer Ernst, oder?« Er hat auf der vom Co-Chef zu verantwortenden Seite einen »unfassbaren« Artikel von einem Praktikanten entdeckt. »Leute, so geht's doch nicht«, unterbricht Redaktionsleiter Harry. Der Explosive schreit: »Ich lasse mir hier nicht den Mund verbieten!«

Aber keiner der Beteiligten denkt dran, dass derartige Konferenzen mit derartigen immer wieder gleich ablaufenden sinnlosen Wortwechseln unbeteiligte Zuhörer psychisch krank machen. Das haben die Arbeitspsychologinnen Eva-Maria Schulte, Tatjana Fenner und Simone Kauffeld festgestellt. Allerdings sind die unbeteiligten Zuhörer auch selber schuld, wenn sie krank werden. Denn – das weiß ich von der Karriereberaterin Meike Müller – in einem Meeting soll man immer innerhalb der ersten zehn Minuten das Wort ergreifen, um so die Diskussion selbst zu beeinflussen. Hab ich ganz klar mal wieder verpasst! Aber wo sollte ich das auch hernehmen? Schon als Kind hatte ich nie was zu sagen. Immer dominierten meine Eltern das Gespräch. Niemals gelang es mir innerhalb der entscheidenden ersten zehn Minuten unseres Familienmeetings (Abendessen), das

Wort an mich zu reißen, die Gedanken meiner Eltern (Gemüse ist gesund) lobend zusammenzufassen, um dann elegant meine eigene Argumentation anzuschließen (deshalb ist es unabdingbar, dass ich statt Gemüse Eis bekomme). Nie gelang das. Wenn nicht von meinen Eltern, dann wurde ich von meinen älteren Schwestern ausgebremst.

»Susanne?!«

Ich muss das beim nächsten Familientreffen unbedingt mal ansprechen. Alle anderen Kinder dürfen – das sieht man hier in dieser Redaktionsrunde ja deutlich – nämlich sehr wohl das Gespräch an sich reißen und ...

»Susanne?!«

»Wie bitte? Ach so, Entschuldigung. Auf meiner Seite wird die gestrige Haushaltssitzung verwurstet. Das ist der Aufmacher plus eine Hintergrundgeschichte zum Streit zwischen Neubürgern und ...«

REWIND

REPLAY OHNE Psychologie

10.35 Uhr: Der Konferenzraum füllt sich. Redaktionsleiter Harry erinnert an den vorverlegten Konferenzbeginn, die zu spät gekommenen Befürworter betonen die Wichtigkeit ... Ich merke, wie mir die Äuglein zufallen. Raffe mich aber noch mal auf. Verfolge den Angriff der Linksfraktion, murmle einzelne Bemerkungen mit, lalle sie mit, von hinten stupst mich einer: »Lieferschwierigkeit bei Red Bull?« Herrje! Immerhin: Sie sprechen bereits über die morgige »Seite eins«, was da drauf soll und so ... Ich versuche, behelfsmäßig an Wasser zu denken, viel frisches, kaltes Wasser. Wieso ist hier auch immer so irre geheizt? Wie soll man da wach bleiben? Und diese Luft. Stunden später finden mich die Putzfrauen schnarchend unterm Tisch. Immerhin weiß ich jetzt, wozu Psychologie gut ist.

PLAY MIT Psychologie

Nach der Konferenz habe ich Hunger – wie jeden Tag. Nagenden Hunger. Alle Kollegen wissen das. Alle Kollegen sehen das in meinen hungrigen Augen. Das ist ein Problem. Denn das bedeutet, dass ich auch heute – wie jeden Tag seit vielen Jahren – alsbald die Kollegen anrufen werde. »Hallo«, werde ich sagen, »ich bin's, willst du auch was vom Italiener?« – »Hallo«, werde ich dem Italiener sagen, »wir sind's wieder. Wir würden gerne bestellen und zwar ...« – »Hallo«, werde ich sagen und mich suchend umschauen. »Kommst DU mit und holst mit mir die Pizzen?« – »Hallo«, werde ich an zentralen Stellen bekanntgeben, »die Pizzen sind da«. Und »Hallo?«, werde ich mich nach dem Essen wieder fragen: Wieso mach das eigentlich immer ich? Weil ich als Erste Hunger habe? Schon, aber: Wieso habe ich immer als Erste Hunger? So einen fürchterlich nagenden Hunger. Ist es vielleicht gar kein normaler Hunger, sondern einer nach Liebe, nach Zuwendung? Ist es die Leere nach der Redaktionskonferenz, die Einsamkeit, wenn alle wieder an ihre Schreibtische verschwunden sind? Obwohl, richtig einsam bin ich eigentlich nicht. Hinter mir telefoniert Kollegin Silke mit ihrem neuen Liebhaber. Oder ist es doch nur ein Informant? Vor mir geben zwei andere Kollegen aus komplizierten Witzgründen immer wieder Piepgeräusche von sich und necken sich mit gegenseitigen Anrufen. Geht einer von ihnen ran, weil er nicht merkt, dass es nur der andere ist und vielleicht denkt: »Telefon, das könnt ja was sein, was mit Arbeit zu tun hat«, dann muss er 50 Cent zahlen. Die jedenfalls scheinen keinen Hunger zu haben. Keinerlei Drang oder Sehnsucht nach einem gemütlichen Mittagessen, nach Wiederherstellung des so jäh unterbrochenen Gemeinschaftsgefühls der Konferenz. Und selbst wenn, macht es ja nichts, denn sie wissen, dass ich sie spätestens in 30 Sekunden nach ihren Essenswünschen fragen und damit Hoffnung verbreiten werde. Vielleicht kommt der nagende Hunger auch daher, dass der große Konferenztisch bei mir frühkindliche Mittagsessensszenen mit meiner Großfamilie aktiviert. Und wie beim Pawlow'schen Hund wird dadurch bei mir bereits während der Konferenz die Speichelproduktion angeregt. Die ist inzwischen derart heftig, dass, es hilft alles nichts, ich einen der beiden piepsenden Kollegen anrufe und sage: »Ha! Reingefallen! 50 Cent fällig«, und der antwortet: »Bitte einmal Pizza Frutti di mare!«

REWIND

REPLAY OHNE Psychologie

Nach der Konferenz habe ich Hunger – wie jeden Tag. Nagenden Hunger. Unerträglichen Hunger. Ich halte es einfach nicht mehr aus. Ich greife am Telefonhörer vorbei in meine Tasche, knistere laut mit einer Tüte, ziehe eine Butterbrezel raus und … beiße rein. Die Kollegen um mich herum versteinern. Eine unheimliche Stille erfüllt den Raum. Nur noch mein genüssliches Malmen der Brezelmasse ist zu hören. Alle starren mich an. Einer fragt unsicher: »Ist das dein …«, er schluckt, »Mittagessen?«

»Hm«, sage ich, »mal sehen«, und beginne zu tippen. Ich fühle mich großartig. Jetzt flutscht der Psychologie-Entzug.

PLAY MIT Psychologie

Um 13.30 Uhr stellt mir die Sekretärin einen Anrufer beziehungsweise einen Anschreier durch. Dorfbürgermeister Ostermeier
brüllt aus der Muschel raus. Während er brüllt, denke ich an
gestern, als zu Ehren eines fulminanten Kommentars, Auslöser
des aktuellen Anrufs, der Chef einen Sekt aufgemacht hat. Denn
anscheinend gab es ein Lob vom Haupthaus. Schon da fürch-
tete ich Schlimmstes. Denn ein Kommentar, der im Haupthaus
für Lob sorgt, sollte im Lokalen besser nicht erscheinen, weil
man sonst am nächsten Tag einen brüllenden Menschen am
Hörer hat, nämlich denjenigen, den man in diesem Kommentar als genau das Schlitzohr entlarvt hat, das er auch ist. Der,
in der Tat, brüllt immer noch. Ich denke über diesen doofen
Zwiespalt nach, dass er mich wahrscheinlich vernichten und
wie viele Journalisten in die Alkoholsucht treiben wird. Diese
ständige Miesepeterei ist ja sowieso nur ein psychischer Defekt,
der andere ganz zu Recht zum Brüllen bringt und immer noch
brüllen lässt. Wahrscheinlich werden sämtliche Miesepeter
Journalisten. Während der Arbeit leben sie ihre Miesepeterei
aus und denken, das sei ein Job. Psychologisch betrachtet ist der
Journalistenberuf einfach das Letzte. Anstatt sich direkt mit den
Menschen auseinanderzusetzen, geht man da auf Distanz, indem man die Zeitung dazwischenschiebt. Das wurde zumindest
der britischen Journalistin und Autorin Lorna Martin von ihrer
Psychoanalytikerin vorgeworfen – in Martins Buch *Das Leben,
die Liebe und ein Jahr auf der Couch*. Da ist es wohl nur gut für
mich, wenn da mal einer anruft und die Mauern niederreißt,
indem er mich anschreit. Wenn auch nicht mehr ganz so laut
wie zu Beginn. Trotzdem fühle ich intensiv, dass ich diesem Job
psychisch einfach nicht gewachsen bin. Noch während ich das

fühle, hat sich der Dorfbürgermeister wieder so weit runtergekühlt, dass wir uns freundlich verabschieden. Schließlich kennen und mögen wir uns.

REWIND

REPLAY OHNE Psychologie

Um 13.30 Uhr stellt mir die Sekretärin einen Anrufer durch beziehungsweise will ihn mir durchstellen. Aber ich bin gar nicht am Platz, sondern völlig verspätet Pizza holen!

PLAY MIT Psychologie

Um 15.23 Uhr werde ich zum Chef zitiert. Grund: Die Bierband (redaktionsinterner Deckname) will mich sprechen. Aaargh. Mir schwant Fürchterliches. Rechtfertigungen schießen wie Platzregen aus meinen Gehirnwindungen: Ich wollte deren Konzert gar nicht besprechen. Ich hab die Besprechung auch gar nicht geschrieben. Ich heiße gar nicht Susanne Berkenheger. Ich sehe nur zufällig wie diese aus. Zudem wurde ich gezwungen, diese Konzertbesprechung zu schreiben – mit roher psychischer Gewalt. Ich war aber deswegen gar nicht sauer und habe den Abend deshalb nicht so toll gefunden. Nein, nein. So bin ich nämlich überhaupt nicht. Zum Beispiel habe ich mich auch überhaupt nicht geärgert, dass ich überhaupt kein einziges Bier trinken konnte, während sekündlich von der Bühne geprostet wurde. Und: Natürlich bin ich ein Fan. Ein totaler Fan bin ich. Gerade als dann die anderen 4999 begeisterten Fans um mich herum total besoffen waren, nur ich als Einzige noch nüchtern, da war ich ganz besonders vom Fansein erfüllt. Ich bin nur extra als Nicht-Fan hingegangen. Weil: »Das ist doch gerade gut, dass du kein Fan von denen bist. Dann haben wir eine andere Perspektive drauf.«

So hat es Chef Harry gesagt. Also mit mir hat das alles nichts zu tun. Wie gesagt, ich hab das ja alles auch gar nicht geschrieben. Mit dieser psychologisch durchdachten Verteidigungsstrategie erreiche ich die Cheftür. Kurz überlege ich noch, ob ich Sympathiepunkte erringen könnte, wenn ich beim Reinkommen eine Tasse Kaffee verschütte. Der Psychologe Elliot Aronson sagt, das funktioniert (Pratfall- oder Reinfall-Effekt). Zum Glück habe ich keinen Kaffee dabei. Denn das funktioniert nur bei Personen, die als sehr kompetent gelten, aber doch nicht bei mir Dussel. Ich klopfe. Zwei von der Bierband sitzen in trübseligem Zorn auf zwei Stühlen. Sofort werden all meine schönen Rechtfertigungen von einem Schwall schlechten Gewissens hinweggespült. Denn schließlich lebe ich in meinem Job hemmungslos meine Miesepeterei aus, und die arme Bierband muss nun drunter leiden. Wir geben uns die Hand. Ich setze mich.

Die von der Bierband klagen: »In wenigen Tagen kommt unsere erste CD raus und jetzt das!« Mit »das« meinen sie meinen Artikel. Herrje! Ich rutsche auf meinem Stuhl herum. »Warum ist das Feiern da so negativ dargestellt?«, wollen sie vom Chef wissen, ohne mich eines Blickes zu würdigen.

Der Chef schaut mich an. »Na ja«, piepse ich zaghaft, »es ist doch tatsächlich ziemlich oft von der Bühne herabgeprostet worden. Ich habe es sogar gezählt und notiert. Hab ich aber jetzt nicht zur Hand.«

Die Bierband-Leute schnauben und stoßen zornig aus, dass sie schließlich auf Provisionsbasis pro verkauftem Bier bezahlt werden. Und von irgendwas müssen sie auch leben.

»Ja, aber ...«, setze ich an und verstumme, weil ich aktuell unbedingt durchdenken muss, warum eigentlich Chef Harry gar keine Stellung bezieht? Warum erwähnt er die »andere Perspektive« nicht? War doch seine Idee. Und wieso hat er überhaupt sein Pokergesicht aufgesetzt? Ich versuche es mit dem »Facial Action Coding System« des Psychologen Paul Ekman zu durchdringen. Der trainiert auch die Leute vom CIA und FBI. Wär doch gelacht. So. Genau gucken. Da! Hat der Chef nicht gerade mit dem linken Mundwinkel gezuckt? Was bedeutete das noch mal? Angst? Hieß das Angst? Angst davor, dass ich ihn jetzt gleich zur Rede stelle? Oder verriet Mundwinkelzucken Wut? Aber wieso Wut? Hatte ich bei der Auftragsvergabe falsche Botschaften versendet? Und diese womöglich auch noch mit viel zu hoher Stimme? Dann wäre ja klar, dass jetzt alles an mir hängenbleibt. Und wie ich schon wieder dasitze! Während die anderen einen obskuren Deal aushandeln, beschimpfe und zerfleische ich mich innerlich dafür, dass ich mich immer selbst beschimpfe und zerfleische.

REWIND

REPLAY OHNE Psychologie

Ich frage die Bierband: »Ach so, ihr bekommt da Provision, das ist ja interessant. Und wie viele Liter müssen dann getrunken werden, damit sich das einigermaßen rechnet?«, »Und macht ihr das immer so?«, »Und wo verdient ihr denn am meisten?«, »Und wie animiert man Leute am besten zum Trinken?« Das famose Interview erscheint am nächsten Tag. Genial – das Leben ohne Psychologie!

PLAY MIT Psychologie

Um 17.04 Uhr bimmelt wieder das Telefon: Nein, nicht der fei-xende Kollege von gegenüber. »Thorsten hier«, meldet sich die Gegenseite. Thorsten sollte den Aufmacher heute liefern. Aber Thorsten ist gerade aufgefallen, dass er gestern den Termin ver-schwitzt hat.

»Wie jetzt?«, japse ich. Thorsten nuschelt was vor sich hin und fingiert Leitungsstörgeräusche. Mein Puls beschleunigt sich. Ich habe ein riesiges Loch auf der Seite und noch zwei Stunden, mir was auszudenken. Selbstbeschimpfungen übertönen die falschen Leitungsstörgeräusche (»Thorsten! Das war ja klar. Das hättste wissen können. Da hättste mal rechtzeitig einen Er-satzartikel anfertigen lassen. Selber schuld!«). Thorsten sagt, er könne vielleicht übermorgen noch was nachliefern. Ich schließe die Augen, um Ruhe zu visualisieren, ganz ruhig bin ich, mir ist wohlig warm, ich liege am Strand, meine rechte Hand wühlt im Sand. Was ist denn das da im Sand, was knistert da so? Wieso müssen die Leute auch ihren Müll immer überall hinschmeißen? Ihhh, das ist auch noch klebrig. Ich öffne die Augen. Hä? Das gibt's doch nicht! Auf dem Tisch, direkt auf meiner Tastatur, da, wo vor wenigen Sekunden noch gar nichts war, leuchtet jetzt unter meinen Fingern ein Post-it-Zettel. Auf dem steht: »Liebe Sus, bitte schnell Landrat anrufen wegen Stellungnahme zu … Wichtig! Ergebnis bitte an mich! Vielen lieben Dank.«

Waassss?! Ich verabschiede Thorsten und starre auf den Zet-tel. Vom Co-Chef! Jetzt weiß ich, was er auf seinem Führungs-seminar am Wochenende gelernt hat. So delegieren Sie richtig an widerspenstige Mitarbeiter: Warten Sie, bis der aufmüpfige Mitarbeiter gerade durch ein Telefonat abgelenkt ist. Schließt er zudem kurz die Augen, noch besser! Kleben Sie ihm in diesem Moment einfach einen Zettel mit Ihrem Auftrag auf den Schreibtisch. Unbedingt kleben, sonst bläst der missgünstige Mitarbeiter den Zettel einfach weg. Entfernen Sie sich danach rasch vom Tatort!

Also gut. Ich weiß vor allem eins: Wenn man es mit einer narzisstischen Persönlichkeit wie dem Co-Chef zu tun hat, muss man höchste Vorsicht walten lassen. Erledige ich diesen Auftrag jetzt, habe ich morgen zwei Zettel hier kleben, übermorgen fünf, nächste Woche hundertelf ... Sprich: Der Zettel muss weg! Aber wie? Ich versuche ihn wegzublasen. Haha, geht natürlich nicht. Ich versuche der quälenden Frage auszuweichen: Wieso trifft es ausgerechnet mich? Klappt natürlich auch nicht. Wieso trifft es ausgerechnet mich?, frage ich mich also. Wieso legt der Co-Chef ausgerechnet mir diesen Zettel hin? Liegt das an meiner gutmütigen Ausstrahlung? Daran, dass ich auch dann noch lächle, wenn mir das Lächeln schon längst vergangen sein sollte (Mona-Lisa-Syndrom)? Wahrscheinlich habe ich dadurch eine ausgewachsene Opferausstrahlung. Da komme ich so schnell nicht raus. Außer ich werde zum Täter. Viele Opfer werden zum Täter. Das kann sogar ganz schnell gehen.

Doch bevor ich es werde, höre ich den Explosiv-Redakteur durch die Redaktion brüllen: »Ich hab hier eine Wahnsinnssache. Da muss sich jetzt sofort jemand drum kümmern!« Instinktiv greifen alle Kollegen zum Telefon und fingieren Telefonate. Ich auch. Denn: An die wirklichen Wahnsinnssachen lässt der nie jemand anderen als sich selbst ran. »Was ist das für ein eingeschlafener Laden hier«, brüllt er ins Zimmer, als er uns alle an unseren Telefonen lauschen sieht. Wir sind schreckliche Duckmäuser, denke ich, und werden davon noch gruselige Magengeschwüre und Persönlichkeitsdellen bekommen. Aber es funktioniert. Er zieht weiter. Der Zettel ist dagegen immer noch da. Im letzten Teambildungsseminar hieß es, oft fehle es einfach an der Liebe. Und ich gebe zu, ich hatte damit tatsächlich noch ein paar Schwierigkeiten, war ein bisschen verspannt. Aber wenn ich dranbliebe, so die leitende Psychologin weiter: »Sie werden sehen, wie sich alles verändert: Ihre Stimmlage, Ihre Ausstrahlung.« Und dann würde ich auch verstehen, warum der Co-Chef so handelte: Vielleicht will er mich fördern? Oder: Er hat gesehen, wie ich da verzweifelt am Telefon hänge, und da wollte er mir eine kleine Ablenkung verschaffen. Oder er hat vorausgesehen, dass gleich der Explosiv-Redakteur aufschlagen wird und hat mir schon mal eine Abwehrrakete geschmiedet: »Sorry, Auftrag vom Co-Chef!« Ist der Co-Chef vielleicht doch ein Guter? Ich schaue noch mal auf den Zettel. »Liebe Sus ... Vielen lieben Dank«, steht da. Neee! Von wegen Guter! Das hier ist ein Fall für Psycho-Aikido: Die Energie des Angreifers aufgreifen und umwandeln. Nach der Methode »Rücksichtsvoll Nein sagen mit der 5-Punkte-Strategie« (*Das David-Geheimnis: Schwierige Situationen meistern*, Ute Zander) schreibe ich ebenfalls einen Zettel. »Lieber Co-Chef, vielen lieben Dank für deine Notiz.« (So. Dann. Punkt 1: Eindeutig Nein sagen) »Leider muss ich dir aber sagen, dass es ungünstigerweise meine Zeit nicht zulässt, den Landrat anzurufen.« (2. Mitgefühl bekunden) »Glaube mir, ich verstehe sehr gut, dass du wahrscheinlich noch weniger Zeit hast als ich ...« (3. Interesse zeigen) »... und natürlich interessiert es mich sehr, was der Landrat zu dieser Geschichte zu sagen hat ...« (4. Begründung abgeben) »... aber meine Seite droht morgen leer zu erscheinen, wenn ich jetzt nicht ...« (5. Alternative nennen) »Hast du Tom schon gefragt? Vielleicht kann der ja. Gruß, Sus.« So. Jetzt muss ich nur noch auf einen günstigen Moment warten, um meine 17 Post-it-Zettel auf den Tisch des Co-Chefs zu kleben.

REWIND

REPLAY OHNE Psychologie

Um 17.04 Uhr bimmelt das Telefon: Thorsten ist aufgefallen, dass er gestern den Termin verschwitzt hat. Genüsslich schließe ich die Augen und sage: kein Problem! Denn ich habe ja das Interview mit der Bierband. Als ich die Augen wieder öffne, finde ich den Zettel vom Co-Chef. Ich schreibe: »Lieber, lieber Co-Chef, du hast diesen wichtigen Zettel auf dem Flur verloren. Ich habe ihn gefunden. Ganz lieber Gruß. Sus.« Perfekt!

PLAY MIT Psychologie

Vor meinem Abendtermin dreh ich draußen noch eine Runde. Als ich zurückkomme, ist die Redaktion schon ziemlich ausgestorben. In meinem Viererbüro fährt einer erschreckt auf: Holger, der gerade für einen Karrieresprung trainiert. Muss ja ziemlich stressig sein, denke ich. Als er mich sieht, lacht er nicht, wie erwartet, sondern fragt mich, ob unten alles klar wäre. Er habe Geräusche gehört. Er werde langsam schon paranoid. Er recherchiert nämlich gerade an einer Mafiageschichte, die ihn groß rausbringen soll, möglichst lebendig natürlich. Er hat schon verschiedentlich versucht, mich auch in die Karriereschiene mit einzuspannen. Problem: Ich will gar nicht groß rauskommen mit einer Mafiageschichte. Ich will nicht mal Karriere machen. Typisch Frau wahrscheinlich. Ich sollte da wirklich drüberstehen und mir endlich eingestehen, dass ich doch Karriere machen will, obwohl ich es nicht richtig merke, weil ich halt eine Frau bin. Das gilt es zu überwinden. Zweites Problem: Er ist etliche Jahre jünger als ich und will mich fördern. Das empört mich irgendwie. Denkt er, ich hätte nicht schon Karriere gemacht, wenn ich gewollt hätte? Wenn ich gewollt hätte, wäre ich natürlich schon längst wer weiß wo. Natürlich! Glücklicherweise habe ich es nie gewollt, sonst wüsste ich jetzt genau, wo ich bereits wäre. Und wer weiß, ob ich damit zufrieden wäre. Wahrscheinlich spürt er diesen meinen Größenwahn und glaubt, es sei derselbe Größenwahn, den er hat. Dabei ist es ein ganz anderer Größenwahn. Ein noch viel größerer Größenwahn nämlich. Jedenfalls fahren heute die beiden Größenwahnsinnigen gemeinsam auf einen Abendtermin in ein Kuhdorf. Offenbar überschneidet sich seine Mafiarecherche mit meinem eher drögen Lokaltermin. Das gibt mir etwas zu denken. Nach dem Termin stehen wir noch einige Zeit auf einem dunklen Parkplatz herum, besprechen die Mafiageschichte und beraten, ob ich auch in Gefahr bin. Irgendwas stimmt wirklich nicht mit mir, überlege ich auf der Heimfahrt. Wieso nutze ich keine Karrierechancen? Wieso will ich gar nicht vorankommen? Wieso fühle ich mich immer zu den ambitionslosen Individuen und subversiven Quertreibern hingezogen? Das alles ist nicht normal. Ziemlich zerfleddert stolpere ich in die Wohnung und falle ins Bett.

REWIND

REPLAY OHNE Psychologie

Als ich nach Hause komme, klappe ich sofort mein Notebook auf, um die ganze Mafiageschichte aufzuschreiben und noch vor Holger damit ganz groß rauszukommen. Das wird super! Beziehungsweise: Das wäre super geworden! Denn leider kommt es nicht mehr dazu. Gerade als ich lostippen will, um die Schweinerei zu begehen, muss ich erkennen: zu spät! Viel zu spät! Jahre zu spät ist mir das jetzt eingefallen! Auf meinem Notebook-Bildschirm leuchtet eine Textdatei mit der Überschrift »Einen Tag im

Na gut. In Gedanken klappte der Psychologie-Entzug ja ganz außerordentlich famos! Okay, einige kleinere Allmachtsfantasien haben sich eingeschlichen. Aber jetzt kommt ja noch der Versuch in echt! Da wird sich das sicher etwas relativieren. Da ich das reale Redaktionsbüro inzwischen durch mehrere Homeoffices ersetzt habe (ein Lieblingscafé, ein aushäusiges Büro sowie ein originales Zuhause-Homeoffice), sitze ich jetzt nicht singend und pfeifend in meinem Kleinwagen, sondern im Schlafanzug am Schreibtisch und schäme mich. Weil ich es noch nicht aus dem Schlafanzug geschafft habe. Verschiedene Computer piepsen vor sich hin. Ein weiterer spannender Homeofficetag als Redakteurin eines Online-Magazins kann beginnen. Über das Messenger-System komme ich in Kontakt mit Kollegen, Chefs (die im strengen Sinne eigentlich Kunden sind, das aber immer wieder vergessen, weil sie diejenigen sind, die meine Texte genehmigen), Lesern (die mich mit Facebook-Daumen und Klickzahlen bewerten) und Technikern (die gerne viel telefonieren). Die Instant Messages, die ich mit Chefs und Kollegen austausche (wie etwa: »ok«, »passt« oder »kann drauf«), sind Mahnmale jener extremen »Verarmung des Kommunikationsprozesses« in der Online-Kommunikation, wie sie der Diplompsychologe Matthias Petzold beschreibt. Eine solche Kommunikation kann ganz leicht zu Projektionen, Idealisierungen und schlimmen Verteufelungen führen. Um die einigermaßen in Schach zu halten, muss man sich eigentlich in permanenter Selbsttherapie befinden. Was zum Beispiel soll man tun, wenn einer immer »passt« meldet und dann auf einmal »ok« textet? Wieso plötzlich »ok«? Was ist da los?, fragt man sich natürlich. Stimmt was nicht? Ist man in Ungnade gefallen? Wurde man gerade gefeuert, oder ist bloß der Text nicht okay? Am Anfang meiner Redakteurszeit wollte ich meine Instant Messages unbedingt so formulieren, dass man erkennt: Hier schreibt kein automatisch vor sich hin tippendes Computerprogramm, kein sogenannter Bot, sondern ein echter Mensch. Und zwar so einer, der krampfhaft versucht, jedes Mal was anderes zu schreiben, damit keiner denkt, er sei ein Bot. Das war anstrengend. Zudem wahrscheinlich total für die Katz. Denn selbst falls mich meine Kollegen deshalb tatsächlich nicht für einen Bot hielten, nahmen sie mich allerhöchstens noch als sogenanntes »Es-Selbst« wahr. Sagt die Soziologin Sherry Turkle (*Verloren unter 100 Freunden. Wie wir in der digitalen Welt seelisch verkümmern*). Und das ist auch nicht viel besser. Das bedeutet nämlich, dass die denken, ich sei halt irgend so ein »Gerät«. Seit ich das begriffen habe und mir zudem aufgefallen ist, dass diese angeblichen Kollegen und Chefs ja wahrscheinlich selbst nur Bots sind, geht mir die Arbeit viel, viel leichter von der Hand. Jetzt habe ich genau drei verschiedene Sätze und fünf Kurzkommentare, die ich mittels eines Zufallsverfahrens in meinem Gehirn abwechsle. Natürlich versuche ich aus diesen Zufallsergebnissen stets etwas über meinen eigenen aktuellen seelischen Zustand herauszukriegen. Da die anderen hinter meinen liebevoll zurechtgeschnitzten Messages wie »sup«, »danke« oder »besten dank« nie den Menschen, also mich, sehen, ist es wichtig, dass wenigstens ich das tue. Indem ich mich endlich mal wahnsinnig viel mit mir selbst und meinen eigenen Macken beschäftige statt immer nur mit denen meiner Kollegen, kann ich in einen »Zustand der Verliebtheit« geraten. Schreibt Gudrun Sonnenberg in *Kollege Ich: Die Kunst, alleine zu arbeiten*. Bei meiner Arbeitsform handelt sich um die Arbeitsform der Zukunft, mit der man wunderbar Familie und Job verbinden und den Rat zahlreicher Psychologen in den Wind schießen kann, zu Hause niemals im Schlafanzug zu arbeiten. Nicht mal Casual Style ist erlaubt. »Tragen Sie keine Jogginghose!«, warnt die Motivationsexpertin Bettina Rohe. Das gilt besonders dann, wenn sich wieder einmal ein Techniker auf meinen Monitor geschaltet hat und dort herumfuhrwerkt. Nicht auszudenken: Ein Klick auf die eingebaute Webcam, und er sieht mich. Durch einen dummen Zufall werde ich dann auf einer Großleinwand während der aktuell stattfindenden Redaktionskonferenz aufleuchten – im Schlafanzug! »Ah, schönen guten Morgen, Heimredakteurin Berkenheger!« So! Jetzt bin ich wach. Ich fasse noch mal kurz zusammen: Ich werde keine Kollegen in psychologische Schubladen stecken, ich werde nichts visualisieren, ich werde keinen lieben, ich werde nicht meine eigene Opferrolle analysieren, und ich werde auch nicht »Schluss mit diesen Spielchen!« sagen und »Manipulationen im Alltag erkennen und wirksam dagegen vorgehen« – nach dem gleichnamigen Buch von Renate und Ulrich Dehner. Ich werde diese Spielchen einfach mitspielen, so wie jeder normale Psychoanalphabet auch. Los geht's.

▷▷ Versuch »Einen Tag im Office verbringen«

START! Betont locker, als wäre Lockerheit ein Garant für Psychologielosigkeit, klicke ich mich in mein digitales Büro. So. VPN-Tunnel wird hergestellt. Um nicht aus Versehen jetzt was Psychologisches zu denken, überlege ich zum ersten Mal, was VPN wohl heißen mag. Als die Überlegung nichts bringt, stehe ich auf. Aus der Küche hole ich mir noch einen Kaffee. Dabei werde ich von meinem Homeofficekollegen und Ehemann entdeckt. Er versorgt mich wie üblich mit den neuesten Fußballskandalen. Da ich nichts davon verstehe, nicke ich mit dem hoffentlich genau richtig empörten Gesichtsausdruck. Ist er zu wenig empört, wird das als Unhöflichkeit, Banausentum oder gar als Affront interpretiert, schießt er über das Ziel hinaus, wird es als Fußball-skandal-Nachrichtenhunger interpretiert und führt dazu, dass ich mit mehr Fußballskandalen als gewöhnlich versorgt werde, um meinen Hunger zu stillen. Dieses Problem, das Fußballproblem, bestand in der gleichen Weise auch in meiner Landkreisredaktion. Mein Mann verhält sich exakt so wie früher meine Kollegen. Wahr-scheinlich entsteht genau dadurch eine Arbeitsatmosphäre. Mög-licherweise kann ich überhaupt nur arbeiten, wenn mich jemand mit Fußballskandalen versorgt. Das ist das Hintergrundrauschen für mich. Das heißt: Jetzt beginnt der Arbeitstag. Tatsächlich sehe ich schon die Kollegenbots im Messenger aufpoppen. Da sind sie. Und ich sehe auch, hach, huch, Augen roll, welcher Chefbot heute meine Texte genehmigen muss. Na bravo! Denn der heute Zuständige ist entweder ein Bot mit eher anspruchsvoller Cha-rakterprogrammierung oder womöglich ein Mensch mit gewis-sen persönlichen Eigenheiten. Bei ihm bestehen die darin, dass er entweder gar nicht reagiert oder Probleme mit dem Text sieht, die juristischer Überprüfung bedürfen. Die Tage mit ihm sind nicht gerade die beschwingtesten. Ich stöhne mehrmals laut auf, da-mit der Homeofficekollege, der sich wieder in der Küche befindet, mich hört und ebenfalls stöhnt. Dann mache ich den ersten Text fertig und bitte den anspruchsvollen Charakterbot per Instant Message um Freigabe. Wie üblich schweigt er. Neulich erfuhr ich Stunden später von ihm: »sorry, war in action«. Und ich hatte es schon für was Persönliches gehalten. Typisch! Soll ich nach-haken? Soll ich weiter darüber nachdenken, ob ich nachhaken soll? So mache ich es normalerweise. Aber nicht heute! Heute nicht! Haha! Heute bin ich total cool und arbeite einfach weiter. Er wird sich halt irgendwann melden. Er ist jetzt wahrscheinlich in der Redaktionskonferenz und hat sich nicht abgemeldet. Wahrscheinlich sitzt er da als Allererster schon da. Sicher ist er einer dieser zwanghaft Überpünktlichen, die so zwanghaft Pünktlichen wie mir die Parkplätze klauen, obwohl die zwanghaft Überpünktlichen ja noch irre Zeit hätten. Zeit, um zum Beispiel noch schnell meinen Text freizugeben – und zwar vor der Konferenz, bei der ich glücklicherweise nicht dabei sein muss. Stattdessen sehe ich meinen Homeofficekollegen in der Tür stehen.

»Ein neuer Fußballskandal?«, frage ich. Er überlegt kurz. Will ihn mir dann später erzählen, jetzt soll ich an die Tür gehen, weil ich mehr angezogen aussehe als er. Na ja. An der Tür ist: »Tagchen, Paketdienst!« Herr Tagchen weiß, dass wir immer da sind, weil wir in unseren Schlafanzügen gar nicht das Haus verlassen können. Unterschreiben hier, ich versuche sehr beschäftigt auszusehen, was ich ja tatsächlich auch bin, aber durch den Versuch, beschäftigt auszusehen, sieht es halt wahrscheinlich so aus, als ob ich nur so tue. Ich bin froh, an den Schreibtisch zurückzukommen. Was ist mit Charakterbot? Nix. Schon eine Stunde nicht reagiert. Aber hey, egal. Ich schmiede einen Plan. Sobald Charakterbot sich meldet und ich seine Aufmerksamkeit habe, werde ich ihm gleich den zweiten Text zur Genehmigung um die Ohren hauen. Ha! Genial! So funktioniert das Arbeiten ohne Psychologie. Nämlich mit rationalen Überlegungen, die direkt aus der Wirklichkeit kommen, die auf harter Erfahrung beruhen und die auch funktionieren werden. Ich fühle mich gut. Damit der Plan auch aufgeht, muss ich nun sehr schnell den zweiten Text fertig machen. Währenddessen öffnet der Homeofficekollege die Tür und stellt sich vor den Schreibtisch. Ich tippe weiter, um zu signalisieren, dass ich arbeite. Er räuspert sich. Will er mich mit neuen Fußballskandalen versorgen, damit ich noch besser arbeiten kann? Nein, diesmal sagt er: »Ich geh mal raus, ein paar Süßigkeiten besorgen!«

»Okay«, sag ich ungerührt und tippe weiter.

»Weil doch morgen Mariä Himmelfahrt ist!«

»Okay«, sag ich. Er bleibt immer noch stehen. Gibt es einen neuen Fußballskandal, der mit Süßigkeiten und Mariä Himmelfahrt zu tun hat?, frage ich mich.

»Na, dann geh ich jetzt!«

»Okay, bis gleich.« Der Kollege geht. Ich bin stolz auf mich. Selbst komplett rätselhafte Auftritte wie diesen kann ich ohne jegliche psychologische Spekulationen bewältigen. Das macht mir Mut. Mut, mal zu gucken, was mit dem Charakterbot ist. Text Nummer zwei ist fertig. Ich bin zum Abfeuern bereit. Der wird gucken! In süßer Erwartung, dass ich meinen Plan jetzt gleich umsetzen kann, blicke ich auf das Messengerfenster und muss das Ungeheuerliche live miterleben. Charakterbot meldet sich einfach ab. Weg! Und zwar ersatzlos. Denn jetzt kommt die Stunde, in der es keinen Ersatz gibt. Das gibt's doch nicht! Ich verfluche die Heimarbeit! Wie zum Donnerwetter kann ich mich bemerkbar machen? Ich schließe die Augen. Für einige haltlose Sekunden gebe ich mich der Vorstellung hin, dass er nur aus Versehen auf die Abmeldetaste gekommen ist, aber ich weiß, das ist sinnlose Träumerei. Ich öffne die Augen. Ja! Shit! Es war sinnlose Träumerei! Ich fluche laut und herzlich. Renne einmal durch mein Arbeitszimmer. Setze mich wieder an den Schreibtisch. Das Telefon klingelt: ein Techniker: »Wir versuchen gerade, Ihr technisches Problem zu lösen.« Nebenbei starte ich meinen untertänigsten Hilferuf an alle, die ich sehe. Die Reaktionen sind nicht gerade berauschend. Nämlich keine. Als wäre ich unsichtbar! Furchtbar. Neulich war ich tatsächlich unsichtbar, deshalb ruft ja der Techniker an. Alle anderen waren auf der Messengerliste vertreten, nur ich war unsichtbar. Ich war eingeloggt, aber wenn ich was tippte, war nichts zu sehen. Es war gespenstisch. Der Techniker erklärt mir, dass ich elektronisch eine gespaltene Persönlichkeit hätte, hängt irgendwie damit zusammen, dass mich irgendwo einer mit »ä« statt mit »e« geschrieben hat. »Und deshalb werden Sie nicht erkannt.« Ja, ich werde nicht erkannt. So ist das! Natürlich fällt es mir langsam schon etwas schwer, diese ganze Tiefensymbolik, die sich hier reinschleicht, zu ignorieren. Was soll das denn alles? Dieses Augen schließen, unsichtbar sein, nicht erkannt werden, gespaltene Persönlichkeit? Aaargh. Ist der Techniker gar kein Techniker? Moment. Jetzt ganz ruhig. Konzentrier dich. Was kannst du tun? Analysiere deine Optionen. Da fällt mir ein, natürlich könnte ich, rein theoretisch, ohne jede Genehmigung mein Zeugs auf die Seite stellen. Tatatata! Allerdings wäre das dann wohl eine einmalige Angelegenheit. Gut. Aber: Ich habe total Lust auf diese einmalige Angelegenheit. Allerdings wenn schon einmalig, müsste natürlich auch der dann veröffentlichte Text einmalig sein. Etwa so in der Art: »Macht doch euren Scheiß allein! Ich kündige! Schnapsladen hier!« Groß im Internet! Da wäre ich mal gespannt, wie lange es dauern würde, bis das jemandem auffallen würde. Ich mein, wenn die alle in der Konferenz sind. Und was gäbe das für himmlische Leserkommentare. Das wär schon was. Rein aus Spaß erstelle ich jetzt mal so einen Artikel.

Digitale Mobbingopfer

Gepeinigt, gedemütigt und ... (noch was Drittes mit »ge« am Anfang muss mir einfallen)

Mit letzter Kraft launchte die Autorin diesen ungenehmigten Text. Lesen Sie daher schnell, liebe Leser.

Denn die Wahrheit darf hier keiner veröffentlichen. Wenn es doch mal passiert, wird schnell vertuscht. Kein Leser soll von den vielen, vielen Mitarbeitern erfahren, welche **in sklavenähnlichen Zuständen** in ihren Homeoffices gefangen gehalten werden. Täglich müssen diese bedauernswerten Opfer, zu denen auch die bemitleidenswerte Autorin zählt, ihre unmittelbaren Vorgesetzten **mit Schmiergeldern oder Geschenken bestechen**, um diese auch nur zur minimalsten Zusammenarbeit zu bewegen. Die Ausgaben dafür fressen das karge Mitarbeiterhonorar oft bis auf den letzten Cent auf. Wer nicht spurt, wird in das **Wetter-Ressort** versetzt!!! Ja, das Schreckensregime weiß, wie Menschen gebrochen werden können! Aaaah! Hilfe! Es klingelt an der Tür. Das sind sie. Das Ende naht. **Hilfe! Hilfe!** Liebe Leser, bitte helfen Sie, die Wahrheit zu verbreiten. Bitt...

Toll! Ich fühle mich großartig. Natürlich ist es irre. Natürlich werde ich es nie tun. Natürlich werde ich nie eine Antwort von Charakterbot kriegen. Aber dieser Text, das wäre schon was. Wer weiß. So. Sieht gut aus. Der Mauszeiger hovert schon über den Launch-Button. Da sehe ich, wie mein Lieblingskollegenbot auftaucht. Ich zucke zurück. Es ist zu spät. Der Lieblingskollegenbot wird helfen. Und er hilft. Und glücklicherweise launche ich dann sogar den falschen beziehungsweise den richtigen Text. Der andere Text steckt nun als meine Geheimwaffe im System. Ich kann ihn jederzeit zücken! Ha!

FAZIT:
Während meine unbeschwerten Office-Gedankenspiele unmissverständlich entlarvten, welche überzogenen Wunschfantasien ich offenbar mit dem Psychologieverzicht verbinde, zeigte der reale Versuch im Homeoffice, welche gemeingefährlichen Funken dieselbe Fantasie beim Zusammenprall mit der Wirklichkeit versprühen kann. Sie brachte mich jedenfalls auf eine Menge idiotischer Ideen: Befehlsverweigerung, Amtsanmaßung, Sabotage. Eines ist klar: Die Umsetzung würde mich ziemlich sicher ruinieren.

Aber allein der Gedanke daran wirkte so wahnsinnig erfrischend. Erstaunlich. Zu meiner eigenen Sicherheit werde ich diesen Versuch nicht wiederholen.

MERKE:
Statt auf Kollegen mit schwierigen Charakteren psychologisch-therapeutisch einzugehen, kann man auch selbst einen noch viel schwierigeren Charakter entwickeln.

11. Einen in Therapie befindlichen Freund treffen OHNE ...

... klammheimlich dessen Therapeutin zu analysieren und dann zum Schluss gesagt zu bekommen, dass man eigentlich dasselbe sage wie die Therapeutin, der man doch schon längst eine zwanghafte Persönlichkeitsstörung nachgewiesen hatte.

Auf dem Behandlungsbalkon

»Das werden wir erst noch sehen, was Ihnen fehlt!« Mit diesen Worten begannen viele meiner Therapien. Die Therapeuten meinten damit: »Vielen Dank, dass Sie mir erzählen, was andere Therapeuten bei Ihnen diagnostiziert haben. Aber diese Diagnosen sind Quatsch. Glauben Sie mir!« Ich glaubte das meistens. Denn: Wären sie kein Quatsch gewesen, säße ich schließlich nicht hier vor einem Therapeuten, sondern im geheilten Zustand irgendwo gemütlich in der Sonne rum. Durch verschiedene Therapien gelang es mir zunächst, eine stattliche Anzahl an Diagnosen als Quatsch zu entlarven und zuletzt sogar alle Diagnosen an sich als Quatsch anzusehen. Wofür ja tatsächlich einiges spricht. Ebenfalls spricht Einiges dafür, dass die verschiedenen Quatschdiagnosen nicht nur irgend so ein folgenloser Quatsch gewesen waren, sondern bei mir diverse »Psychotherapiedefekte« ausgelöst haben. »Die Konzentration auf Vergangenes und auf die Defizite des Patienten können bei ungeschickter Handhabung das bewirken, was man Psychotherapiedefekt genannt hat: die

Herstellung einer psychischen Störung durch Psychotherapie.«
(*Irre. Wir behandeln die Falschen. Unser Problem sind die Normalen,*
Manfred Lütz) Der Verdacht (oder die Erkenntnis), dass jede
Therapie bei mir zu neuen psychischen Störungen führen kann,
machte aus mir zunächst einen eher schwierigen Patienten,
dann einen äußerst schwierigen und zuletzt einen komplett
untherapierbaren. Aus Mangel an Alternativen wurde ich danach – vor mehr als zehn Jahren – zum »klugen Konsumenten«,
der sich selbst diagnostiziert. Das ist am »einfachsten und auch
am billigsten«, schreibt der US-Psychiater Allen Frances in seinem Buch *Normal. Gegen die Inflation psychiatrischer Diagnosen.*
Allerdings kann der »kluge Konsument« auch an emotionaler
Hypochondrie erkranken. Diese Störung sei eine der Risiken der
Selbstdiagnose. Sie soll sehr selten vorkommen, aber potenziell
gefährlich sein, wenn der »kluge Konsument« Hunderte von
psychiatrischen Störungen an sich selbst feststellt. Und, es wäre
Unsinn, es zu verleugnen: Natürlich bin ich so einer.

Mit dieser explosiven Mischung an Neurosen (Psychotherapiedefekt und emotionale Hypochondrie) sowie dem Umstand, dass
ich dieses Buch hier schreibe, bin ich nicht gerade die optimale
Gesprächspartnerin für Freunde, die gerade eine Psychoanalyse
machen. Meinem Freund Owen habe ich genau dazu geraten –
erst vor wenigen Monaten. Warum nur? Seit er in Analyse ist,
werden unsere früher so lustigen und belebenden Treffen immer aufreibender. Heute Abend steht wieder eines bevor. Da ich
das seit gestern schon weiß, kann ich natürlich nicht schlafen.
Stattdessen spule ich in Gedanken immer wieder den Auslöser
unseres letzten Streits ab.

Gegen fünf Uhr morgens bin ich überzeugt, die Auseinander-
setzung habe sich exakt so abgespielt: Owen, der als Freiberufler

in der gerade kollabierenden Branche des deutschen Zeichentrickwesens arbeitet, erzählt sinngemäß: »Nur 1497 Absagen auf meine letzte Akquise-Aktion – und ich bin derart frustriert! Da frag ich mich schon: Woher kommt das? Was hat das mit mir zu tun?« Als ich das höre, werde ich von einer akuten Hassattacke auf Owens Analytikerin gepackt, weil diese Betrachtungsweise doch sicher auf deren Mist gewachsen ist. Ich kann gar nicht antworten vor Wut. Die ist doch bescheuert! Nicht genug, dass Owens Branche den Bach runtergeht, weil es billiger ist, Zeichentrickserien aus anderen Ländern ins Deutsche zu übersetzen, als selbst welche herzustellen, jetzt soll er auch noch so tun, als sei das alles nur sein Psychoproblem. Owen nutzt mein Schweigen, um hinterherzuschicken: »Ist doch spannend, dass das bei mir so ist.« Ich werde diese Frau umbringen! Glasklar erkenne ich in Owens Worten bereits das Symptom einer schlimmen »psychischen Störung durch Psychotherapie« und rufe deswegen aufgebracht aus: »Überhaupt nichts hat das mit dir zu tun. Das ist doch normal, dass dich das mitnimmt!« Schlecht witzelnd füge ich noch hinzu: »Ich mein, wenn's jetzt nur 1374 Absagen gewesen wären, okay, aber 1497!« »Normal?!«, erwidert Owen mitleidig lächelnd. »Was meinst du denn mit normal?«

Normal halt, denke ich, und: Schon längst hätte ich diese Frau umbringen sollen! Eine ihrer Spezialitäten muss es sein, die Bedeutung von Worten infrage zu stellen. Wieso sonst muss ich Owen seit Neuestem alle meine Worte mit anderen Worten erklären, und diese Worte dann wieder mit den nächsten Worten und so weiter und so fort? Ich stottere irgendwas von: kein privates Problem, sondern ein gesellschaftliches. Wer sich von 1497 Absagen nicht frustrieren lasse, sei irre. »Die Psychoanalyse macht dich erst recht krank! Genau wie mich!«, rufe ich aus. Gleichzeitig frage ich mich, ob die Vehemenz meines Ausrufs darauf schließen lässt, dass sich bei mir gerade ein alter Therapiewiderstand Bahn bricht und ich deshalb vorübergehend unzurechnungsfähig bin. Owen ist bestürzt. Ich bin noch bestürzter. Denn: Auf jeden Fall hätte ich ihn rechtzeitig warnen müssen – vor solchen Leuten wie mir, die ihm erst zur Psychoanalyse raten und ihn hinterher davor warnen. Ich will gar nicht wissen, welche gruseligen Neurosen da dahinterstecken. Denn sonst lande auch ich noch bei Owens Therapeutin, deren Telefonnummer er mir heute – angesichts meines Zustands – sicher geben wird.

Nach dem 1497sten Abspulen dieser Szene knipse ich das Licht an: Schlaf ich halt nicht. Blättere ich halt stattdessen in ein paar Psychobüchern, die sich rund um mein Bett stapeln. Na bitte! Da steht's doch: »Optimal entwickelter Klient – gut und schön. An den gesellschaftlichen Gegebenheiten wird sich aber im Regelfall nichts verändert haben. Der Patient wird rückfällig oder entwickelt eine andere Störung.« (*Wenn Irre Irrenärzte werden. Hinter den Kulissen der Psychotherapie*, Ulrich Buchner) Eben! Owen wird es auch so ergehen. Er wird nicht nur den Psychotherapiedefekt, sondern noch ganz andere Störungen hervorbringen. Kein Analytiker wird ihm mehr helfen können! Schon gar nicht, hier, diese hier, die Psychoanalytikerin Andrea Jolander (*Da gehen doch nur Bekloppte hin. Aus dem Alltag einer Psychotherapeutin*). Da! Sie schreibt: »Sobald meine Patienten begriffen haben, worum es in einer Psychotherapie geht, neigen sie dazu, ein klein wenig elitär zu werden und zwischen denen zu unterscheiden, die auch schon den Marsch durch die Psychosümpfe hinter sich haben, und denen, die ihn scheuen. Ich kann es meinen Patienten nicht verdenken.« Ein klein wenig elitär? Wieso das denn? Sind therapierte Leute etwa bessere Leute als untherapierte? Was für eine Idiotie. Das ist ja fast wie bei Scientology.

Müde schaue ich aus dem Fenster. Die Sonne geht auf. Und mir kommt einer dieser wundersamen Gedanken, die nur nach einer schlaflosen Nacht auftauchen können. Plötzlich ist mir klar: Dieser merkwürdig entrückte Mensch, mit dem ich diesen Streit hatte, das war gar nicht Owen. Das war sie! Owens Analytikerin – in Gestalt von Owen. Sie hat von ihm Besitz ergriffen. Sie hat ihm eingeredet, alles Mögliche habe mit ihm zu tun, dabei hat alles nur mit ihr, dieser Analytikerin, zu tun. Total kontrollsüchtig, die Frau. Macht aus ihren Patienten willenlose Marionetten, damit diese keine normalen Gespräche mit ihren Freunden führen können. Was solche Personen anrichten können, habe ich erst kürzlich in der Vampirserie »True Blood« gesehen (2. Staffel). Eine einzige solche Person, nämlich die teuflische Maryann, steuert dort Hunderte von Leuten fern, verpasst ihnen hässliche Käferaugen und bringt sie dazu, aufeinander loszugehen. Sehr geschickt ausgedacht – von dieser Analytikerin! Aber ich bin ebenfalls geschickt. Aus mir purzeln dann nämlich die Glaubenssätze von Psychologen anderer Überzeugungen heraus! Als mir fünf Minuten vor dem Weckerklingeln die Augen zufallen, ist mein letzter Gedanke der: Owen und ich führten einen reinen Stellvertreter-Streit. Wir wurden beide aufs Übelste benutzt!

Zum Glück kann das heute nicht passieren. Denn ich mache ja den Versuch. Wobei: Owen weiß davon nichts. Besser so. Ich kann ihm ja kaum vorschreiben, was er sagen darf und was nicht. Gut möglich also, dass Owen wieder lustige psychologische Debatten mit mir führen will. Natürlich. Nicht passieren darf dann, dass ich mich begeistert ins Gefecht werfe. Radikaler als in jedem anderen Versuch zuvor muss ich hier verzichten – auf die Psychologie. Einfach wird das nicht. Ja, ich fürchte, wenn ich überhaupt den Hauch einer Chance haben will, muss ich versuchen, bereits alle etwaigen Auslöser zu ignorieren, die meine von Psychotherapeuten besetzten Gehirnareale aktivieren könnten. Sollte Owen mich etwa mit »Hallo, wie geht's?« begrüßen, werde ich einfach so tun, als handle es sich um eine ganz normale Frage.

▷▷ Versuch »Einen in Therapie befindlichen Freund treffen«

START! Ich bin spät. Und zwar ziemlich spät. Normalerweise bin ich nie spät. Egal! Mir geht's trotzdem gut. Mir ist nämlich vollkommen egal, welche Rückschlüsse Owen aus meinem Zuspätkommen ziehen wird. Vollkommen wurscht ist mir das. Auch wenn er meine Verspätung als Widerstand deutet. Na und? Ich ignoriere das einfach. Ich werde da einfach gar nicht drauf eingehen! Ich nicht! Weil mein Zuspätkommen ja auch gar nichts mit ihm zu tun hat, sondern nur mit mir und der U-Bahn. Trotzdem renne ich ein bisschen. Und hetze die Treppen zu ihm hoch.

»Ah, da bist du ja, hallo!«, begrüßt er mich freudig.

Ich sage: »Hey, ich bin viel, viel zu spät, tut mir leid. Aber ich kann gar nicht sagen, warum. Keine Ahnung. Ich weiß es nicht. Ich bin normalerweise nie zu spät. Du kennst mich ja. Aber heute, komisch. Aber nicht, dass du denkst, es wär irgendwas. Es ist einfach nichts, verstehst du. Einfach nur eine kleine Verspätung.«

Owen schaut mich einen Moment verwundert an, schließt die Tür hinter mir und sagt: »Ist doch egal. Jetzt bist du hier!«

»Ja, glücklicherweise«, antworte ich, obwohl ich natürlich deutlich heraushöre, dass er gerade nach Psychoanalytikerart eine Übertragungsreaktion bei mir auslösen will. Ich soll jetzt irgendwelche verdrängten Traumata auf ihn und diese Situation hier übertragen. Deshalb betont er das so, dass ich jetzt hier bin. Tja, alter Kumpel, ich höre das sehr wohl heraus, muss dir aber leider sagen: nicht mit mir!

Er lässt nicht locker. »Geht's dir gut?«, hakt er nach, während wir den langen Flur entlangknarren. Wahrscheinlich muss er nächstes Mal seiner Psychoanalytikerin Bericht erstatten, denke ich, obwohl ich gleichzeitig genau weiß, dass Psychoanalytiker sich nie für die Freunde ihrer Patienten interessieren. So als hätten die Patienten sowieso nur eingebildete Freunde mit von den Patienten in sie hineinprojizierten Neurosen und psychologischen Besonderheiten. Ah, Mist, jetzt bin ich aber doch ein bisschen abgeschweift. Zurück zum Versuch! Am Ende des Flurs grinst wie immer der harkende Porzellangartenzwerg. Es ist das erste Mal, dass auch ich jene beunruhigende Wirkung verspüre, die Owen zufolge von ihm ausgeht. Owen könnte ihn wegstellen. Macht er aber nicht. Lieber kämpft er gegen die beunruhigende Wirkung an. »Und dir? Wie geht's dir?«, kontere ich. Ha! Damit hat er nicht gerechnet.

Er lacht. »Gut, ganz gut. Aber du bist doch irgendwie komisch heute.«

So? Na, das ist nicht mein Problem. Owen versucht mich gerade zu spiegeln. Ich kenne das. Aber da bin ich heute immun dagegen. Ich tue weiterhin so, als führten wir zwei ein ganz normales Gespräch. »Ach, ich bin einfach ein bisschen erledigt«, sage ich und lasse mich von ihm am Gartenzwerg vorbei in den Behandlungsraum führen, äh Quatsch, auf den Balkon natürlich. Sakradi! Was hat er vor? Er schenkt mir bewusstseinsverändernde Drogen in Form einer Erdbeerbowle ein. Hat er extra für mich angesetzt. Mit selbst gezogenen Früchten! Ganz schön raffiniert, wie die moderne Psychoanalyse vorgeht. So was gab's zu meiner Zeit der tiefenanalytischen Gesprächstherapien nie. Nicht mal ein Glas Wasser. Nur Kleenex-Tücher. Geschickt wartet Owen dann, bis die

Wirkung der Bowle einsetzt. Dann teilt er mir mit: »Übrigens, das wollte ich dir noch sagen: Meine Therapeutin sagt eigentlich dasselbe wie du. Dass nämlich nicht alles mit mir zu tun hat. Wegen der Absagen jetzt.«

Waaas?! Ich huste. Erdbeeren stecken mir im Hals, Tränen in den Augen. Wieso das denn jetzt? Diese Frau ist ja wohl mit allen Wassern gewaschen. Ich verstehe die Botschaft ganz genau, Sie, Sie angebliche Analytikerin! Falls Sie dies hier lesen, ich lasse mich von so was nicht beeindrucken. Ich erkenne schon, dass mich das demütigen soll. Aber von so einer zwanghaft kontrollsüchtigen Person, wie Sie offenbar eine sind, lasse ich mich nicht demütigen. Sie reklamieren da Deutungshoheit. Aber: Owen ist ein Freund von mir. Nicht einer von Ihnen. Wenn überhaupt, dann steht die Deutungshoheit mir zu. Ganz allein mir. Wie? Da brauchen Sie jetzt gar nicht so höhnisch darüber zu lachen und rumzuspötteln, dass mir die ebenso wenig zusteht. Oder sich zu beäumeln über meinen drolligen Antipsychologie-Versuch hier, der tiefer in meine seelischen Abgründe blicken lässt als irgendetwas anderes, das ich jemals von mir gegeben habe. Damit haben Sie auch noch recht, Sie, Sie, Sie!

ANSTATT EINES FAZITS:
Als ich Owen das nächste Mal treffe, kommt er frisch aus dem Urlaub. »Wie war's denn?«, will ich wissen. »Also, ich würde ja sagen: toll!«, sagt er emphatisch. Noch emphatischer ergänzt er: »Aber mein Unterbewusstsein spricht eine andere Sprache. Ich bin jetzt total neurotisch. Schreib das in dein Buch!« So, erledigt. Es wurde ein sehr lustiger Abend. Und: Er ist nicht der Einzige, der mir inzwischen Schreibaufträge gibt. Gerade die Leute, die während der vergangenen Monate ständig sagten: »Das kommt aber

auf keinen Falls ins Buch!«, haben nun ihre Angst über-
wunden und rufen mich zum Diktat. Hoffentlich stecken
da nicht ihre Psychotherapeuten dahinter, die so von mir
unbemerkt ihre Theorien ins Buch schmuggeln. Ich muss
vorsichtig sein!

 **MERKE:**
Wenn der Psychotherapeut
Ihres Partners, Freundes oder
Kollegen Ihnen etwas sagen will,
soll er Sie gefälligst anrufen.

12. Weitere Karriereschritte planen OHNE ...

... ein eigenes Psychogramm aufzustellen,

OHNE die typischen Karriere-Irrtümer von Frauen zu berücksichtigen, gefährliche Psycho-Effekte im Job-alltag (Goal-Gradient-Effekt, Jo-Jo-Effekt, Hindsight-Bias) zu bedenken und OHNE zu überlegen, welche Anteile in einem selbst sich wie verwirklichen wollen.

Meine Berufung fährt mich übern Haufen

Ich plane meine Karriere regelmäßig. Und zwar immer dann, wenn der Businesscoach von gegenüber vergessen hat, sein Whiteboard abzuwischen. Wahrscheinlich völlig entkräftet von seiner Beratungstätigkeit rückt er nach getaner Arbeit das Board direkt an die Fensterscheibe. Sodass ich – auf dem Weg zum Büro – die Karriere-Mindmaps und Wunschwölkchen sei-ner abendlichen Kunden lesen kann. Und natürlich lese ich die. »Menschlichkeit« – »Entscheidungen selber treffen« – »Inspira-tionen leben« – »Bauch sagt Nein!«. So Zeugs steht da. Und – es ist nicht zu fassen – so Zeugs hat die Kraft, dass ich, kaum im Büro angekommen, ebenfalls anfange, kleine Wölkchen zu zeich-nen, anstatt mich auf die übliche Arbeit zu werfen. In meinen Wölkchen steht dann: »Leckere Geschäftsessen!« – »Büro mit Liege drin« – »Karibik-Vertretung«, fast immer gibt es auch ein »Mehr-Geld«-Wölkchen – so Zeugs halt, das mir gerade bei der aktuellen Arbeit ein klein wenig abgeht. Am Ende kommt dann ein Beruf raus, der mich rundherum glücklich machen würde. Es handelt sich um die Position einer teilzeitangestellten Hollywood-Blockbuster-Regisseurin, die ihre Filme hauptsächlich im eigenen Kiez dreht, aber drei bis vier Mal im Jahr auch für sechs Wochen in einem exotischen Winkel der Welt. Vertragsgemäß lege ich dann einen Monat im Jahr meine Regisseursarbeit nieder, um meine Memoiren zu schreiben (ebenfalls in Teilzeit natürlich), und einen weiteren Monat arbeite ich ehrenamtlich und völlig unentgeltlich im Tierheim. Angelina Jolie, Brad Pitt und ihre 15 Kinder essen meistens mit uns zu Hause Mittag, weil ich mit denen ja gemeinsam drehe. Aber halt nur Teilzeit, sodass ich noch Zeit habe, tolle Menüs zu kochen. Wir haben jede Menge Spaß, und der Sohn lernt super Englisch dabei. Das ist es. Das ist meine Berufung! Ich habe es immer schon gewusst! Aber dieses Gefühl ist nur ein typischer Rückschaufehler, ein Hindsight-Bias, wie Psychologen es nennen. Hinterher denkt man meistens, man habe es immer schon gewusst, dabei: Einen Pfeifendeckel hat man! Aber das macht nichts. Wenn ich meine Berufung erst mal lebe, dann unterscheide ich mich trotz Hindsight-Bias von »normalen« Menschen, sagt Angelika Gulder, Autorin des Ratgebers *Finde den Job, der dich glücklich macht: Von der Berufung zum Beruf. Mit Karriere-Navigator*. Weil ich bin dann: voller Energie, in meinem Element, meistens sehr entspannt und geduldig, enorm motiviert, teile meine Erfahrung gern mit anderen, übe große Anziehungskraft und Faszination auf andere aus, habe meist ausreichend Geld, achte auf mich selbst und meine Bedürfnisse, habe eine hohe Lebensqualität, bin dankbar und kann das auch zeigen, kenne den Sinn meines Lebens sowie mein Ziel. Das verspricht mir Angelika Gulder. Toll. Und als solcher nicht-normaler Mensch lasse ich mich natürlich nicht von Einwänden wie dem Overconfidence-Effekt beeinflussen, der besagt, dass, je anspruchsvoller die Aufgabe ist, die man sich vornimmt, man die eigenen Fähigkeiten umso mehr überschätzt. Tja, bei normalen Menschen mag das vielleicht so sein. Aber doch nicht bei denen, die ihrer Berufung nachgehen. So oder doch ziemlich ähnlich läuft meine Karriereplanung meistens ab. Gegen Ende sitze ich mit einem seligen Lächeln an meinem Schreibtisch. Meist rettet mich dann irgendein Geräusch vor der totalen Verdummung, ein Klingeln, Bimmeln oder Brummen, das bedeutet: Jemand will etwas von mir. Dieses Etwas hat mit meiner eben skizzierten Berufung im Regelfall nichts zu tun. Also kündigen, kündigen! Es ist nie zu spät, rät Angelika Gulder. Aber andererseits: Wenn ich jetzt meine Berufung verwirkliche, was ist dann mit meiner Idee, auszuwandern oder mich doch noch in die Börsenspekulation zu werfen? Damit wäre es dann wohl vorbei.

Bei diesem Gedanken gerate ich in eine gefürchtete Entscheidungsparalyse. Ist ja auch klar: »Die Angst vor einem Missgriff überfällt uns angesichts zu vieler Optionen und kann uns blockieren«, erklärt Alexandra Berger, Autorin des Buches *Welches Leben ist meins? Entscheidungen, die zu mir passen.* Wegen dieser Blockade mache ich halt mit dem weiter, was ich gerade mache. Und vielleicht ist genau das mein Glück. Denn Leute, die ihre Berufung zum Beruf gemacht haben, sind enorm Burn-out-gefährdet. Solche Typen sitzen nämlich leicht dem Goal-Gradient-Effekt auf. Der ist dafür zuständig, dass man nicht kurz vor Schluss schlappmacht, selbst wenn man tatsächlich schon total schlapp ist. Stattdessen sagt man: Hey, eine Überstunde mehr, die schaffe ich auch noch. Dabei schafft man die gar nicht mehr. Merkt man aber nicht, weil das Glück, seiner Berufung nachzugehen, einem den Verstand vernebelt. Und bei mir kämen ja auch noch die typischen Karriere-Irrtümer von Frauen hinzu: Ich bin zu nett, ich denke, es kommt auf meine Fähigkeiten an, ich spiele die Kinderspielchen der Männer nicht mit, spreche trotz aller Bemühungen immer noch viel zu hoch und deshalb nimmt mich keiner ernst. Das heißt: Wenn ich meine Berufung leben würde, wäre der Burn-out wohl kaum zu vermeiden. Dann müsste ich downshiften und einen Bauernhof kaufen. Wobei das dann wiederum meine Lebenszeit deutlich verringern könnte. Weil der Stress fehlt. Zumindest wenn die »Long-Life-Formel« der Psychologen Howard Friedman und Leslie Martin aufgeht. Das ganz große Problem liegt aber darin – und das haben zahlreiche psychologische Studien bereits bewiesen –, »dass wir nicht so leicht einschätzen können, wie wir uns fühlen werden, wenn wir das haben, was wir haben wollen.« Sagt der US-Psychologe Daniel Gilbert in seinem Buch *Ins Glück stolpern*. »Wir stellen uns vor, was geschieht. Die einzigartige Struktur unseres Gehirns erlaubt es, uns geistig in zukünftige Situationen zu versetzen und uns dann zu fragen, wie wir uns dort fühlen.« Nur sei diese Fähigkeit alles andere als perfekt. Falsche Details werden hinzugefügt, andere weggelassen, je nachdem, ob wir gerade hungrig, müde oder gelangweilt sind. Ach so! Jetzt verstehe ich meine merkwürdige Vision, in der ich mittags für die Brangelina-Großfamilie koche. Ich habe einfach Hunger! Und zwar jetzt! Diese Mittagessen gehören gar nicht zu meiner Berufung dazu. Das sind Irrläufer! Jedenfalls meint Gilbert: Wir können gar nicht sicher voranschreiten, sondern allenfalls irgendwie weiterstolpern. Ja! Da könnte was dran sein. Aber in welche Richtung soll ich jetzt weiterstolpern? Das muss ja doch irgendwie geplant werden.

▷▷ Versuch »Weitere Karriereschritte planen«

START! Los geht's. Ähm. Aber wie? Karriereplanung ohne Psychologie? Wie soll das gehen? Hm. Ratlos gleitet mein Blick über den Schreibtisch und bleibt an meinem Lieblingsradiergummi, einem gigantischen, total realistischen Big Mac, kleben. Aus dem hängen sogar ein paar Zwiebelringe raus. Aus Radiergummi natürlich. Habe ich wegen dem vielleicht immer Hunger? Halt, Moment, darum geht's jetzt nicht. Weitere Karriereschritte sind gefragt. Okay. Zum Reinkommen überlege ich erst mal, wie ich überhaupt dahin gekommen bin, wo ich jetzt bin. Also welche Planungsschritte dahin führten. Da sieht's nicht so gut aus. Ich habe mir meinen Beruf, beziehungsweise meine Berufe, gar nicht rausgesucht. Ich fürchte, ich hab einfach das gemacht, was meine Freunde auch machten. Erschreckend! Keine Ahnung, wonach die sich gerichtet haben. Gut möglich ist, dass wir alle heute einfach die Jobs haben, die unsere Lieblingsschauspieler damals in unseren Lieblingsfilmen hatten. Was für eine total verantwortungslose Karriereplanung! Wird echt Zeit, dass ich da gegensteuere. Wer weiß, vielleicht hätte aus meinen Freunden und mir eine glückliche Schar von passionierten Buchhaltern werden können. Stattdessen gehören wir heute nahezu alle der sogenannten »Creative Economy« an. »In der Creative Economy werden materielle Statussymbole wie der Firmenwagen, die Villa oder Luxusferien ersetzt durch immaterielle Statussymbole wie Arbeitssinn, Authentizität und Zeitsouveränität«, schreibt die Psychologin Petra Wüst in ihrem Buch *Profil macht Karriere. Mit Self Branding zum beruflichen Erfolg*. Pfff! Wenn ich das vorher gewusst hätte! Ich werde jetzt planen, wie ich beides bekomme! Das ist mein Ziel! Gut! Der Big Mac glitzert im Sonnenlicht beziehungsweise wirft er einen langen Schatten auf das Papier vor mir. Darauf kritzle ich jetzt: Karriere. Dann kaue ich auf meinem Bleistift. Wie soll ich da jetzt anfangen? Die Wüst würde empfehlen, an der Entwicklung eines Mantras zu arbeiten. Das ist also schon mal tabu. Schade. Na ja, weg damit. Jetzt, Karriere, also? Hm. Ich murmle immer wieder »Karriere« vor mich hin. Nach etwa fünf Minuten beginne ich an meinem Verstand zu zweifeln. Nach weiteren Minuten verstehe ich das Wort überhaupt nicht mehr. Was soll das überhaupt sein – Karriere? K – A – R – R – I – E – R – E – schreibt man das überhaupt so? Sieht doch total merkwürdig aus. Das gibt's doch gar nicht, dieses Wort! In letzter Sekunde, kurz bevor ich völlig überschnappe, merke ich: Ich muss raus aus meinem Büro. Ich muss raus in die Welt der Berufe und Karrieren, der Anregungen und der Milchkaffees! Gut. Raus. Frischer Wind! Das tut gut. Mit gesenktem Kopf stapfe ich einige Meter. Weit komme ich nicht. Ich werde von einem wahnsinnigen Fahrradfahrer gestoppt.

»Ja verdammich, David? Beinahe hättste mich jetzt auf dem Gewissen! Wie geht's denn?«

»Och, ganz gut, was macht das Buch?«

»Och, ganz gut. Ich bin sogar gerade mitten in einem Versuch. Ich plane weitere Karriereschritte ohne Psychologie!«, verkünde ich. Füge dann etwas leiser hinzu: »Totaler Quatsch. Funktioniert überhaupt nicht. Wirklich gar nicht!«

David grinst und dann: »Du, apropos Karriere, ich wollte dich eh schon anrufen. Ich hab jetzt endlich die Finanzierung für meinen neuen Dokumentarfilm. Du weißt schon, der, in dem ich in die Wohnungen von Leuten will, damit die mir ihr Lieblingsstück zeigen. Willst du nicht wieder Recherche machen?«

Schock! Schwere Not! Natürlich will ich. Aber soll ich auch?! Natürlich nicht! Ich soll an das »Mehr-Geld«-Wölkchen denken! Mit diesem Job kommt das garantiert nicht angeflogen! Garantiert nicht.

»Ich kann allerdings nicht ganz den Stundenlohn vom letzten Mal halten«, sagt David.

Ich muss hart bleiben! Aber so was von hart! Hilfe! Ich brauche Abwehrmethoden! Schnell! Aber woher? Ich rede hektisch auf mich ein: So geht nicht Karriere planen! So nicht. Überhaupt nicht! Du wolltest weniger arbeiten, nicht mehr! Schon vergessen? »Das wär super! Total gerne«, höre ich mich sagen und beschimpfe mich innerlich als vollkommene Idiotin. Ich muss endlich lernen, Nein zu sagen. Andererseits konnte Lincoln auch nie Nein sagen, und der ist damit sogar Präsident geworden. »Ich hab nur ein bisschen das Problem, dass ich ja im Moment noch das Buch an der Hacke habe und die Redaktionsarbeit und also …«

»Na, du müsstest nicht sofort anfangen. Würde reichen, wenn du in ein, zwei Monaten starten könntest! Überleg's dir in Ruhe und ruf mich dann an! Ich muss los, zur Kita!« David, bereits wieder in Fahrt, ruft mir noch zu: »Ich fänd's super, wenn du dabei wärst!«

»Ich ruf dich an. Spätestens morgen!«, rufe ich ihm hinterher. Mist! Mist! Mist! So geht nicht planen! So nicht. Das weiß ich genau. Auch wenn ich sofort zu planen beginne, wie ich meine verschiedenen Jobs so arrangieren könnte, dass da noch einer reinpasst. Irgendwie muss das doch gehen. Ich meine: Recherche! Für Dokumentarfilm! Letztes Mal war das ein Traum! Für eine gewisse Zeit zumindest. Nur einen sehr kurzen Blick werfe ich auf die Wölkchen hinter der Fensterscheibe des Businesscoachs, als ich daran vorbeistolpere.

FAZIT:
Hä? Erst Stunden später erkenne ich, was bei dem Versuch rausgekommen ist: Karriere planen ohne Psychologie ist sogar noch blödsinniger als Karriere planen mit Psychologie.

 **MERKE:**
Gute Jobs verstecken sich nicht in einem selbst, sondern irgendwo da draußen – in der Arbeitswelt.

13. Gutes tun OHNE...

... über die eigenen finsteren, womöglich total eigennützigen Beweggründe zu philosophieren oder die anderer Gutmenschen, OHNE die psychologischen Probleme zu erwägen, die sich im Empfänger einer Hilfe wie zum Beispiel einer Geldspende ergeben können, OHNE aber auch in bereits erfolgreich absolvierte Versuche (etwa Nummer 5: Einen Blick auf den gruselig niedrigen Kontostand werfen) zurückzufallen, OHNE also erneut darüber zu räsonieren, was das Geld mit der menschlichen Seele anstellt.

Schäm dich, Kuhstall-Investorin!

Auf meinem Bildschirm zeigt mir Violetta ihre Kuh. Violetta ist Albanierin. Die Kuh hat sie von ihrem letzten Mikrokredit gekauft. Eine schöne Kuh. Braun-weiß gefleckt. Die Kuh ist schuldenfrei. Violetta auch. Allerdings hat die Kuh kein Dach überm Kopf. Das möchte Violetta ändern. Deshalb sammelt sie auf der Mikrokreditwebseite »Kiva« Geld dafür. Zum Beispiel von mir. »Make a loan and help someone improve their life«, sagt Kiva. Also: »Vergebe einen Kredit und helfe jemandem, sein Leben zu verbessern.« Seit Tagen, ach was, seit Wochen und Monaten versuche ich das. Ich will einen Kiva-Kredit von 50 Euro vergeben. Bislang scheiterte dies an einigen offenen Fragen: Mache ich das nur, um meine eigenen schmutzigen Interessen nur umso gerissener zu verfolgen? So sagt es die »evolutionäre Psychologie«. Will ich damit nur mein eigenes angeknackstes Selbstwertgefühl künstlich aufbauen? Helfende profitieren meist mehr vom Helfen als diejenigen, denen geholfen wird. Sagt die US-Psychologin Carolyn Schwartz. Vielleicht würde Violetta auch mal gern ihr Selbstwertgefühl aufbauen. Aber kann sie halt nicht, weil sie kein Geld zu verleihen hat. Will ich mein Gewissen nur davon ablenken, dass ich immer noch keine weltweite Revolution durchgeführt habe? Hätte ich schon längst mal machen können. Da gibt's überhaupt keine Entschuldigung dafür. Bin ich einfach zu geizig? Liegt es an meiner zerrütteten Geldbeziehung? Schadet Geld der menschlichen Seele? Oder sitze ich gerade neben einem starken Magnetfeld, von dem ich nichts weiß? Dann nämlich wäre jetzt das Gerechtigkeitszentrum in meinem rechten Stirnhirn blockiert. Das hat der Züricher Ökonom Ernst Fehr getestet. Dann wär klar, warum ich immer so unsympathisches Zeugs denke wie »Ich brauch das Geld selber«. Oder ist es gerade andersrum? Ist es mein Gerechtigkeitszentrum, das dauernd von mir wissen will: warum ausgerechnet Violetta? Könnte mein Geld nicht einer der anderen Kreditsucher viel nötiger gebrauchen? Oder überhaupt jemand ganz anderes, keiner, der auf »Kiva« einen Kredit sucht? Oder ist Geld zu verleihen sowieso gar nichts Gutes? Lauter Fragen, auf die ich keine Antworten habe und die erfolgreich verhindern, dass ich auf diesen Loan-Button klicke. Stattdessen stehe ich auf und schlurfe in die Küche: Kaffeenachschub organisieren. Wenn ich Violetta jetzt hier auf einen Kaffee einladen könnte ... Dann wäre das nicht so anonym. Während ich die Espressokanne zuschraube, wird mir klar: Würde ich Violetta kennen, hätte ich all diese Probleme gar nicht. Überhaupt nicht. Und als der erste Kaffeedampf durch die Küche zieht, sehe ich mich am Hauptbahnhof in einen uralten Zug mit Dampflok steigen und mit dem direkt nach Albanien tuckern, um Violetta zu treffen. Natürlich nicht, damit sie vor mir auf die Knie fällt, um mir für meine läppischen 50 Euro zu danken. Nein, nein. Ich lasse mich in ihrem Dorf nieder, um mich ganz natürlich und unauffällig mit ihr anzufreunden. So kriege ich hautnah mit, dass mein Geld wirklich Freude und Verbesserung bringt. Das wird toll. Violetta und ich werden dicke Freunde. Aber dann tauchen auf einmal weitere fremde Frauen in unserem Dorf auf. Die wollen sich ebenfalls mit Violetta anfreunden. Ich erkenne natürlich sofort, dass diese Frauen ebenfalls Kuhstall-Investorinnen sind und warne Violetta: Diese Frauen wollen nur gucken, ob sie ihr Geld richtig angelegt haben! Doch Violetta will von meinen Warnungen nichts wissen. Denn sie weiß längst, dass auch ich nur so eine Investorin bin. Eine Investorin allerdings, die leider bald gar nichts mehr investieren können wird, wenn sie nicht mal wieder zurück nach Deutschland fährt, um was zu arbeiten. Und damit hat Violetta natürlich recht. Arbeiten sollte ich! Ja, arbeiten, verdammt! Buch weiterschreiben! Nicht hier in der Küche beim röchelnden Kaffee vor mich hin träumen. Jetzt, ich tu's einfach. Jetzt!

▷▷ Versuch »Gutes tun«

START! Ich gehe zum Schreibtisch. Wischle den Bildschirmschoner weg. Violetta ist noch da. Die Kuh auch. Ich klicke Loan. Zack! Erledigt.

▷▷ Ähm. Versuch Ende.

FAZIT:

Ein wirklich einmalig unspektakulärer und schlanker Versuch!

PS: Wenige Stunden später lese ich im Internet, dass Mikrokredite ein »Wirtschaftssystem der Beschämung« schaffen. Die meisten Kreditnehmer seien nachher ärmer als vorher. Zudem machten sie sich alle gegenseitig Konkurrenz. »Wie viele Näh- und Teestuben braucht ein Dorf? Wie viele Reisstände auf dem Markt können bestehen, ohne sich gegenseitig die Preise zu verderben? Woher sollen die Kunden kommen, wenn die Menschen so arm sind, dass sie hungern?«, fragt die Journalistin Kathrin Hartmann. Och Mann! Aber für Violetta gilt das nicht. Violetta hat sich das alles gut überlegt. Da bin ich mir ganz sicher – dank des »Confirmation-Bias« oder Bestätigungsfehlers. Der sorgt dafür, dass man für getroffene Entscheidungen hinterher immer jede Menge positive Argumente findet.

 **MERKE:**
Sollten Sie einmal das Gefühl haben,
eine richtig gute Entscheidung getroffen
zu haben, bedeutet das: Sie haben
diese Entscheidung psychologisch
nicht gründlich genug durchdacht.

14. Öffentlich auftreten OHNE ...

... vorher Entspannungsübungen zu machen, OHNE über soziale Phobien nachzudenken oder über die Entstehung perfektionistischer Persönlichkeiten wie der eigenen zu grübeln, OHNE zu überlegen, ob man selbst überhaupt eine perfektionistische Persönlichkeit ist, OHNE schnell einen Test dazu zu machen, und auch OHNE die Angst vor dem Auftritt in Gedanken noch größer zu machen, um dann mit den Symptomen zu experimentieren und zu lernen, diese zu beherrschen, und vor allem natürlich OHNE wegen all der vorbereitenden Maßnahmen zum Auftritt zu spät zu kommen.

Even if I speak English

Ich lehne an einem Holzbalken im ersten Stock eines reizenden kleinen Fachwerkhäuschens, dem Gästehaus der Universität Marburg. Vor dem Fenster: eine Wiese, ein knorriger Apfelbaum, ein Holztisch mit Stühlen davor, einige Büsche, ein Kiesweg. Es könnte gar nicht idyllischer sein, fast verwunschen schon. Ich könnte einen wunderbaren Tag verbringen. Doch ich lehne am Holzbalken und japse nach Luft. Mein Herz donnert vor sich hin. Denn: In wenigen Stunden muss ich eine interaktive Lesung halten – vor Studenten. Das bedeutet: Die Studenten werden über eine anklickbare Projektion steuern, was ich lesen soll. Dafür braucht es: 1. einen entsprechenden Text mit entsprechenden Links (so einen habe ich dabei, in knapp zehn Kopien auf fünf verschiedenen Datenträgern), und 2. eine Fernsteuerung, damit die Studenten die Links auf der Projektion auch anklicken können. Wegen verschiedener widriger Umstände habe ich schließlich dieses Mal mein Smartphone zu einer solchen Fernsteuerung umfunktioniert. Zu Hause hat es prima geklappt – und zwar sowohl mit Technikplan A als auch Technikplan B. Aber zu Hause klappen alle meine interaktiven Lesungen immer prima. Außer Haus klappen manche. Die machen dann Spaß – mir und dem Publikum. Wieso zum Kuckuck gehöre ich nicht zum Publikum? Dann könnte ich nachher gemütlich zur Uni schlurfen, ganz entspannt meinen hochkritischen Geist in den Seminarraum transportieren, um dort mal zu sehen, was diese angebliche Internetkünstlerin Berkenheger da so zu bieten hat. Oder ob sie vielleicht gar nichts zu bieten hat und das alles immer schon Unsinn war mit der Internetkunst. Die Studentin Berkenheger wäre natürlich skeptisch, höchst skeptisch, wie es ihrer Natur entspricht und wie sie denkt, dass man als Studentin zu sein hat. Natürlich würde sie versuchen, ein möglichst gnadenloses Urteil zu fällen. Mein einziges Glück heute ist also, dass ich selbst nicht unter den Studenten sitze. Scheppernd springt draußen der Motor eines Baggers an. Denn direkt hinter der idyllischen Wiese wird gerade der Park umgegraben. Normalerweise soll auch der in höchstem Maße idyllisch sein, wurde mir versichert, und tatsächlich kann man es an einer schön geschmiedeten Eisenbrücke und einigen Bäumen durchaus noch erahnen. Abgesehen davon aber beginnt jenseits des Gartens ein großflächiger, schlammiger Sumpf. In dem wird aus Gründen, die ich nicht kenne, gebuddelt. Ich atme tief durch. Wieso habe ich immer dieses total überzogene Lampenfieber? Doofe Frage. Ich weiß ja, warum: Ich bin zu perfektionistisch, viel zu kritisch, hyperkritisch, schäme mich viel zu schnell, für mich, aber auch für andere, mache mir zu viele Vorwürfe, mache anderen zu viele Vorwürfe, kaue vor Aufregung an den Haaren herum, bekomme zudem noch eine Glatze – es ist alles übel. Lampenfieber ist eine ganz archaische Angst, habe ich neulich gelesen. Und zwar davor, von der Gruppe (der Sippe) negativ bewertet und ausgestoßen zu werden. Neben dem röhrenden Bagger müssen inzwischen noch mindestens zwei andere Maschinen am Start sein. Ich kann sie nicht sehen, aber gut hören. Sie baggern wahrscheinlich auf der Vorderseite des Hauses oder links oder rechts. Denn das idyllische Fachwerkhäuschen befindet sich genau inmitten dieses idyllischen Parks, der sich jetzt vorübergehend in einen Schlammsumpf verwandelt hat. Meine Unterkunft war überhaupt nur über dünne Bretter zu erreichen. Von ferne wirkte das lauschige Fleckchen wie eine Fata Morgana. Hm. Das kann doch nicht sein, dachte ich, als ich vorsichtig einen Fuß auf die wackligen Bretter setzte. Das bilde ich mir ein: Diese ganze Szenerie, die ist doch viel zu symbolisch, viel zu bedeutsam, um real zu sein. Sicher sieht's hier in echt ganz anders aus. Das ist alles nur meine Projektion! Eine Manifestation meines Unterbewusstseins! Und ich weiß genau, was es mir sagen will: Die interaktive Lesung wird heute genauso wenig funktionieren, wie man eine Fata Morgana betreten kann. Okay, jetzt bin ich in dem Häuschen drin. Daher ist es wohl keine Fata Morgana. Aber das heißt ja noch lange nicht, dass deswegen meine Lesung funktionieren wird. Nein, ganz und gar nicht. Und wenn ich so nervös bleibe, wird es sowieso eine Katastrophe. Immerhin: Früher war es mit meinem Lampenfieber noch viel, viel schlimmer. Lag aber vielleicht nur daran, dass ich früher noch nicht jene 1001 psychologischen Abwehrmethoden kannte, die ich mittlerweile anwende – meist jedoch nicht ganz nach Vorschrift, sondern wie es mir gerade in den Kram passt. Wenn ich heute auf die alle verzichte, was passiert dann? Schon bei dem Gedanken erleide ich spontan einen kleinen Panikanfall! Ich sehe schon, wie all die Bagger, Planierer und Bohrrammen da draußen Kurs auf mein Häuschen nehmen, wie sie die Büsche, die Sitzgruppe, den Apfelbaum umreißen. Ich höre Holzbalken brechen, sie pflügen das Haus unter, ich versinke ...

Wie habe ich mich sonst vor so was gerettet? Also natürlich nicht vor dem Untergebuddeltwerden, sondern vor dem Durchdrehen vor einem Auftritt?

In den Stunden vor einer Podiumsdiskussion im hohen Norden versuchte ich es einmal mit der Phobie-Technik aus der Neurolinguistischen Programmierung. Schließlich zählt die Auftrittsangst zu den sozialen Phobien. Die NLP-Phobie-Technik ist ein bisschen unübersichtlich. Wenn man alles richtig gemacht hat, flirren zum Schluss bis zu vier verschiedene Ichs durch den Raum: Eines, das echte physische Ich, starrt auf eine eingebildete Kinoleinwand. Auf dieser stellt es sich eine jüngere Version seiner selbst vor, und zwar in einer schrecklichen Situation (möglichst die Geburt der Phobie). Hinter diesem jüngeren Ich – so stellt das physische Ich sich weiter vor – steht noch ein älteres, aktuelles Ich. Dieses klopft dem jüngeren Ich auf die Schultern und sagt: »Alles nicht so schlimm!«. Das überzeugt das echte physische Ich. Und: Es visioniert ein weiteres Ich, welches es selbst, das echte Ich, und die beiden anderen Ichs auf der Leinwand beobachtet, um später alles bezeugen zu können. So weit die Theorie, wie ich sie mir gemerkt hatte. Vor der Podiumsdiskussion visualisierte ich also zunächst ein früheres desaströses Auftrittserlebnis auf einer vorgestellten Kinoleinwand. Es zeigte mich in einem vollgepfropften Raum vor rund 300

Leuten nach Luft ringen. Gerade hatte eine ältere Dame empört und entrüstet von den oberen Rängen herabgerufen: »Ich habe mich noch nie in meinem Leben derart gelangweilt wie eben bei dieser Lesung!« Untertitel: Solothurn, Schweizer Buchmesse. Etwas abweichend von der reinen Lehre visualisierte ich aus reinem Übermut noch eine zweite Kinoleinwand, auf welcher ich gerade meinen Küchenboden schrubbte. Untertitel: Berlin, Nachmittagseinsatz. Dann begab ich mich wie vorgeschrieben aus meinem Körper, um mich selbst zu beobachten, während ich meine beiden Kinoleinwände betrachtete. Die Ausstrahlung des großen Schweizer Desasters wurde in meiner Vorstellung lästigerweise immer wieder durch irre Zahnpasta- und Rentenversicherungswerbung unterbrochen. Irgendwann stürmten Ninjas die Szene, um die bis zur Weißglut gelangweilte Dame einfach einen Kopf kürzer zu machen. Mein jüngeres Ich auf der Leinwand protestierte dagegen – pro forma laut schreiend. Die Techniker, welche damals die Netzwerkverbindung nicht rechtzeitig zum Laufen gebracht hatten, zumindest nicht so rechtzeitig, dass ich mit meinen beiden Sprechern noch Zeit zum Proben gehabt hätte, wurden verhaftet und vor laufenden Kameras verurteilt. Auf der Kinoleinwand näherte sich eine ältere Version meiner selbst der jüngeren und sagte ihr: »Wälz nicht immer alle Schuld auf andere ab, wie etwa auf die Techniker. Du hast das nämlich selbst verzapft. Statt permanent die Techniker zu nerven, hättest du mit den beiden Sprechern ruhig schon mal ohne Computer proben können. Wenn du die entsprechenden Texte halt ausgedruckt dabeigehabt hättest!« Mein Küchenboden schrubbendes Ich schrie von der anderen Kinoleinwand herab: »Ich hatte keine Zeitung zum Ausdrucken. Ich musste den Küchenboden schrubben!«

»Absurde Argumentation!«, rief die ältere Version meiner

selbst von der anderen Leinwand: »Von einer Internetkünstlerin kann man ja wohl erwarten, dass sie alles dafür tut, um Schaden von der Internetkunst abzuwenden. Aber dazu ist es jetzt zu spät!« Hier wurde es meinem körperlosen Ich, das den ganzen Schmarrn beobachtete, schließlich zu viel. Es kehrte in meinen Körper zurück. Dieser Körper sah auf die Uhr und erkannte: zu spät! Viel zu spät! Die Podiumsdiskussion würde in wenigen Minuten beginnen. Der Körper raste los. Wenig später wurde ihm versichert: kein Problem. Man warte noch. Vielleicht komme ja doch noch jemand. Bislang war nur ein einziger Gast da – und sechs Podiumsteilnehmer.

Welches Desaster könnte heute passieren: Ich breche in den Sumpf ein und muss die Lesung bis zur Hüfte eingeschlammt halten? Die Studenten schlafen alle ein und schnarchen laut? Ich merke, dass ich mit den neuen Kontaktlinsen doch nichts sehen, geschweige denn lesen kann, und muss mir ausdenken, was auf den Seiten stehen könnte? Das sind erste vielversprechende Ansätze. Die müssten jetzt noch weiter ausgearbeitet werden – mit Murphys Gesetz, nach dem alles, was schiefgehen kann, auch schiefgeht, und dem Vorführeffekt, nach welchem bei jeder Vorführung etwas schiefgeht, von dem keiner ahnte, dass es überhaupt schiefgehen kann. Denn man soll sich die möglichen Desaster genau ausmalen. Dies empfiehlt der Psychoanalytiker Hans-Werner Rückert. Man soll sich auf keinen Fall die möglichen Desaster ausmalen, sondern sich lieber auf positive Versionen konzentrieren, sagen andere Psychologen. Um sicherzugehen, mache ich sogar meistens beides. Eine Minute lang visualisiere ich, wie ich im Triumphzug durch die Stadt kutschiert werde, in der nächsten, wie mich ein Studentenmob vom Campus treibt. So bin ich für jede Eventualität gewappnet.

Ein wirklicher Auftrittspaniker wie ich greift vor dem Auftritt eben nach jedem Strohhalm. Als ich einmal vor laufenden Kameras mit einem amerikanischen Unidozenten auf Englisch ein lockeres und geistreiches Gespräch über Netzkunst halten sollte, war ich vorher dermaßen außer mir, dass ich zu einer Methode namens Emotional Freedom Techniques (EFT) griff. Auf YouTube fand ich Christa Graves, eine grauhaarige Frau mit fürchterlicher Frisur auf dem Kopf. Sie sprach auf meinem Notebook: »Guten Tag, ich bin für die nächsten Minuten Ihr persönlicher Coach.« Sie hatte einen leicht leiernden Ton. Ich saß ihr gegenüber und nickte. EFT sei die beste Methode, wieder ins Gleichgewicht zu kommen, sagte sie. Das sei auch alles total einfach: »Sie machen einfach, was ich mache, und Sie sagen, was ich sage.« Gut. Ich war bereit. Frau Graves und ich begannen darauf, recht schnell mit unseren rechten Händen auf unsere linken Handkanten zu klopfen. Dabei sprachen wir: »Obgleich mich diese Situation unheimlich stresst, bin ich okay. Obgleich mich diese Situation unheimlich stresst, bin ich okay. Obgleich mich ...« Dann klopften wir uns auf den Kopf und sprachen: »Diese Situation, diese Situation, diese Situation« (meine Frisur litt dadurch ebenfalls etwas). Danach klopften wir uns überm Auge: »Diese Situation, diese Situation, diese ...« Anschließend sollte die Intensität in meinem Körper schon nachgelassen haben. Das behauptete zumindest Frau Graves. Ich merkte es noch nicht so richtig. Deshalb drehte ich ihr den Ton ab und sprach Alternativsätze. Zum Beispiel: »Obgleich ich grauenvoll Englisch spreche, bin ich für Diskussionen auf Englisch sehr gut geeignet« und »Obgleich ich grauenvoll Englisch spreche, ist mein Englisch okay«. Zum Schluss versuchte ich es sogar auf Englisch: »Even if my English is horrible, it is fine, just fine!« Das machte jede Beruhigung, die sich möglicherweise zuvor eingestellt hatte, gleich wieder zunichte. Nein, EFT war definitiv nicht meine Methode. Ich versuchte, meine Symptome zu verstärken, um mit ihnen zu arbeiten. Ich zitterte, wie noch niemals jemand zuvor gezittert hatte, ich raste in meinem Hotelzimmer hin und her, wobei ich mir mehrere Beulen holte, und ich hyperventilierte, bis ich – kurz vor der Ohnmacht schon – merkte, dass das Hyperventilieren nicht zu den Symptomen gehört, die man verstärken sollte. Ich griff zur rettenden Tüte. Ich stellte mir vor, dass alle meine Zuhörer Löcher in den Socken hätten. Ein Rat von Winston Churchill. Dabei fiel mir ein, dass das Gespräch ja aufgezeichnet und ins Internet gestellt werden würde. Musste ich mir eine Welt voller Menschen denken, die mit Löchern in den Socken vor dem Computer sitzen? Und was war mit denen ohne Socken? Die Gedanken schweiften ab, was aber ebenfalls eine gute Technik sein soll. Das stimmte. Meine Gedanken neigten sich dem russischen Psychiater Vladimir Raikov zu. Ha, genau, ich borge mir einfach ein Genie. Wenn ich mir nämlich selbst suggeriere, ich sei Winston Churchill himself, dann spreche ich gleich fluently english. Oder zumindest besser, als wenn ich mir vorstelle, ich bin Susanne Berkenheger. Das hat Raikov rausgekriegt. Aber: Kannte sich Winston Churchill auch in der Internetkunst aus? Das musste eher bezweifelt werden. Okay, okay. Ich verwarf den Gedanken. Redete mir stattdessen gut zu: »Wird schon!« – »Dein Englisch ist total charmant« – »Du bist sowieso super«, was gleich neue Adrenalinstöße angesichts der hohen Erwartungen auslöste. Die versuchte ich mit rund einer Sekunde Tiefenmeditation und anschießender Muskelentspannung (vier Sekunden) zu senken, bis mir einfiel, dass man die Gefühle einfach positiv statt negativ bewerten soll. Und dass, sobald ich gegen Gefühle mit entspannenden Maßnahmen angehe, das insgeheim doch bedeutet, dass ich sie eben nicht positiv bewerte.

Vielleicht hätte ich doch besser einfach spazieren gehen sollen, um flanierend jemanden für spontanen Sex aufzugabeln. Das soll auch helfen, habe ich neulich gelesen. Nicht helfe dagegen – neuesten Erkenntnissen zufolge – die Selbstbefriedigung. Ein Leser kommentierte: »Da masturbiert man jahrelang vor jeder Präsentation an den unmöglichsten Orten, nur um zu erfahren, dass das alles für die Katz war. Da hatten die Leute mit den willigen Sekretärinnen ...« Tja. Würde ich zu den Leuten mit den willigen Sekretären gehören, hätte ich die Aufzeichnung meines lockeren und geistreichen English-Talks im Internet inzwischen mal angeguckt. Ganz sicher.

Zusammenfassend kann man sagen: Was immer Leute vor dem öffentlichen Auftritt auch tun, es handelt sich mit ziemlicher Sicherheit um eine heiß propagierte Technik zum Abbau des Lampenfiebers. Das wirft für den Versuch gewisse Schwierigkeiten auf. Die einzige Methode, die Zeit vor dem Auftritt ohne psychologische Tricks zu verbringen, ist wohl, dass es gar keine Zeit vor dem Auftritt gibt. Aber wie soll das denn gehen?

Gerade als draußen der letzte Baggermotor verstummt, bimmelt das Telefon: der Techniker. Damit startet der Versuch.

▷▷ Versuch »Öffentlich auftreten«

START! Die Technik, sagt der Techniker, macht Probleme. Denn sie wird wohl leider ganz und gar nicht so wie von mir geplant funktionieren. Das heißt: Sie wird wohl überhaupt nicht funktionieren, sagt der Techniker. Porca miseria! Durchatmen! Darf ich durchatmen? Vielleicht nur nicht eine bestimmte Anzahl von Durchatmungszügen, da hätte ich den Verdacht, dass es aus einer psychologischen Handreichung stammt. Shit! Ich hätte es wissen können. Ich hätte es wissen müssen. Und ich habe es auch gewusst. Schon vor Monaten. Als die Antwort auf meine Technikanfrage lautete: »Kein Problem!« Ich kenne den Code inzwischen sehr genau. »Kein Problem« heißt: Es wird gar nichts funktionieren. »Ich sehe da ein paar größere Probleme« heißt: Alles wird wunderbar funktionieren, denn da sitzt ein Crack dran, dessen größter Spaß es ist, Probleme zu finden und zu lösen. Ich warte auf die Woge von Wut und Selbsthass, die nach diesen Überlegungen gleich heranrollen wird. Jedoch, nichts. Stille. Jetzt, ich höre was: »Wie sollen wir vorgehen?«, fragt der Techniker, der überhaupt erst heute von meinem Vorhaben erfahren hat. Doch er scheint mir weit weg. Der Vorfall selbst gibt mir mehr zu denken: von wegen ich und perfektionistisch! Lächerlich! Vielleicht war ich das mal. Offenbar scheine ich mit zunehmendem Alter immer schlampiger zu werden. Meine Technikanfrage war wahrscheinlich viel zu unpräzise gewesen. Da muss ich künftig – also wenn dieser Versuch hier beendet ist – mit ganz anderen Psychomethoden gegen angehen.

»Hallo? Frau Berkenheger?«

»Ja, Entschuldigung, ich überlege gerade, was wir machen könnten, Moment …« Ich stelle eine höchst merkwürdige, so noch nie erlebte Gelassenheit in mir fest.

»Ich habe auch noch eine letzte Idee, aber dazu müsste ich vor der Lesung noch nach Hause fahren«, sagt der Techniker.

»Na ja, probieren kann man es ja mal, wenn es Ihnen nicht zu viele Umstände macht«, sagt mein neues, vollkommen adrenalinfreies Ich. Entspannt blickt es zum Fenster raus.

Die Bauarbeiter gehen nach Hause. »Okay, wann treffen wir uns?«

»So früh wie möglich«, sage ich immerhin, um etwas Anspannung vorzutäuschen. Aber: Außer grenzenloser Tiefenentspannung spüre ich nichts. Gerne würde ich mich fragen, ob diese wohlige Ruhe nur die gegen mich selbst gerichtete Wut gegenüber dem Techniker ist, das mache ich jetzt aber nicht wirklich, weil ich glücklicherweise in dem Moment abgeholt werde. Normalerweise wäre das die Zeit vor einem Auftritt, in der ich mich noch sammeln, konzentrieren und ausgiebig paniken würde, heute gehe ich Kaffee trinken. Tatsächlich Kaffee trinken! Ich, vor einem Auftritt. Das ist verrückt! Aber ich bin so locker, dass es sich schon fast wie eine leichte Müdigkeit anfühlt! Was ist da los? Sind das alles die Entzugserscheinungen des Psychoverzichts? »He, Susanne, du wirst dich gleich höllisch blamieren!« Mit geschicktem Selbstzureden versuche ich mich etwas aufzumuntern, als ich nach dem Milchkaffee den Veranstaltungsraum betrete. Natürlich ist das eigentlich ein Psychotrick, aber so formuliert wird er wahrscheinlich nicht oft empfohlen. Die Belebung, die ich mir davon versprochen habe, bleibt aus. Nichts. Ha! Jetzt doch! Ein ganz kleiner Adrenalinstoß plätschert durch meine Venen, als mir einfällt, dass typischerweise all die Aufregung, die man vor dem Auftritt nicht gespürt hat, einen eiskalt währenddessen erwischt. Dieser Gedanke verhindert glücklicherweise, dass ich mich in eine Ecke setze und eindöse, während der Techniker versucht zu schaffen, was gar nicht zu schaffen ist.

Studenten tröpfeln in den Raum. Mein Kopf besteht aus Watte. Aus schöner weißer Watte. Noch wissen die Studenten das nicht. Sie sehen mich allenfalls merkwürdig hingebungsvoll in einer Meditation über die Betonwände versunken, derentwegen ich keine mobile Internetverbindung mit meinen Handy herstellen kann. Das heißt: Ich kann auch Technikplan B vergessen. Ich nehme es den Betonwänden nicht übel. Warum auch? Betonwände, ich kenn euch doch. Aus vielen anderen Unis. Klar hätte ich wissen können und auch wissen müssen und wusste auch, dass Plan B ebenfalls nicht funktionieren wird. Hab ich halt nicht dran gedacht, sag ich mir in ungewohnt duldsamem Ton. So rede ich normalerweise nicht mit mir. Was ist das für ein merkwürdiges Benehmen? Und das angesichts dessen, dass ich mein kühnes Versprechen auf eine interaktive Lesung, wie als Veranstaltungshinweis draußen an der Tür klebt, gar nicht halten kann. Nur einen müden Abklatsch davon werde ich präsentieren können. Von ferne höre ich, wie jemand freundlich begrüßt und angekündigt wird. Bin ich damit gemeint? Offenbar. Ja, ich raffe etwas Energie zusammen und lese los. Als würde ich niemals etwas anderes machen. Als würde ich jeden Tag statt einer interaktiven eine normal aktive Lesung halten. Das ist zwar merkwürdig, doch wundern kann ich mich nicht darüber – viel zu relaxed. Immerhin scheinen die Studenten im Publikum meine Lockerheit zu teilen, manche drohen schon fast von den Stühlen zu fallen. Wahrscheinlich, so überlege ich, machen sie gerade ebenfalls einen Versuch, eine Abendvorlesung ohne psychologische Hilfsmittel zu überstehen. Womöglich schreiben sie alle gerade an dem Buch, an welchem ich schreibe. Womöglich sind sie damit sogar vor mir fertig? Quatsch! Bald werden wir sowieso allesamt in einen tiefen Dornröschenschlaf sinken, der Raum wird versiegelt und mit einer Tafel »Hier entschlief die Internetkunst« gekennzeichnet. Viele Generationen später erst werden wir wieder ausgebuddelt und so weiter. Gerade noch rechtzeitig kriege ich die Kurve und beende die Lesung. Es schließen sich an: ein paar Fragen, auf die ich etwas sage, das man hoffentlich als Antwort interpretieren kann, ein Restaurantbesuch, ein kleiner Spaziergang zurück in die Gästehausoase. Ich sinke ins Bett. Der Hals kratzt etwas, wahrscheinlich war ich beim Sprechen halt doch nicht ganz so entspannt.

▷▷ **Versuch Stopp.**

Wenige Stunden später – es ist immer noch mitten in der Nacht – wache ich auf: der Hals?! Er schmerzt. Der Kopf?! Er glüht. Die Nase?! Sie läuft. Ich krächze einen leisen Klagelaut in die Nacht hinaus. In wenigen Stunden geht mein Zug. Ich erreiche ihn unter den mitleidigen Blicken der Passanten. Delirierend fahre ich durch irgendeine Landschaft, schlurfe viele Stunden später in die Wohnung, dort ins Bett. Ich falle in einen komatösen Zustand.

Zwei Tage später schreibe ich eine Mail, in welcher ich mich für meinen wohl etwas müden und konfus-fiebrigen Auftritt entschuldige.

»Müde?!«, kommt postwendend die Antwort. »Aber gar nicht, Sie waren äußerst lebendig und gar nicht konfus.« Lebendig?! Gar nicht konfus?! Also wenn da auch nur ein Fünkchen Wahrheit drin glimmt, dann frage ich mich: Wie wirke ich, wenn ich kein Fieber habe? Wie sehen meine Auftritte aus, wenn ich mich fit fühle? Herrje! Mir schwant Schlimmes.

FAZIT:

Viel besser als alle psychologischen Tipps und Tricks hilft gegen Lampenfieber ein echtes Fieber. Das ist hiermit eindeutig bewiesen. Zumindest was meine Person betrifft. Ob man ein solches Fieber stets wie hier im Versuch durch bloßen Psychologie-Entzug erzeugen kann, muss vielleicht noch eingehender untersucht werden. Und: Die richtige Dosierung ist eine Wissenschaft für sich.

MERKE:

Nicht jeder in sich ruhende Mensch ist psychisch besonders gesund, manche haben nur eine schwerfällig reagierende Körperchemie.

15. Kind zur Eile antreiben OHNE ...

... **paradoxe Interventionen zu zücken,** etwa mit dem Befehl »Du gehst heute auf Socken zum Sport!«, das Kind zum Schuhanziehen bewegen, OHNE die Methode »Sprung in der Platte« anzuwenden, suggestive Techniken zu benutzen oder das Kind im Schlafanzug zur Schule zu bringen.

Du schaffst es, Mama!

Es ist Freitag, 5.55 Uhr. Draußen ist es noch finster, der Tag hat also noch nicht mal begonnen, aber ich bin schon am Ende. Ächzend schleppe ich mich in die Küche. Auf dem Küchentisch schleimen drei Weinbergschnecken in einer durchsichtigen Saftkaraffe herum. Der Sohn hat die Karaffe mit Erde und einem Salatblatt ausgestattet, damit die Schnecken es gemütlich haben. Mit ihrem »muskulösen Kriechfuß«, so berichtete er gestern, können sie bis zu drei Kilometer pro Stunde oder auch nur drei Meter pro Stunde oder auch irgendeine andere Geschwindigkeit zurücklegen. Jedenfalls sind sie viel schneller, als man so denkt. Die wären an meiner Stelle schon längst an den Schreibtisch gekrochen, hätten sich die Notizen von meinen vier bereits gescheiterten Versuchen geholt und säßen jetzt damit hier gemütlich beim Kaffee. Ich dagegen warte immer noch auf das erlösende Zischen vom Herd. Die ganze Woche versuchte ich jeden Morgen aufs Neue, den Sohn ohne psychologische Tricks aus dem Haus durch die kalte Nachtluft zur Schule zu schicken. Ein Desaster.

Montag:

Punkt 6.05 Uhr denke ich den schönen Gedanken: »Gott sei Dank muss ich bei diesem Schweinewetter jetzt nicht raus. Ein Hoch auf die Freiberuflichkeit und das Homeoffice.« Mein zweiter Gedanke ist: »Du bist ja wohl die fieseste Mutter auf Erden! Dass dein kleiner schutzloser Sohn, dem zudem die Zehen noch viel leichter abfrieren als dir, jetzt da raus muss, ist dir wohl egal.« Und mein dritter: »Irgendwie hat das Wetter doch auch was Schönes, so schlimm ist es gar nicht. Kindern macht das gar nicht so viel, wenn sie total durchnässt werden. Das merken die gar nicht so. Und im Übrigen musste ich früher ja auch zur Schule.« Seufzend stelle ich die Espressokanne auf den Herd. Wenn ich meinem Sohn schon als Kitakind beigebracht hätte, den Tag »harmonischer« zu beginnen, indem er mir ein Glas Wasser ans Bett bringt (Tipp von Andrea Bischhoff und Hans Berwanger in der *Eltern-Schule*), dann hätte er heute den Kaffee schon längst gemacht. Aber ich wollte halt kein kaltes Wasser morgens trinken! Das hab ich jetzt davon. Während der Kaffee gurgelt, streiche ich ein Brötchen für den Sohn. Ich werde es ihm gleich ans Bett bringen. »Subtile Form der Kindesmisshand-lung«, würde der Züricher Psychologe und Pädagoge Jürg Frick dazu sagen (*Die Droge Verwöhnung. Beispiele, Folgen, Alternativen*). Dafür werde ich die Schnecken nicht mit Wasser besprengen. Kinder müssen sich um ihre Haustiere selbst kümmern, sagt Frick. Eltern dürfen nicht einspringen. Der Sohn muss lernen, dass er bei Nichtbeachtung die Schnecken zu Tode schrumpeln lässt! Na ja, einen kleinen Spritzer gönne ich ihnen. Gut. Wenn der Sohn sein Brötchen gegessen hat, wird er »Mehr!« rufen. Natürlich reagiere ich nicht auf »Mehr!«. Ich warte einfach ein bisschen ab. Dann komme ich mitsamt meinem schlechten

Gewissen darüber, dass ich nicht mit ihm frühstücke, weil ich in meinem morgendlichen Tran endlos in der Küche an seinen Schulbroten schnitze, quasi zufällig bei ihm vorbei, um ihn zu fragen, ob er noch was möchte. Jetzt ist natürlich die große Frage: Reicht die zwischen dem »Mehr!«-Aufschrei und meinem »zufälligen Vorbeikommen« verstrichene Zeit aus, damit er keinen Zusammenhang feststellen kann? Wäre mein Sohn ein Hund, würden bereits wenige Sekunden ausreichen, damit der Hund nie auf die Idee kommt, das eine habe mit dem anderen zu tun. Das habe ich jüngst in einem Hunde-Erziehungsbuch gelesen. Nun ist mein Sohn kein Hund. Klar. Deshalb muss bei ihm der zeitliche Abstand sicher größer sein. Im Prinzip aber scheinen sich Hunde- und Kindererziehung durchaus zu ähneln. Hund: »Nehmen Sie den Futternapf nach etwa 15 Minuten weg« (GU *Tierratgeber Mischlinge*). Kind: »Nach der Beratung wurden die Mahlzeiten auf 15 Minuten begrenzt. Dann wurde der Tisch abgeräumt. Erst bei der nächsten Mahlzeit bekam Carola wieder etwas angeboten« (*Jedes Kind kann Regeln lernen*, Annette Kast-Zahn). Wenn es da wirklich Übereinstimmungen gibt, dann könnte es sein, dass ich durch mein idiotisches Treiben meinem Sohn das »Mehr!«-Rufen regelrecht antrainiert habe. In diesem Fall wird mein Sohn jetzt immer weiter »Mehr!« rufen, selbst wenn ich ab sofort gar nicht mehr komme. Und: Es gibt tatsächlich Indizien, dass es sich so verhält. Meistens ruft er nämlich einmal »Mehr!«. Wenn dann nichts passiert, begnügt er sich halt mit dem, was er hat. Womöglich will er ja gar nicht mehr. Ruft er es nur, weil ich ihm das so beigebracht habe? Leicht verunsichert starte ich den Versuch.

▷▷ Versuch »Kind zur Eile antreiben«

START! Um 6.40 Uhr stoße ich mit der Droge Verwöhnung in der Hand, pardon, dem Brötchen, ins Kinderzimmer, nähere mich dem Bett, streichle dem friedlich schlafenden Sohn über die Wange und flöte leise in sein Ohr: »Guten Morgen!« Er brummt etwas. Aber was? Er brummt lauter. Dann setzt er sich auf, stöhnt genervt: »Wieso kannst du morgens nicht einfach mal laut ›Schule‹ rufen?«

»Öhm«, sage ich und dann etwas entrüstet: »Einfach nur ›Schule‹? Statt ›Guten Morgen‹?«

»Ja«, entgegnet er, »so wie du das machst, so leise, da wird man ja gar nicht wach. Das nervt. Und dieses ›Guten Morgen‹ ist Quatsch. Ist kein guter Morgen, denn ich muss ja in die Schule.«

»Ja, aber …«, sage ich. Fast hätte ich ihm eine in der *Eltern-Schule* empfohlene Familienregel um die Ohren gehauen, die da heißt: »Wecken Sie einander sanft: mit einem Kuss, einer leichten Massage der Füße, Beine, einem zarten Fingerkreisen auf der Stirn. Das Rollo nicht hochreißen, sondern behutsam hochziehen. Nicht laut reden«. Ha! »Nicht laut reden«, da haben wir's doch: »Nicht laut reden.« Ich hab alles total richtig gemacht. Von wegen »Rufen«! Ein irrer Rechthabertriumph durchzuckt kurz meine müden Glieder, bevor ich merke, dass es sich erstens nur um einen typischen Ratschlag von typischen Psychologen handelt, der hier im Versuch gar nichts zu suchen hat. Zweitens glaube ich mich noch an einen weiteren Satz aus diesem Buch zu erinnern: »Ärgern Sie andere nicht mit demonstrativ munterem Pfeifen oder Singen oder leisem Ins-Ohr-Flöten.« Oder so ähnlich.

▷▷ Versuch Stopp.

Ich verziehe mich in die Küche und denke daran, dass der Sohn uns neulich vorgeworfen hat, dass er sein Zimmer nie aufräume, weil wir einfach nicht streng genug mit ihm seien. Er müsse das jetzt ausbaden und im Chaos leben. Irgendwas läuft doch da schief. Er ruft: »Mehr!«

Dienstag:

Alles bestens, um nicht zu sagen: fantastisch.

▷▷ **Versuch »Kind zur Eile antreiben«**

START (die Zweite)! Laut fluchend krache ich gegen 6.55 Uhr in die Küche, schmeiße das Brot in den Toaster. Kaffee muss her. Ich klatsche irgendwas auf den Toast und schmeiße ihn meinem Sohn ins Bett. »Hab verschlafen, los, raus, haben keine Zeit«, knurre ich. Der erwartete Ansturm der Entrüstung bleibt aus. Der Sohn verschlingt den Toast, stürzt ins Bad, zieht sich an. Ich schüttele ein Vesper zusammen und hänge sehr, sehr mit mir zufrieden in der Küche. Gerade beschließe ich, nun jeden Tag zu verschlafen, da trifft der Sohn – kurz bevor er eigentlich los muss – mit einem Ordner in der Küche ein. »Muss noch Hausaufgaben machen!«

»Urrhgs?!«, japse ich, jäh aus meiner aktuellen Komfortzone gerissen. Und stelle die idiotische Frage: »Wieso das denn?«

»Vielleicht weil ich sonst Ärger krieg?«, pampt der Sohn und setzt sich in aller Ruhe an den Küchentisch.

Ich zähle langsam die Schulnoten auf, räuspere mich dann und frage ihn vorsichtig: »Und wenn du zu spät kommst, kriegst du keinen Ärger?«

»Nö, eigentlich nicht!«

Aaargh, das hatte ich befürchtet!

▷▷ **Versuch Stopp.**

Wenn der Sohn zu spät kommt, bekomm nämlich ich Ärger. Das hatte der letzte Elternabend ergeben. Mir fällt dazu ein Satz aus dem Buch mit dem lachenden Kind drauf ein: »Wenn ich morgens trödele, komme ich zu spät zur Schule.« (*Jedes Kind kann Regeln lernen*, Annette Kast-Zahn) Der Satz hat sich mir eingeprägt. Ich weiß nur nicht mehr, ob das ein guter oder schlechter Satz war. Eine große Tücke von Erziehungsbüchern ist ja, dass gute und schlechte Beispiele gegenübergestellt werden. In der akuten Situation morgens erinnere ich mich dann an beide, weiß aber nie genau, was jetzt was war. Fatal! Der Elternabend hatte aber zudem ergeben, dass bei nicht erledigten Hausaufgaben alle Ärger kriegen, Kind und Eltern. Auch dazu rasen willkürlich irgendwelche Sätze durch meinen Kopf: »Meine Mama bietet mir bei den Hausaufgaben Hilfe an. Wenn ich anfange, Theater zu machen, geht sie raus« oder »Wenn in meinen Hausaufgaben ein Fehler ist, muss ich alles neu schreiben«. Am Elternabend erklärte die Lehrerin zudem: »Sie müssen im Hausaufgabenheft kontrollieren, ob Ihre Kinder die Hausaufgaben gemacht haben.« Das ist meine Hausaufgabe. Okay, ich hab die nicht gemacht. Sogar absichtlich hab ich die nicht gemacht. Ich finde das nämlich total doof. Geradezu kontraproduktiv. Schließlich muss man doch die Eigenverantwortung der Kinder stärken. Das weiß doch jeder! Aber dass jetzt der ganze Ärger nur bei mir hängen bleibt und der Sohn völlig ungeschoren davonkommt, weil er zwar massig zu spät, aber mit Hausaufgaben in der Schule eintrudelt, sehe ich nicht ein. Deshalb sag ich: »Wenn du nicht in drei Minuten vor der Wohnungstür bist, zieh ich dein Nintendo für die nächsten drei Tage ein.«

Er sagt nur: »Hä, was hat denn das eine mit dem anderen zu tun?«

Kurz überlege ich, ob er heimlich in meinen Psychologiebüchern gelesen hat, dass man immer logische Konsequenzen folgen lassen soll. Ich kontere kühl: »Was das eine mit dem anderen zu tun hat?«, sage ich und mache eine theatralische Pause: »Gar nichts!« Das scheint ihn zu überzeugen. Er ist schon weg. Ich aber führe noch lange meine psychologischen Bedenken dagegen an, dass irgendwelche Lehrer mir Hausaufgaben geben. Ich versuche auch, meinen Mann miteinzubeziehen. Er flieht.

Mittwoch:

Eigentlich ganz gut gelaufen, bis der Sohn mit blankem Oberkörper in der Tür steht und sein Trikot fordert.

▷▷ Versuch »Kind zur Eile antreiben«

SCHLUSSPHASE START (die Dritte)! Völlig psychologiefrei, da völlig entspannt, entgegne ich, dass ich keine Ahnung hätte, wo dieses Trikot sei, nur so viel könne ich sagen: Wenn es weder im Schrank sei noch im Klamottenhaufen auf seinem Sofa oder Stuhl und er es auch nicht in der Schule bei seinen Sportsachen habe, dann – so glaube ich – befinde es sich wahrscheinlich in der Wäsche. Eine halbe Sekunde lang bin ich stolz auf diese Antwort. So lange braucht der Sohn in etwa, um zu reagieren. In den folgenden fünf Minuten stellt er unmissverständlich klar: Ich sei dafür zuständig, seine Wäsche zu waschen und zwar pünktlich! Da ich das nicht getan hätte, sei das alles jetzt mein Problem. Ich solle es lösen, er könne aber gleich sagen, dass es unlösbar sei. Sein Ausbruch trifft mich völlig überraschend. Verdattert trinke ich einen Schluck Kaffee. Und noch einen. Gucke ratlos zum Fenster raus. Hinter meinem Rücken will der Sohn wissen, was er jetzt anziehen soll. Und dass ich schon mal eine Entschuldigung fürs Zuspät- oder Garnichtkommen schreiben könne.

»Ja, spinnst du denn plötzlich?!«, ist das Letzte, was mir ohne

Psychologie einfällt. Denn in meinem Kopf ist der Alarm losgegangen: Nervenzelle Mensch nicht ausgebildet. Der hat die Nervenzelle Mensch nicht ausgebildet. Dieser Ausdruck des Hardliner-Kindererziehers Michael Winterhoff geht mir unglücklicherweise nicht mehr aus dem Kopf. Kinder, die die Nervenzelle Mensch nicht ausgebildet haben, reagieren auf alle Menschen, als seien sie Gegenstände oder Automaten, bei denen es völlig wurst ist, ob man sie anmeckert oder nicht. Die funktionieren nach einer Schimpftirade noch genauso gut wie zuvor. Ja! Genauso behandelt er mich doch, der Sohn! Schuld daran bin natürlich ich. Ein Kind kann die Nervenzelle Mensch nicht ausbilden, wenn die Eltern symbiotisch mit ihm verbunden sind, es nur als weiteren Körperteil von sich sehen. Laut Winterhoff ist es die schlimmste der drei fundamentalen Beziehungsstörungen, die Eltern ihrem Kind antun können. Und ganz schlimm wird es dann, wenn die Eltern merken: Körperteil »Sohn« funktioniert nicht mehr richtig. Dann flippen die nämlich total aus, schimpfen und zetern rum und ... Augenblick mal, momentan flippt ja eher mein Sohn aus, ich sitze nur da und denke darüber nach, was zu tun ist. Ist es bei uns womöglich andersrum? Habe ich die Nervenzelle Mensch nicht ausgebildet, weil der Sohn mich für einen Klamotten waschenden Körperteil von sich selbst hält? Und jetzt funktioniert dieser Körperteil nicht richtig und ... Nee, halt, damit tappe ich ja bereits in eine weitere von Winterhoff beschriebene Falle: »Die ausschließliche Verlagerung des Erziehungshandelns in den Kopf bedeutet nämlich auch eine Abkehr von jener intuitiven Erziehung, die etwa die beschriebene Trennung zwischen Erwachsenen- und Kinderwelt als eine ihrer Grundkonstanten ansah und nie in Frage gestellt hätte, dass es ein hierarchisches Verhältnis zwischen Erwachsenen und Kindern gibt, das Erstere über Letzteren ansiedelt.« (*Warum unsere Kinder Tyrannen werden*, Michael Winterhoff) Menno! Ich sag zum Sohn:

»Dann musst du halt dein Schlaf-T-Shirt anziehen!« Er brummt ab. Und ich beschließe, den bereits längst abgebrochenen Versuch nun auch offiziell zu beenden.

▷▷ Versuch Stopp.

Wenig später beobachte ich ihn, wie er in seine Klettverschluss-Schuhe steigt. (Irgendeinen alten T-Shirt-Lumpen scheint er nun gefunden zu haben.) Klettverschlüsse sind natürlich das Einstiegshalluzinogen in die »Droge Verwöhnung«, steht in dem gleichnamigen Buch. Kinder brauchen Schnürsenkel, an denen sie sich abarbeiten können. Das weiß ich. Nachdenklich schaue ich zu, wie er seine Regenjacke zuzieht. Aber was ist eigentlich mit Reißverschlüssen? Wäre alles anders gekommen, wenn ich eine Regenjacke mit ganz, ganz vielen kleinen Knöpfen gefunden hätte?

»Tschüss, Mama!«, sagt der Sohn, als wäre nie irgendetwas vorgefallen.

Donnerstag:

Prima. Aber gerade als ich beginne, unpsychologisch zur Eile anzutreiben, bemerkt der Sohn, dass wir viel, viel zu früh dran sind, denn Donnerstag hat er ja immer erst zur Zweiten. Na ja.

Deshalb also ist heute, **Freitag, der große Tag:**

▷▷ Versuch »Kind zur Eile antreiben«

START (die Vierte)! Die Schnecken kriechen unternehmungslustig in der Saftkanne herum. Gähnend, wirklich müde, sehr müde, tappe ich mit dem Brötchen bewaffnet ins Kinderzimmer: »Wehe, wenn es schon morgens ist«, knurrt der Sohn gut gelaunt. Ich erinnere daran, dass wir heute gemeinsam die Schnecken zur Schule transportieren müssen (Schneckenprojekt). Das gefällt ihm. Begleitung hat er gerne. Dadurch ist er so weit aktiviert, dass er sich im Bett aufgesetzt hat. Ich setze mich neben ihn, denn das Schulbrot holen wir heute vom Bäcker. Muss ich kein Vesper machen. Top.

»Da ist ja gar kein Kakao auf dem Brötchen drauf!«, moniert er, als er sein Frühstück sieht. »Doch!«, sage ich.

Er beißt versuchsweise rein. Nächster Aufschrei: »Das ist ja total hart getoastet!«

Ich tu einfach so, als wär nichts. Ich muss sagen, das fällt mir nicht mal schwer, denn es ist eigentlich ziemlich gemütlich hier bei ihm im Bett. Vor allem angesichts dessen, dass ich gleich rausmuss. Und müde bin ich zudem. Ich sag: »Wenn was nicht passt, musst du es dir halt selbst passend machen.«

Er wendet ein: »Bei Papa funktioniert es aber!«

Huch, kurzer Adrenalinschwall: Hat er tatsächlich gerade »funktioniert« gesagt? Alarm, Alarm. Nervenzelle Mensch nicht ausgebildet, Alarm, Alarm. Nein, das gehört nicht hierher. Vergiss, vergiss. »Bei mir funktioniert es halt nicht!«, sag ich und erwarte Gezeter, darauf mehr heftige Psychologieausschüttung bei mir und schließlich Versuchsabbruch.

Aber: »Okay, ich mach mir noch ein bisschen Kakao drauf«, sagt er und verschwindet in Richtung Küche. Wow! Zehn Minuten später sitzen wir beide vor Gemütlichkeit brummend einträchtig nebeneinander. Er isst sein Brötchen, ich trinke Kaffee, wir sprechen über Schnecken und wie wir uns möglichst schneckenschonend zur Schule bewegen können. Schweben wäre am besten. Etwas problematisch ist allerdings, dass ich schon längst hätte aufschweben und mich mal fertig machen sollen. Gleich, denke ich, gleich. Gleich schaffe ich es.

»Mama«, sagt der Sohn und springt auf: »Du musst dich mal fertig machen, wir müssen gleich los!«

»Ja, ja, okay.« Seufzend erhebe ich mich, schlurfe ins Bad, wurstle so vor mich hin, während ich immer wieder vollkommen glücklich beobachte, wie mein Sohn sich anzieht und bereit macht. Geht alles wie von alleine. Heute. Toll! Wahrscheinlich, weil ich mitkomme.

»Wir müssen gleich los«, sagt der Sohn. Einzige Eintrübung ist die, dass es dann vielleicht als Versuch gar nicht brauchbar ist. Weil ich ihn doch so gar nicht antreiben kann. Geschickt weise ich ihn deswegen darauf hin, dass das Schneckenbehältnis vielleicht noch etwas auf Vordermann zu bringen ist. Ich stelle derweil fest, dass mein Pulli nicht im Schrank liegt, sondern vermutlich in der Wäsche ist. Mist! Überhaupt, wie sehe ich aus? Diese ganze Woche hängt mir schwer im Gesicht.

»Mama, wir müssen los!«, so jetzt der Sohn.

»Ja, Moment, ich hab nichts anzuziehen«, sag ich und bereue es in Sekunden.

»Dann zieh halt dein Schlaf-T-Shirt an!«, sagt der Sohn süffisant und: »Wir müssen los!«

Ich werde wahnsinnig, wenn er das noch mal sagt. Ich stöbere im Schrank, da passt ja wirklich gar nichts.

»Wir müssen lohos!«

»Ja ja, ich werde nicht schneller, wenn du das immer wieder sagst.« Ich merke sehr wohl, dass er die Technik »Sprung-in-der-Schüssel«, Verzeihung, »Sprung-in-der-Platte« anwendet. Die hat er von mir! Aber, hey, Versuch ist Versuch. Ich darf es jetzt nicht merken, und wenn ich es dreimal merke. Ich ziehe ein anderes Oberteil raus, dazu brauche ich aber einen anderen Rock und … jetzt:

»Mama, zieh jetzt deine Schuhe an! Wir müssen los!«

Jajaja, so ein Quatsch, diese Technik, da wird man ja ganz verrückt. Schlüssel, ich brauch die Schlüssel für das Büro außer Haus noch. Da muss ich nachher hin. Moment, jetzt.

Er wieder: »Mama! Wir müssen los!«

Man kann überhaupt nicht nachdenken dabei. Und ich antworte: »Gleich, Sohn, gleich! Aber wenn du noch einmal ›Wir müssen los‹ sagst, dann dreh ich durch!«

Nachdenklich schaut er mich an. Dann sagt er: »Du schaffst es, Mama!« Und tatsächlich: Er hat recht. Wir schaffen es sogar beide. Wir springen beziehungsweise schweben zur Tür raus. Schnecken voran. Jede Menge Zeit haben wir auch noch!

FAZIT:

Dass sich die Rollen von Gehetztem und Hetzer so schnell umdrehen können und mich mein eigener Sohn mit der Sprung-in-der-Platte-Technik antreibt, hat mich doch etwas überrascht. Auch die Erkenntnis, dass das nur nervt und gar nichts hilft. Hat er diese Technik wirklich aus einem meiner Psychologiebücher? Das wäre schon ein bisschen ungewöhnlich. Quatsch! Nein! Es ist natürlich ganz anders: Die Psychologen haben diese Technik den Kindern geklaut. Hier: »Die Technik der ›kaputten Schallplatte‹ wird von Lee und Marlene Canter als ›broken record‹ bezeichnet. Es ist eine sehr einfache Technik, die unsere Kinder alle bereits perfekt beherrschen. Wenn wir Eltern sie anwenden, schlagen wir die Kinder sozusagen mit ihren eigenen Waffen« (aus: *Jedes Kind kann Regeln lernen*). Vielleicht kann ich ja nächstes Mal eine der vielfältigen anderen Kinderwaffen versuchen: heulen, schreien, stampfen, kratzen, beißen, mich auf den Boden werfen. Da freu ich mich schon drauf!

MERKE:
Egal wie Sie Ihr Kind (oder Ihren Partner, Freund et cetera) zur Eile antreiben, irgendein Psychologe empfiehlt genau dies.

16. Demonstrieren gehen OHNE ...

... über eigene narzisstische Beweggründe nachzudenken, über die narzisstische Gesellschaft im Allgemeinen, euphorisierende Massenerlebnisse oder psychische Gesundung aus Sicht marxistisch orientierter Therapie.

It's time to organize

Ich finde Demonstrieren gut. Sehr, sehr gut sogar. Jeder sollte für seine Rechte und Belange regelmäßig auf die Straße gehen. Finde ich. Das ist wichtig für die Demokratie. Wenn man selbst sehr viel zu tun hat, ist es deshalb ziemlich klasse, wenn man direkt an einer äußerst begehrten Demonstrationsstraße wohnt. Dann hat man es nicht so weit. Ich hatte dieses Glück. Jahrelang zog jeden Montag die sogenannte Montagsdemo, eine Nachfolgeveranstaltung der DDR-Montagsdemos, an unserem Haus vorbei. Schnell sprang ich im entscheidenden Moment in den Erker und winkte den Demonstranten mit meinem Küchentuch zu. Die riefen meist zurück: »Bürger, lasst das Glotzen sein, kommt herunter, reiht euch ein.« Wohl weil sie gar nicht verstanden, dass ich mich durchaus als Teil ihrer Demo verstand. Ich reihte mich halt hier oben in meinem Erker mit ein. So sah ich es. Vielleicht kann der Kekstest der Psychologin Deborah Gruenfeld das erklären: Sobald man Menschen suggeriert, sie wären mächtiger als andere – und was sonst soll man empfinden, wenn man immer wieder aus einem Erker auf große Menschenmassen herabblickt –, werden sie richtiggehend mies und denken, dass ihnen mehr Kekse zustehen. Warum sollte ich da eine Ausnahme sein? Ich dachte halt, mir steht beim Demonstrieren ein gemütliches Dach überm Kopf zu. Nachdem die Demonstranten mir genügend gehuldigt hatten, schritt ich meist in nachdenklichem Tempo zum Spülbecken zurück und wusch meine Hände in Unschuld und gut duftendem Spüli. Danach fühlte ich mich bestens. Wegen des Macbeth-Effekts. Der besagt: Händewaschen verschafft einem innere Erleichterung. Herausgefunden haben dies die US-Psychologen Spike Lee und Norbert Schwarz. Zudem spült es Zweifel über möglicherweise nicht ganz stimmige Entscheidungen hinweg, wie etwa die, immer wieder statt eines solidarisierenden Transparents nur ein Küchentuch aus dem Erker zu hängen.

Schon längst wurde ich für meine Bequemlichkeit bestraft. Aus unserer königlichen Erkerwohnung wurden wir via Mieterhöhung vertrieben. Kaum umgezogen, könnte dasselbe bald schon wieder passieren. Nicht nur uns. Deswegen gab's letzte Woche eine Demo hier. Da wollte ich wirklich mitmachen, ging aber nicht. Wahrscheinlich ein Frauenproblem. Viele, sehr sehr viele Frauen sollen da drunter leiden: Statt für ihre eigenen Sachen setzen sich Frauen lieber für die anderer ein. Deshalb gehe ich auch heute nicht zu einer Demo gegen die hohen Mieten in meinem Viertel, sondern zu einer Demo gegen die hohen Mieten in einem ganz anderen Stadtviertel. In diesem Viertel wohnen einige meiner Freunde und sind ebenfalls akut von Vertreibung bedroht. Weil sie auch Frauen sind und daher unter demselben Problem wie ich leiden, können sie nicht selbst auf diese Demo gehen. Wie gut also, dass ich für sie einspringe. Und wo ich schon mal da bin, treffen wir uns vorher natürlich noch auf einen leckeren Milchkaffee. Ganz in der Nähe des Kottbusser Tors saugen wir den weißen Schaum in uns hinein. Die Sonne strahlt prächtig, die Ruhe ist herrlich. Denn die Straße vor uns ist bereits gesperrt. Man zeigt sich begeistert über meinen Einsatz. Dankbar und zufrieden nehme ich die übergroße Bewunderung und Zusprache entgegen. Ich bin richtig beglückt, dass ich für meine Freundinnen demonstrieren gehe. Tatsächlich denke ich, das könnte eine Lösung für mich sein. Ein ganz neuer Ansatz wäre das. Das würde mein Demonstrationsverhalten erweitern, ja revolutionieren. »Vielleicht kann ich sogar Mietdemonstrantin werden, was meint ihr?« Doch wir können es nicht mehr ausdiskutieren. Die Freundinnen brechen auf. »Musst du nicht auch los?«

»Theoretisch ja, praktisch brauch ich noch einen Kaffee vorher!«

Grinsend und mit hoch erhobenen Kampffäusten ziehen sie davon. Entgegen kommen ihnen ein paar Demonstrantengruppen mit Plakaten: »WER DAS LIEST, ZAHLT ZU HOHE MIETE« – »Privatisierung verhindern!« – »Immobilienkonzerne enteignen!«

Puh! Ich muss mich vor dem Versuch unbedingt noch ein bisschen sammeln. Denn nachher, denke ich, nachher darf ich angesichts derartiger Plakate nicht an CaptainAhab denken. Von CaptainAhab habe ich kürzlich im Internet einen 18.748 Zeichen langen Forumsbeitrag überflogen. Unter dem Thread »aus der massenpsychologie: die erfolglosigkeit der demos« führte er dort in etwa Folgendes aus: Die Demos der letzten Jahre arbeiteten alle mit den falschen Parolen. Zum Beispiel: »Gegen Armut!« Ist Quatsch. Denn das Gehirn merkt sich nur das Wort, auf dem die Betonung liegt. Also »Armut«. Ebenso nimmt das Gehirn keine

Negierungen wahr, schrieb CaptainAhab. Von der Parole »Kein Krieg!« merkt sich das Gehirn nur: »Krieg!« Und so weiter. Wenn mir das nachher passieren wird, ich also an CaptainAhab denken muss, werde ich unweigerlich ins Sinnieren kommen darüber, was für ein wundersames Ding doch so ein Gehirn ist. Denkt sich Zwei-Wort-Parolen aus, obwohl es sich nur ein Wort merken kann. Während dieser Gedanken werde ich unwillkürlich zu grinsen beginnen. Sobald ich das bemerke, werde ich mir Überheblichkeit und Arroganz vorwerfen. Mir wird dann auffallen, dass ich überhaupt kein Plakat habe, und wenn ich eines hätte, stünde da wahrscheinlich aus Mangel an einem geeigneten Parolenzentrum in meinem Gehirn überhaupt nichts drauf. Um den Vorwurf der Arroganz irgendwie wieder loszuwerden, werde ich mich fragen: Woher kommt denn diese Arroganz? Und während um mich herum die Demo tobt, werde ich überlegen: Ist meine Arroganz nur ein Zeichen von Unsicherheit? Sicher ist sie ein Zeichen von Unsicherheit! Wo die Unsicherheit jetzt aber wieder herkommt, kann kaum während einer einzigen Demo geklärt werden. Da bräuchte ich Hunderte oder Tausende. Eins ist klar: Wenn ich nicht so schrecklich unsicher wäre, würde ich weder CaptainAhab noch Parolen wie »Tod den Miethaien!« – »KEIN KRIEG, NIRGENDS!« – »Gegen den KLASSENKRIEG der Reichen!«, die gerade von weiteren Kapuzenträgern an mir vorbeigetragen werden, naiv oder gar dümmlich finden. Auch nicht, wenn sie tatsächlich ein bisschen dümmlich wären. Während des Demonstrierens würde ich das sowieso nicht bemerken, weil – das weiß ich aus Freuds *Massenpsychologie und Ich-Analyse* – durch die gesteigerte Affektivität in der Masse meist eine kollektive Intelligenzhemmung einsetzt. Bedeutet: Wenn ich nachher demonstriere, werde ich viel gefühlvoller, aber auch um einiges dümmer sein, als ich es jetzt noch hier im Café sitzend bin. Womöglich, wenn es ganz gut läuft, hebelt die Massenpsychologie sogar meine gestörte Individualpsychologie komplett aus. Und für kurze Zeit bin ich dann gar kein verunsicherter Arroganzling mehr. Im Gegenteil: Ein für Massen typisches ethisches Verhalten könnte auch bei mir auftreten. Freud zufolge liegt es entweder tief unter meiner eigenen Moral oder aber auch weit darüber. Das heißt: Moralisch stehe ich dann entweder auf einer Stufe mit dem Erfinder des Dschungelcamps oder eben mit Jesus. Das heißt, das Wichtigste ist wohl, dass ich mir die richtige Masse aussuche. Hatte ich das? Das Riesentransparent »We ❤ Kotti! We ♟ Miete!« marschiert vorbei. Diesem folgen fast ausschließlich Frauen, einige mit Kopftüchern und großen Sonnenbrillen. Sie hauen mit Kochlöffeln auf Backbleche gemäß dem Demoaufruf: »Macht Lärm gegen hohe Mieten und Verdrängung«.

»Milchkaffee? Ja, danke. Ich zahl gleich!« Endlich. Ich sollte ihn schnell trinken. Denn von Ferne höre ich bereits die 187. Veranstalterin der Demo brüllen: »Das ist keine Latschdemo hier! Das ist eine Mitmachdemo!« Gejohle, Geschepper, Gejohle. »Mit ganz vielen Aktionen zum Mitmachen!« Ich merke ganz deutlich, dass ich ein großer Fan von Latschdemos bin. Wo jeder halt tun kann, was er will. Wo man rumlärmt, wenn es einem selbst in den Sinn kommt. Oder randaliert. Werde ich heute randalieren? Schwer vorherzusagen. Wenn in einem Fischschwarm nur fünf Prozent aller Fische zu randalieren beginnen, randalieren zum Schluss alle. Bei Menschen soll das ganz genauso sein, sagt der Berliner Wissenschaftler Jens Krause. Ich nehme einen großen Schluck Milchkaffee. Fünf Leute im Studentenalter versuchen, unter Giggeln und Gekiekse mit einem größeren Transparent (»Gemeinsam kämpfen! Gegen hohe Mieten!«) vorbeizurennen, verheddern sich aber dauernd. Okay, gemeinsam. Ich habe verstanden. Ich komme gleich. Ich seufze und nehme einen weiteren

Schluck. Muss mir nur noch schnell das Allerallerallerwichtigste klarmachen. Und das ist: Ich darf während des Demonstrierversuchs nicht an den Psychoanalytiker Hans-Joachim Maaz denken. Nicht an diese »psychische Dimension des menschlichen Verhaltens«, welche seiner Meinung nach regelmäßig »bei der Analyse gesellschaftlicher Vorgänge vergessen, geleugnet« oder, am allerallerschlimmsten, »als purer Psychologismus« abgewertet wird. So wehren nämlich Narzissten das ab, was der Maaz sagt. Da wir dem Maaz zufolge alle Narzissten sind, wird das, was der Maaz sagt, eigentlich dauernd abgewehrt. Was wiederum beweist, dass wir alle Narzissten sind. Schuld daran sind letztendlich unsere Mütter. Sagt Maaz. Weil sie uns nie mit dem liebenden Blick der Mutter angeguckt haben. Konnten sie nicht, weil sie selbst ja auch Narzisstinnen waren. »Die narzisstischen Störungen entstehen in der frühen Kindheit. Dort liegt der Schlüssel für die gesellschaftliche Entwicklung«, schreibt Maaz in *Die narzisstische Gesellschaft*. Also wenn das passiert, also wenn ich derart halb verdautes Zeugs über den Maaz denke, während ich eigentlich schön ohne Psychologie demonstrieren sollte, dann wird's ganz schlimm. Denn dann wird mir zu allem Überfluss noch der alte Klassenkämpfer Michael Schneider einfallen. Der sagt nämlich: »Das analytische Prinzip, alle aktuellen Ereignisse und Konflikte auf Infantilkonflikte zu reduzieren und damit zu entaktualisieren, nimmt oft geradezu manische Züge an.« (*Neurose und Klassenkampf*) Anstatt dann schön Klassenkampf oder sonst was Kämpferisches zu betreiben, werde ich darüber nachgrübeln, ob eher der Maaz manisch ist oder ich narzisstisch bin. Wenn ich aber schon so weit gehe, dass ich dem Maaz eine Manie unterstelle, um die Maaz'schen Thesen abzuwehren, dann kann das nicht mehr normal sein. Dann kann das eigentlich nur noch narzisstisch sein. Und dann gehe ich wahrscheinlich auch aus völlig narzisstischen Antrieben heraus demonstrieren. Schon »die politischen Vorgänge 1989/90 in Deutschland können in diesem Kontext der narzisstischen Störung verstanden werden«, so der Diplompsychologe Volker Drewes. »Als die Demonstranten bei den Montagabend-Demonstrationen nicht mehr ›Wir sind das Volk‹ riefen, sondern ›Wir sind ein Volk‹, offenbarte sich darin ein narzisstischer Massenwunsch.« Eben. Von wegen »Gemeinsam kämpfen! Gegen hohe Mieten!«. Da zeigt sich doch derselbe narzisstische Vereinigungswahn auch dieser Demo hier. Moment! Das war jetzt Unsinn! Ich meinte natürlich, normalerweise würde sich mir dieser Wahn zeigen. Aber heute nicht! Heute werde ich mich von derart fragwürdigen Erkenntnissen nicht abhalten lassen. Okay. Jetzt, letzter Schluck. Ich steh auf.

▷▷ Versuch »Demonstrieren gehen«

START! Kämpferisch steche ich um die Ecke zum Kirchvorplatz. Öhm? Hä? Starten die gar nicht hier? Hektisch krame ich nach meinem Smartphone in der Tasche. Dabei fällt mein Blick auf den Rasen. Alles platt getreten. Alles voller Flugblätter: »Es ist Zeit zu kämpfen!« – »Keine Angst vor niemand« – »It's time to organize«. Das darf doch nicht … kann nicht sein. Bin ich bescheuert? Sie sind weg! Alle weg! Ich fass es nicht. Wo sind die jetzt? Welche Route nehmen die? Keine Ahnung. Mann! Soll ich da jetzt hinterherhechten? Aber in welche Richtung? Internet hilf! Aber das Internet hat keinen Akku mehr.

FAZIT:

Demo verpasst. Unfassbar! Und statt dann wenigstens hinterherzuhechten, bin ich einfach zurück ins Café gegangen. Einzige Hoffnung: Vielleicht ist daran ja doch irgendwie meine Mutter schuld.

MERKE:

Wer eine Revolution anzetteln will, sollte das weder mit seinem Psychotherapeuten noch mit seiner Mutter besprechen, aber auch nicht vorher Milchkaffee trinken gehen.

17. Streiten OHNE ...

... die Absendung auch nur einer einzigen Ich-Botschaft zu erwägen, und das, obwohl nach neuesten psychologischen Erkenntnissen Du-Botschaften doch besser sind, da Ich-Botschaften den anderen verwirren, OHNE aus modernen psychologischen Erwägungen heraus einfach mal zu schreien, OHNE über die Vorstellung zu lachen, man könnte jetzt den Satz sagen: »Ich sehe, dass du das anders siehst«, der Psychologen zufolge Wunder bewirken soll, und das alles natürlich, OHNE den Streitpartner letztendlich als den Irren zu erkennen, der er selbstverständlich ist.

Hrrrrgh!

Ich bin total cool und so was von entspannt! Mit mir hat mein Partner einen Volltreffer gelandet – in Sachen Toleranz. Ich sehe über seine großen und kleinen Schwächen hinweg, ignoriere die nervigsten Macken und liebe ihn schlichtweg, wie er nun mal ist. Dafür habe ich auf jeden Fall den Oscar der Geduld verdient! Diese exakte Einschätzung meiner Person habe ich schwarz auf weiß. Es handelt sich um das fulminante Ergebnis eines Psychotests im Internet. Gerade eben erst habe ich den gemacht. Und echt immer alles total ehrlich beantwortet. Natürlich drucke ich das Spitzenzeugnis schnell aus und lege es bei nächster Gelegenheit stolz und triumphierend meinem Mann vor. Er liest es, schüttelt aber nur – unter ungläubigem Grunzen – den Kopf. Dann deutet er anklagend auf die Bildunterschrift »Verliebtes Paar« beziehungsweise den leeren Fleck darüber. Das verliebte Paar habe ich tintensparend halt nicht mit ausgedruckt. Das sei ja mal wieder typisch, dass ich gerade das beim Ausdruck eliminiert hätte. Worauf ich – unter ärgerlichem Grunzen – den Ausdruck an mich reiße und mich in mein Zimmer verziehe. Obwohl ich total cool und so was von entspannt bin, kommt es öfter zu solchen oder ähnlichen Szenen. Und dann stellt sich jedes Mal wieder raus: Leider bin ich eine ziemliche Niete im Streiten. Ich weiß überhaupt nicht, wie das geht. Woher auch? Meine Eltern stritten nie. Und wenn ich mal schön streiten üben wollte mit meiner kleinen Schwester beziehungsweise sie streit-mäßig fit für die Anforderungen der Welt da draußen machen wollte, dann hieß es: »Schluss jetzt, die Ältere und daher Klügere gibt nach!« Wie viele Ältere ahnte ich, dass da irgendwas nicht stimmte. Dass so der Klügere immer der Dumme ist. Sobald ich mit Psychologie in Berührung kam, lernte ich: Es ist noch viel schlimmer. Wer nachgibt, begeht eine der drei Todsünden des Streitens. Nachgeben hilft vielleicht kurzfristig, sagt der Ham-burger Psychologe Philipp Yorck Herzberg. Langfristig betrach-tet ist es aber genauso schlimm wie die Kampfstreiterei oder das heimtückische Beleidigtsein. Seit ich das weiß, versuche ich natürlich, psychologisch durchdacht zu streiten. Kritik verpacke ich zumeist in gut verdauliche, kaum perfide Ich-Botschaften, die ich mit freundlich zusammengepressten Lippen an den Mann bringe. Ich lasse mich so gut wie nie zu herabwürdigenden Äußerungen hinreißen, was mir nicht besonders schwerfällt, da mir meist im Eifer des Gefechts gar keine einfallen. Manchmal flechte ich sogar den Satz »Ich sehe, dass du das anders siehst« ein. Der soll dem Herzberg zufolge Wunder wirken, die bei mir sicherlich auch noch eines Tages passieren werden. Ich bin stets an einem Kompromiss interessiert, oft trage ich einen solchen bereits ausgearbeitet vor. Ich werde nicht laut. Ich kritisiere das Verhalten, die Äußerungen und auch die Taten des anderen, aber nicht seinen Charakter, selbst wenn der andere aus charakterlichen Gründen gar nicht in der Lage ist, diesen feinen Unterschied wahrzunehmen. Und allein, um den anderen nicht durch übertriebene Perfektion zu beleidigen, lasse ich in wichtigen Momenten zu, dass meine Stimme in eine leicht gereizte, geringfügig höhere Tonlage als normal verfällt, und streue einige wenige Streitunwörter ein, wie etwa »immer« oder »tausendmal« oder »wie oft denn noch?«.

Bei meinem früheren langjährigen Streitpartner führte diese Technik allerdings dazu, dass er überhaupt nie bemerkte, wenn ich mit ihm stritt. Was ich auch anstellte, er glaubte sich in einem anregenden Small Talk mit mir. Ganz anders mein Ehemann: Wenn ich glaube, einen anregenden Small Talk mit ihm zu führen, hält er es für einen meiner zahlreichen Streitversuche. Er wirft mir vor, streitsüchtig zu sein. Absurd! Oder doch nicht? Das Problem ist wohl, dass der psychologisch durchdachte Streit sich von einem anregenden Gespräch in keinster Weise unterscheidet. Sobald daher mein Mann während eines anregenden Gesprächs die Überlegung äußert, ich wolle wieder rumstreiten, weise ich das – entgegen aller psychologischen Empfehlungen – in hohen Tönen energisch zurück. Sonst kann er ja gar nicht kapieren, dass ich gerade wirklich nicht rumstreite. Rund 80 Prozent aller unserer Auseinandersetzungen kreisen um die Frage, ob einer von uns jetzt gerade streitet oder nicht.

Aber Rettung naht. Wir befinden uns derzeit mitten in einer Streitreform. Die »neuen Regeln des Streitens«, wie sie unter anderem von der Paartherapeutin Maud Winkler vertreten werden, lauten: Wenn du dich ärgerst, werde laut! Sage dem anderen »Du nervst!« statt »Ich bin so betrübt darüber, dass du mich nervlich so beanspruchst«. Nur so kann sich der andere das Entscheidende merken, nämlich: »Ich nerve.« Angriffe, Vorwürfe und Beschuldigungen – ist alles hilfreich, sagt der Kommunikationspsychologe Friedemann Schulz von Thun. Gerade für Leute wie mich, die jahrelang immer nur erzählten, wie traurig, wie betroffen und auch wie betrübt sie die Handlungsweisen des anderen gemacht hätten. Noch ist allerdings nicht klar, ob sich die Streitreformer durchsetzen werden. Deshalb versuche ich, in dieser heiklen Übergangsphase der Streitkultur alle möglichen verschiedenen Techniken möglichst unvorhersehbar durcheinanderzumixen.

Ob das gut ist? Ich weiß es nicht. Falsches Streiten ist auf jeden Fall »eine tickende Zeitbombe für die Beziehung« (John Gottman), ein gefährlicher Beziehungskiller – der sogar in den Kindern nachwirkt. Wenn etwa das »Kind verinnerlicht, dass Konflikte mit negativen Gefühlen belastet sind«, so der Paartherapeut Kurt Hahlweg. Wo es doch lernen soll, dass ein Konflikt, etwa »Ich will ein Eis, kriege aber keins«, immer eine tolle Gelegenheit ist, zu wachsen und neue Lösungen zu erarbeiten.

Im Flur knallt eine Tür. Danach höre ich meinen Mann brüllen: »Wie oft soll ich dir eigentlich noch sagen, dass hier keiner die Türen knallt!«

»Außer dir!«, brüllt mein Sohn zurück.

»Du hast eine Woche Handyverbot«, brüllt der andere Sohn,

der mein Mann ist. Streiten die schon nach den neuen Regeln? Quatsch! Woher sollten die die kennen? Dann streiten die wohl einfach so aus sich heraus? Ich fühle Neid in mir aufsteigen. Draußen knallt wieder eine Tür. »Zwei Wochen Handyverbot!«, schallt es hinterher. Eine weitere Tür knallt. Wieso knall ich eigentlich nie Türen? Ich könnte es vielleicht einmal mit Nachahmung versuchen? Möglicherweise spielt sich hier direkt vor meiner Nase gerade ein total naturbelassener Streit ab. Der könnte mir als Anregung dienen. Ich könnte mein eigenes Streiten renaturieren. Dazu werde ich jetzt einfach mal einen kleinen Vorstoß nach ihrer Art unternehmen – zum Warmglühen gewissermaßen.

▷▷ Versuchsvorglühen »Streiten«

START! Ich stehe auf, streiche den Rock glatt und räuspere mich noch mal, wie vor einem Auftritt. So, jetzt! Ich reiße die Zimmertür auf, vier verdatterte Augen schauen mich an und … Shit, ich weiß nicht genau, was ich sagen soll. Verdammt! Was, was? Es muss was Gemeines, Beleidigendes sein. Irgendwas mit Kindergarten vielleicht? Aber was? Mist! Mist! Mist! Mir fällt nichts ein. Peinlich berührt schließe ich die Tür wieder. Von draußen höre ich: »Was war das denn bitte?« Ich höre das genau! Mein Puls pocht: Jetzt reicht's, jetzt reicht's, jetzt reicht's. Ich könnte einfach »Jetzt reicht's« brüllen! Aber das würden die gar nicht kapieren! Spinnst du?, würden die sagen. Bist du jetzt vollkommen übergeschnappt? Nein, nein, irgendwas mit Kindergarten muss es sein. Gerade wenn man streitet, muss man sich nicht extra um Originalität bemühen, da kann man ruhig ein bisschen abgedroschen daherkommen, sage ich mir. Schnell schiebe ich den Gedanken weg, dass ich trotzdem lieber originell wäre, und die Überlegung, ob ich wohl deswegen so schlecht streiten kann, denn das würde jetzt wieder Stunden dauern, und dann gäb's immer noch kein Ergebnis. Jetzt! Ich mach's jetzt einfach, abgedroschen oder nicht, das ist mir egal, ist ja nur ein Warmlaufversuch. Ich reiße die Tür wieder auf, vier Augen schauen mich erwartungsvoll an, ich sag: »Könnt ihr euren Kindergarten vielleicht woanders veranstalten als direkt vor meiner Tür, ich muss nämlich hier arbeiten – im Gegensatz zu euch!« Zack, sag ich's und knalle meine Tür, so laut es mir irgendwie möglich ist. Draußen Stille! Zufrieden schleiche ich an meinen Schreibtisch. Draußen raschelt es leise. Ich höre, wie mein Mann zum Sohn sagt, komm, wir dürfen die Mama hier nicht stören. Ich höre, wie sie beide in ihre jeweiligen Zimmer abziehen. Zwei Türen knallen ganz leise. Ha! Sup. Jetzt fühle ich mich großartig. Doll! Damit haben sie nicht gerechnet!

▷▷ Versuchsvorglühen Stopp.

Natürlich weiß ich – im Flur klingelt ein Telefon –, dass ein guter Teil des Erfolgs der Überraschung geschuldet ist. Nächstes Mal werden sie irgendwas entgegnen, und ich werde dann mit »öhmmm«, »schnaub« oder »pfff« antworten. Oder? Das im Flur klingelnde Telefon gehört meinem Mann. Wenn er jetzt mal ranginge, könnte ich vielleicht mal wieder weiterarbeiten. Doch das tut er nicht. Er weiß, dass mich das nervt. Beziehungsweise, er wüsste es, wenn er meine bereits mehrmals freundlich vorgebrachten Anregungen, sein Telefon doch bitte mit in sein Zimmer zu nehmen, nicht immer wieder als merkwürdige, streitlustige Grille von mir abtun und sofort wieder vergessen würde. Ich warte. Ich lausche. Ganz genau. Nichts tut sich. Der Sohn ruft fröhlich aus seinem Kinderzimmer: »Telefon!« Danach – abgesehen vom Telefonklingeln – Stille! Nichts. Wieso hat der Mann überhaupt dieses Telefon, wenn weder er noch ein Anrufbeantworter rangehen? Das Telefon klingelt weiter. Vor meinem inneren Auge sehe ich meinen Mann genüsslich am Schreibtisch sitzen, ganz von ferne hört er schwach das Klingeln und sagt sich: och, nee. Während ich nur eine dünne Tür von diesem Klingeln entfernt sitze und jetzt immer deutlicher an meinem sich immer mehr beschleunigenden Puls merke, wie sich hier eine tolle Gelegenheit für den Versuch »Streiten ohne Psychologie« anbahnt. Natürlich ist das ein Wahnsinnsreframing, Albert Thiele wäre stolz auf mich: »Bei Verbalattacken (oder in meinem Fall Telefonattacken) können Sie den erlebten Stress dadurch abbauen, dass Sie den Angriff als Trainingschance für sich umdeuten (›reframing‹)« (*Argumentieren unter Stress. Wie man unfaire Angriffe erfolgreich abwehrt*). Der Gedanke erfüllt mich mit Genugtuung. Die aber wird glücklicherweise vom immer weiter klingelnden Telefon gleich wieder zerstört. Sonst wär ich womöglich gar nicht mehr wütend genug für den Streitversuch. Aber: Ich bin's. Es kann losgehen.

▷▷ Versuch »Streiten«

START! Ich stehe auf, schnaubend, gehe in den Flur, wo ich mir laut stöhnend und seufzend das immer noch klingelnde Ding schnappe und mit ihm in der Hand die Tür zum Arbeitszimmer meines Mannes aufreiße. Ha! Nichts passiert! Gar nichts. Mein Mann tippt einfach fröhlich weiter. Diverse Stresshormone jagen durch meinen Körper. Er hat Kopfhörer auf! Na toll. Endlich merkt er was, schaut mich entnervt an. Vorwurfsvoll hebe ich das erstaunlicherweise immer noch klingelnde Gerät und sage noch vorwurfsvoller: »Telefon!«

Er nimmt die Kopfhörer ab. »Wie bitte?«

Das Telefon klingelt.

»Telefon! Deins!«, würge ich raus.

Worauf er verärgert aufstöhnt: »Kannst du das nicht etwas freundlicher sagen?«

Freundlicher?! Ich schlucke etwas Luft und huste. Überlege, ob ich es ihm vielleicht vor lauter Freundlichkeit an den Kopf schmeißen soll und sage sehr bestimmt: »Hrrrrgh!«

Er wieder: »Wie bitte? Kannst du nicht wenigstens mal einen vernünftigen deutschen Satz sagen?«

Hups. Das Telefon hat aufgehört zu bimmeln. Ich schaue es wütend an. Auch das noch: Jetzt hört das Ding auf zu klingeln. Jetzt! Ausgerechnet jetzt! Ich sage: »Pffffschschsch«. Woraufhin das Telefon wieder zu klingeln beginnt. Wenigstens das.

Mein Mann schnaubt jetzt: »Mann, dann gib halt her, wieso stehst du wie ein Ölgötze in der Tür!«

Ich glaube, binnen weniger Sekunden in Ohnmacht zu fallen vor Wut und krächze: »Schrrrghsssssssss.«

»Bist du vom Blitz getroffen?«

Ich ringe immer noch mit mir. Finde keine angemessenen Geräusche mehr.

»Was ist jetzt, ich muss arbeiten!«, sagt mein Mann.

»Oh Mann!«, schnaube ich und trete mit dem Telefon in der Hand den Rückzug an. Unverständliches vor mich hin fluchend schließe ich leise die Tür. »Wie bitte?«, ruft mir mein Mann hinterher. Ich gehe zum Kleiderschrank und stecke das Telefon zwischen die Bettlaken. Wenn er mich bislang nicht für komplett übergeschnappt gehalten hat, dann spätestens jetzt.

FAZIT:

»Fachleute gehen davon aus, das schon bei einem erhöhten Puls von etwa 95 Schlägen pro Minute kein Gespräch mehr möglich ist, das diesen Namen auch verdient«, schreibt der Beziehungscoach Christian Thiel. Menschen, die unter

Adrenalin, Noradrenalin, Dopamin und Cortisol stehen, können allenfalls automatisierte Phrasen ausstoßen. Da nahezu alle in meinem Kopf automatisierten Streitphrasen aus irgendwelchen Psychobüchern stammen, ist es eigentlich nur logisch, dass Streiten ohne Psychologie bei mir nur aus sinnlosem Gegrunze besteht. Alternative Sätze muss ich mir wohl erst noch erarbeiten und immer und immer wieder ins Gedächtnis rufen – am besten rechtzeitig vor dem nächsten Streit.

MERKE:
Man streitet nicht, um innerlich an dem Konflikt zu wachsen, sondern um das abzustellen, was einen nervt. Egal wie!

18. Elterninfoabend für begabte Kinder besuchen OHNE ...

... ein Psychogramm des Schulleiters zu erstellen, über die gesellschaftlichen Ursachen der Hochbegabten-Hysterie zu sinnieren, zu überlegen, welche der anwesenden Eltern hysterisch sind und ob man selbst auch dazugehört, und OHNE sich hinterher beim Ehemann darüber lustig zu machen, mit welcher Berechtigung Intelligenztests ausgerechnet von Psychologen erstellt werden, nur um sich dann wenig später selbst einem solchen zu unterziehen.

»Haben Sie das jetzt verstanden?«

»Ich will nicht in die Scheiß-Kack-Schule! Die ist so scheißkacke!«, brüllt der Sohn im Flur. Ich schlurfe zögerlich hinzu, denn: Einerseits bin ich da ganz bei ihm. Andererseits: Was soll ich machen? Ist halt Gesetz. Zum Glück ist das Gesetz! Nicht auszudenken, was wir sonst für Diskussionen führen müssten. Dann wär Schluss mit meiner Antischulhaltung, die den Sohn und mich so gemütlich vereint. Dann nämlich wär ich für Schule und er dagegen. Oder wär er dann auch für Schule? Ist er nur wegen mir dagegen? Meine naiven Überlegungen werden durch einen fürchterlichen Schrei vom Sohn unterbrochen. Er findet nämlich seine Jacke nicht. Ah doch, hier. Blöderweise hat er bei der Suche ein Dutzend andere Jacken auf den Boden geschmissen, die er jetzt unter dem Ausstoßen der üblichen Schimpfworte wieder auf die Garderobe schmeißt, an der die Jacken elegant wieder herunterrutschen. Dadurch kommt er noch mehr in Stimmung. Als er es schließlich geschafft hat und die Wohnung verlässt, knallt er die Wohnungstür so schwungvoll zu, dass alle Jacken wieder auf den Boden segeln.

Verflucht noch mal! Leidet er etwa doch unter einem erhöhten Intelligenzquotienten?, überlege ich nicht zum ersten Mal. Schlechtes Benehmen ist oft ein Zeichen von Hochbegabung. Das habe ich erst neulich wieder gelesen. Nach zwei aufregenden Tagen wegen eines vielleicht hochbegabten Sohns habe ich dann wiederum gelesen, dass schlechtes Benehmen doch kein Zeichen von Hochbegabung ist, sondern halt nur ein Zeichen für schlechtes Benehmen. Sagt der Marburger Psychologe und Hochbegabtenforscher Detlef Rost. Und dass ich womöglich von der Hochbegabten-Hysterie erfasst bin. Nicht dass ich mich selbst für hochbegabt oder hochintelligent hielte: Ich habe schon einige kostenlose IQ-Tests gemacht. Da schneide ich eher so mittel ab. Aber gut: Vielleicht stimmen die Tests nicht. Vielleicht liegen eher die Leute richtig, die mir sagen: »Hey, du bist aber hochintelligent!« Wenn der Sohn jetzt tatsächlich hochintelligent wäre, dann stiege immerhin die Wahrscheinlichkeit, dass diese Leute doch recht haben und auch ich gesegnet bin. Denn: Von nichts kommt ja nichts. Den IQ des Sohnes könnte ich jetzt offiziell feststellen lassen. Denn da er aus dieser Scheiß-Kack-Schule immer super Noten nach Hause bringt, könnte er nach der vierten Klasse in eine Begabtenklasse wechseln. Aber nur, wenn er zusätzlich zu seinen guten Noten auch noch einen erhöhten IQ hat. Und das testen die. Mit eigens dafür entworfenen Intelligenztests.

Das Problem dabei ist: Um als intelligenter Mensch durchzugehen, müsste ich IQ-Tests zutiefst ablehnen und verachten. So habe ich es gelernt. »Seit den 70er-Jahren« herrsche ein spürbares Unbehagen an IQ-Tests, sagt der Psychologieprofessor Joachim Funke. Weil: »zu wenig realitätsnah, kaum Validität im Alltag.« Sprich: Ist einfach Quatsch, was da gemessen wird. Das leuchtet mir ein. Sonst würde ich ja wahrscheinlich auch viel besser abschneiden, denke ich, während ich fünf alte Reservejacken, in die der Sohn schon längst nicht mehr reinpasst, wieder an die Haken hänge. In Amerika ist es sogar verboten, dass Schulen mit so einem Intelligenztest daherkommen. Und hier! In fast allen Bundesländern machen jedes Jahr Massen von Viertklässlern diesen Test, um sich für Spezialklassen der Begabtenförderung zu qualifizieren. Der Test soll total Spaß machen, wird den Eltern versichert. Immerhin! Denn Intelligenztests für Kinder unter 12 Jahren sollen sogar noch größerer Quatsch sein als für Leute über 12 Jahren. Komplexeres Denken, also das Denken, das man meistens braucht, das werde gleich gar nicht getestet, sagt Psychologieprofessor Dietrich Dörner. Eben. Da bin ich wahrscheinlich gut drin.

Nur weil ich gegen IQ-Tests bin, soll aber der Sohn nicht auf der Sonderschule enden. Genau das kann nämlich passieren, wenn er in der Schule unterfordert ist. Der Sohn berichtet oft über unerträgliche Langeweile. Andererseits ist er für einen wirklich Hochbegabten zu gut. Hochbegabte »fallen eher selten durch exzellente Schulleistungen und häufiger durch Unkonzentriertheit auf«, sagt die Vorsitzende des Vereins für Hochbegabtenförderung, Jutta Billhardt. Deswegen würden 80 Prozent aller hochbegabten Kinder gar nicht erkannt. Ächzend bücke ich mich nach zwei großen Teppichen auf dem Boden. Da wir keine

Teppiche im Flur haben, kann es sich nur um Jacken meines Mannes handeln. So. Aber: Hatte sich die Lehrerin nicht neulich beklagt, der Sohn habe sich geweigert, eine Anordnung von ihr auszuführen, habe stattdessen mit ihr über den Sinn dieser Anordnung zu diskutieren begonnen? Ha! Offenbar wusste sie gar nicht, dass die Weigerung, unreflektiert Regeln zu übernehmen, zu den Paradebeispielen der Hochbegabung zählt. Das weiß ich von der Psychologieprofessorin Elisabeth Sticker. Und hatte der Sohn nicht in der Kita und noch bis in der zweiten Klasse sehr wenige Freunde? Ebenfalls ein deutliches Merkmal von Hochbegabung. Gut, jetzt hat er Freunde, aber das bedeutet vielleicht nur, dass ihn die Schule bereits so weit verdummt hat, dass er nun gleichaltrige Freunde findet. Natürlich gibt es Studien, die beweisen, Schule mache nie dumm (Hochbegabtenforscher Rost), sondern immer intelligent, und dass Hochbegabte sich in der Schule ganz gut schlagen. Aber das heißt ja nur: Der Sohn kann trotz seiner super Noten hochbegabt sein. So. Hier, noch drei Jacken von mir. Geschafft! Alle Spuren der Hochbegabung des Sohnes sind beseitigt. Hm. Wenn der Sohn auf die richtige Schule ginge, müsste ich die vielleicht nie wieder beseitigen. Fröhlich Matheformeln vor sich hin summend würde er zur Tür hinausschweben. Alle Jacken würden hängen bleiben. Das ist Szenario I. Das Wunschszenario. Szenario II dagegen sieht vor, dass sich nach dem Schulwechsel rausstellt: Der Sohn ist doch gar nicht so intelligent, wie er tut, und wird zur Grundschule zurückgeschickt (in Berlin geht die sechs Jahre). Dann müssen wir Eltern dort zu Kreuze kriechen, damit sie ihn wieder aufnehmen. Ich habe mich bereits erkundigt. Die Klassenkameraden machen sich über ihn lustig. Er wird zum Totalschulverweigerer. Zehn Schulpsychologen beißen sich die Zähne an ihm aus. Es nützt alles nichts. Er landet in der Gosse. Wir, die Eltern, sehen machtlos zu. Alle Jacken fahren permanent auf dem Boden rum, weil wir alle viel zu deprimiert sind, sie wieder aufzuhängen. Szenario III: Auch auf der neuen Schule bleibt er ein Spitzenschüler. Während wir ihn anfangs noch begeistert loben, merken wir recht bald: Er wird immer überheblicher. Sobald wir ihn dafür rügen, reagiert er mit ebenso süffisanten wie vernichtenden Bonmots, welche wir aufgrund unserer minderen oder zumindest nicht entsprechend geförderten Intelligenz nicht schlagfertig erwidern können. Wenn der Sohn seine hochbegabten Freunde mit nach Hause bringt, flüchten wir uns tagelang in unser Außenbüro. Dort lagern wir auch alle unsere Jacken, um keinen Ärger zu kriegen. Szenario IV ist zu fürchterlich, als dass ich es hier noch weiter ausführen kann. Dazu nur ein Auszug aus dem Buch *Jedes Kind ist hoch begabt* von Gerald Hüther und Uli Hauser: »Immer häufiger erweisen sich die sogenannten *High Performer* als Nieten. Die Musterschüler glänzen mit blendenden Abschlüssen und ausgezeichneten Zeugnissen. Mit Bravour bestehen sie jede Prüfung, sie gehen gerade ihren Weg, und der führt nach oben: Bald schon werden sie die Führung übernehmen. Und doch scheitern viele an den Anforderungen, die im Berufsleben an sie gestellt werden.« Solche angepassten Overachiever »werden heute nicht mehr gebraucht.«

Betröppelt schlurfe ich ins Arbeitszimmer, um mich wieder auf Szenario I zu konzentrieren (Sohn schwebt fröhlich Matheformeln summend zur Schule). Heute Abend will ich zum Elterninfoabend für eine dieser Begabtenklassen. Beim Mittagessen überrasche ich meinen Mann mit einem YouTube-Filmchen, auf welchem der Schulleiter des betreffenden Gymnasiums zum Abschied seiner Abiturienten ein Potpourri aus frisch betexteten 20er-Jahre-Liedern zu Klavierbegleitung vorträgt. Bürstenschnitt, glänzende Stirn, breite Schultern, steife, unbewegliche Haltung, ohne Brille könnte er glatt als Türsteher durchgehen. Aber das muss ja gar nichts heißen. Er genießt seinen Auftritt, die Schüler klatschen im Takt, mein Mann bittet um Gnade und sagt: »Wenn er seine Schule so leitet, wie er singt, dann gute Nacht.« Der Mann singt gern und laut. Und das immer wieder. Selbst das Internet riet ihm schon, lieber zu schweigen. Er aber trällert unbeirrt weiter. Das wirft natürlich die Frage auf: Überschätzt sich der Mann womöglich auch auf anderen Gebieten? Zum Beispiel auf dem Gebiet, in welchem er dazu beitragen will, auch in Deutschland eine Bildungselite aufzubauen, wie er einer Tageszeitung erzählt hat.

»Na ja, diese Singerei ist vielleicht ja nur so eine charmante Marotte«, schlage ich vor.

»Du findest den süß, nicht?«, frotzelt mein Mann.

Na ja, »skurril« trifft es vielleicht besser.

»Ein absoluter Narzisst ist der!«, sagt mein Mann, und der muss es wissen, schließlich ist er selbst einer. Wir alle natürlich. Sagen immer mehr Psychologen. Und dann würde das ja nur bedeuten, dass dieser Schulleiter halt einer von uns ist. Aber wie, so frage ich mich, steht es eigentlich mit seiner Intelligenz? Ist er da auch nur einer von uns durchschnittlich Begabten? Müsste er als Schulleiter eines Gymnasiums mit IQ-geprüften Klassen nicht ebenfalls IQ-geprüft sein? Und was ist mit den Lehrern? Der Website zufolge sind das alle ganz normale nicht-IQ-geprüfte Lehrer, die IQ-geprüfte Schüler unterrichten. Oder sind das nur so typisch idiotische Fragen, wie sie nur so Dumme wie ich stellen können? Tja. Ich muss los!

▷▷ Versuch »Elterninfoabend für begabte Kinder« besuchen

START! Ich werfe mich raus in die kalte, dunkle Nacht. Noch wiege ich mich in der Hoffnung, dass dieser Versuch ein Kinderspiel wird. Noch nämlich ahne ich nicht im Entferntesten, was mich dort erwartet. Ich bin früh. Wie immer. Aber Hunderte sind hier noch früher als ich. Sie stauen sich oben vor der verschlossenen Aula. Lustig, dass hier alle so früh sind. Ich denke jetzt aber nicht darüber nach, was das bedeuten könnte. Ich komme auch gar nicht mehr dazu. Der Schulleiter bahnt sich mit rotem Gesicht seinen Weg – hinein in die Aula. Die Masse folgt ihm und verteilt sich brav auf den Stühlen. Wie ein Dompteur steht er vor uns. Seine Peitsche ist eine etwas in die Jahre gekommene Power-Point-Präsentation, die ihn mit ihren vielen Tippfehlern zur Weißglut zu bringen scheint. »Das müsste mal ausgebessert werden«, beschwert er sich immer wieder. Fast ist man geneigt, sich für diese Aufgabe zu melden. Der Vortrag zieht sich, Fragen soll man erst hinterher stellen, einige beginnen zu tuscheln. Da haben sie aber die Rechnung ohne den Schulleiter gemacht! Mitten im Satz unterbricht er seinen Vortrag, sein Blick kreist scharf über der Elternmenge. Erst als auch der Letzte im Saal das Atmen eingestellt hat, spricht er weiter. Wildfremde Menschen werfen sich vielsagende Blicke zu. Worauf der Schulleiter gleich noch lauter wird. Jetzt hier, ja, hier haben sich in seine Power-Point-Präsentation schon wieder Tippfehler eingeschlichen, »die auch mal korrigiert werden sollten!« Aber anstatt dass sich jetzt endlich mal jemand für diese Aufgabe meldet, packen ein paar Leute ihre Sachen und schleichen sich leise aus dem Saal. Wie vom Donner gerührt steht der Schulleiter da und schnappt nach Luft. Mit hochrotem Kopf stößt er aus: »So. Der Vortrag dauert noch rund eine halbe Stunde.

Sie können sich jetzt alle überlegen, ob Sie das durchhalten. Ich mache jetzt fünf Minuten Pause, damit die, die das nicht schaffen, gehen können.« Betretene Stille. Ich ringe um Gedanken. Was ist denn mit dem? Spinnt der? (Jetzt nicht im psychologischen Sinne gemeint natürlich.) Obwohl: Echt bedauerlich, dass ich in diesem Versuch feststecke. Denn dieser Schulleiter scheint ja ein höchst interessanter Charakter zu sein. Was der wohl alles für tolle Psychoprobleme hat? Und wie wunderbar ich über diese spekulieren könnte! Und wie wenig ich in der Lage bin, ihn ohne Psychologie einzusortieren. Hm. Was wäre denn passend? Vielleicht Kategorie: kackfrecher Idiot? Quatsch! Wie hört sich das denn an! Eher: widerwärtiges Ekel? Oder, nee, besser: totaler Arsch? Mann, ich hab gar keine Übung mit derartigen Beschimpfungen. Braucht man ja auch nie. Sind sonst alle schön bereits in irgendwelchen Psychodiagnosen enthalten. Statt jemanden als eitles, arrogantes und gemeines Ekel zu beschimpfen, rufe ich lieber höflich aus: Du Narzisst! Da Eitelkeit, Arroganz und Gemeinheit die typischen Symptome eines solchen sind, weiß der betroffene Narzisst dann hoffentlich: Ich halte ihn für einen totalen Arsch. Gut, das scheint vielleicht zu passen. Da sich keiner mehr rauszugehen getraut hat, geht's jetzt weiter im Vortrag. Und nachdem auch beim letzten angesprochenen Tippfehler nur alle die Köpfe senken, statt sich zum freiwilligen Korrekturdienst zu melden, beginnt die Fragezeit. Viele haben aufgeregte Anmerkungen zum Intelligenztest. Der Schulleiter ist empört: »Der Intelligenztest ist von Schulpsychologen entworfen!«, donnert er. »Von Psychologen entworfen!«, scheint für ihn so eine Art Gütesiegel zu sein. Ja, ist der denn total verblödet?, frage ich mich keck – auf meine neue unpsychologische Art und Weise. Nachdem ich den Dreh jetzt raushabe, macht es richtig Spaß. Mir doch egal, dass es Hölle gefährlich ist, jemanden als total verblödet zu bezeichnen. Natürlich weiß ich, dass damit oft nur eins klar wird: Nämlich wie total verblödet man selbst ist. So verblödet, dass man wie ich die Aufnahmeprozedur der Schule nicht kapiert beziehungsweise möglicherweise schon kapiert, aber dass einem halt gewisse Informationen fehlen. Ich frage nach. Er schnaubt: »Haben Sie nicht zugehört?« Ich schaue ihn zweifelnd an. Wahnsinn. Der hat sicher eine geradezu schulbuchtypische Neurose, ähm, halt, natürlich denke ich das gar nicht. Sondern ich überlege brav: unverschämter Kotzbrocken? Passt hier unverschämter Kotzbrocken? Ja, passt super. Der unverschämte Kotzbrocken wiederholt seine Erläuterungen zur Aufnahmeprozedur – Wort für Wort. Er schaut mich dabei vernichtend an. Wie schon beim ersten Mal fehlen die Informationen, nach denen ich gefragt habe. Aus dem Publikum springt man mir bei: »Die Frage war anders gemeint, nämlich …« Schließlich rückt der Schulleiter widerstrebend die Info raus. Von mir will er noch mal wissen, ob ich das jetzt verstanden habe. Ich nicke und danke. Mein Nachbar flüstert mir grinsend zu: »Puh! Das war ja jetzt kurz vorm Rausschmiss!« Ich grinse zurück, traue mich aber nicht, was zu sagen, denn vorne wird bereits die nächste Fragestellerin gerüffelt: »Ich versteh die Frage nicht!«, ranzt der Schulleiter sie an.

Vorsichtig wiederholt die Frau ihr Anliegen: »Veranstalten Sie einen Tag der offenen Tür?«

Er starrt sie an und schnaubt erneut: »Versteh die Frage nicht!« Dann Pause. Jetzt starren alle ihn an. Wird er noch was sagen? Ja. Jetzt. Nachdem er die theatralische Pause hinter sich hat, donnert er: »Bei uns ist jeden Tag Tag der offenen Tür!« Es folgt eine weitere theatralische Pause von fast einer Minute, während der ihn wieder mehrere hundert Leute verständnislos anstarren. Er genießt diese Momente offenbar. Die Fragestellerin wagt ein leises »Ähm«, wird aber sofort still, als sein Blick sie trifft. Der ist ja schon ziemlich auffällig, finde ich. Okay, auffällig ist Psychologen-Slang für »ziemlich einen an der Waffel haben«. Immer mit der Ruhe. Und ich bin hier im Versuch. Also gut, wenn er nicht auffällig ist, was ist er dann? Graf Rotz fällt mir noch ein. Das könnte auch hinkommen. Oder, wie wär's mit: gemeine Bazille? Oder ist er am Ende ein gemein-gefährlicher Vollpfosten? Denn jetzt erklärt er: »Wenn Sie etwas von unseren Schülern wissen wollen, dann kommen Sie einfach. In jeder Pause können Sie hier Schüler auf dem Schulgelände ansprechen und fragen.« Und bevor jemand einwenden kann, dass Schulen eigentlich nicht öffentlich zugänglich sein sollten, trompetet er weiter: »Aber erwarten Sie nicht von mir, dass ich so Zirkusvorstellungen wie diese anderen Gymnasien da mache.« Sagt's und weiter geht's mit einer kleinen Zirkusvorstellung, be-ziehungsweise einer Theatervorstellung, in welcher der Schullei-ter selbst die Hauptrolle übernimmt: Er spielt einen Viertklässler, der sich für eine Begabtenklasse bewerben will. Mit kindlicher Stimme fragt er »nicht extra ausgesuchte« Begabte, die quasi zu-fällig auf dem Podium sitzen, wie es ihnen denn so gefällt in ihrer Klasse. Die antworten dem Schulleiterkind, dass »der Unterricht hier an dieser Schule sehr gut und sehr interessant ist und sie sich sehr wohl fühlen.« Das sagen die aber nicht, weil »ich es ihnen vorher so gesagt habe«, versichert der Schulleiter. Ich weiß nicht, welche Möglichkeit ich schlimmer finden soll: Dass Kinder in sol-chen Sätzen über ihre Schule sprechen oder dass der Schulleiter uns hier einen vom Hirsch erzählt. Fassungslos taumle ich nach Hause.

▷▷ Versuch Stopp.

Ich reiße unsere Wohnungstür auf und rufe – ohne die herun-tergleitenden Jacken eines Blickes zu würdigen – meinem Mann zu: »Du, der ist komplett irre. Ein Histrioniker, wie er im Buche steht. Erst kürzlich habe ich gelesen, dass wir doch nicht alle Narzissten sind, wie ständig behauptet wird, sondern stattdessen Histrioniker. Das hat irgendwas mit dem Fernsehen und den ganzen Medien zu tun. Und der, jedenfalls, dieser Schulleiter, der ist der klassische Fall eines Histrionikers. Er hat mich fast rausgeschmissen«, sage ich nicht ohne Stolz.

»Und«, fragt mein Mann, ohne meinen Fast-Rausschmiss angemessen zu würdigen, »sollen wir den Sohn da anmelden?«

»Auf keinen Fall«, sag ich und berichte die weiteren Details.

»Koks, der war auf Koks«, sagt mein Mann, der überall Drogen und Drogendealer sieht, seit er sich in der TV-Serie »Breaking Bad« festgefressen hat. Und ich spekuliere noch, dass vielleicht nur die ganzen Eltern vergrault werden sollten. Oder dass ich einfach zu dumm für die Infoveranstaltung war. Ist aber Quatsch, sagt mein Mann, der etwas Ähnliches bereits vorhergesehen hat. Per YouTube-Ferndiagnose. Er ist wohl der Intelligenteste von uns. Aber das kann auch wieder nicht sein, sagt mir ein Gefühl.

»Sowieso«, entgegne ich, »soll es ja für Hochbegabte das Beste sein, wenn sie sich frühzeitig daran gewöhnen, stets von Idioten umzingelt zu sein. Ich weiß, wovon ich rede!« Als ich später im Bett liege, hole ich mein Tablet und suche mir einen der einschlägigen Intelligenztests raus. Einmal muss es doch klappen! Am nächsten Morgen bin ich dermaßen übernächtigt, dass ich den Scheiß-Kack-Schul-Ausruf des Sohnes gar nicht höre.

FAZIT:

Die illustre Gestalt des Schulleiters hat diesen Versuch ganz schön ins Schlingern gebracht. Schließlich hieß es ja nicht: »Irren Schulleiter klassifizieren ohne Psychologie«. Hm. War er wirklich irre? Auf jeden Fall war er maximal genervt. Aber warum? Hat ihn die Veranstaltung vielleicht einfach unterfordert? War er von den dummen Fragen der Eltern unendlich gelangweilt? Schließlich verweigert er sich schon seit Jahren der Korrektur seiner Power-Point-Präsentation. Wahrscheinlich, weil das viel zu leicht für ihn ist. Ha! Jetzt hab ich die Lösung: von wegen schlechtes Benehmen. Er ist wohl einer dieser skurrilen Hochbegabten, die ihr Potenzial nicht richtig ausleben können und deshalb ständig ausflippen. In diesem Fall nehme ich natürlich alle Beschimpfungen, die mir beim Psychologie-Entzug aus Versehen entfleucht sind, wieder zurück. Entschuldigung!

MERKE:
Leute, die besonders gut in IQ-Tests abschneiden, sollten eine Karriere als professionelle IQ-Tester anstreben.

19. Daddeln OHNE ...

... während des virtuellen Gemetzels auf der Spielkonsole Gewalt-Ausstiegsszenarien für den Sohn zu entwerfen, OHNE darüber nachzusinnen, welche psychischen Effekte es haben kann, wenn in Ballerspielen Eltern derart schlaff und langsam sind, dass sie von ihren Kinder regelmäßig gerettet werden müssen, OHNE sich zu fragen, ob Kinder nicht gerade dadurch das nötige Selbstvertrauen gewinnen, das sie Psychologen zufolge vor der Spielsucht bewahren könnte, aber auch OHNE sich einfach damit zu beruhigen, dass neuesten Erkenntnissen zufolge Computerspiele intelligenter machen und zudem die Reaktionsfähigkeit des Daumens fördern.

Ich überlebe die Klonkriege

Um 17.10 Uhr breche ich kämpferisch in den Flur und hechte in die Küche in Erwartung erster feindlicher Kampfdroiden. Gleich bin ich mit dem Sohn zum Daddeln verabredet. Deswegen versuche ich mich schon mal einzustimmen – auf das PC-Spiel »Star Wars. The Clone Wars«. Altersempfehlung: ab 12. Der Sohn ist erst neun. Spielausschnitte auf YouTube ergaben: Das ist genau die »Tötungs-Trainingssoftware zum Einüben von Aggression als einzig möglicher Konfliktlösung«, vor der Manfred Spitzer warnt (in: *Vorsicht Bildschirm! Elektronische Medien, Gehirnentwicklung, Gesundheit und Gesellschaft*). Aber YouTube gilt nicht, sagt Esther

Köhler in ihrem Buch *Computerspiele und Gewalt. Eine psychologische Entwarnung.* Computerspiele darf man nicht als Beobachter, also von außen, beurteilen. Man muss sie selbst spielen, um zu sehen, ob sie geeignet sind. Das rät auch der Kinderarzt Leonard Sax in seinem Buch *Jungs im Abseits. 5 Gründe, warum unsere Söhne immer antriebsloser werden.* Aufgrund dieser Tipps kenne ich die Anfangsplattform von »Star Wars. The Clone Wars« inzwischen ziemlich gut. Alle Schluchten und Untiefen, welche die Plattform umgeben und in denen man schnell zerschellt, sind mir bestens bekannt, auch ein unglaublich glitschiges Gestänge, auf dem man sofort ausrutscht und in die Tiefe rauscht, habe ich kurz erkundet, außerdem weiß ich, dass der Weg nach rechts auch dann durch ein unsichtbares Energiefeld versperrt bleibt, wenn man minutenlang dagegenläuft. Weiter bin ich nicht gekommen. Noch nie! Schließlich musste ich erkennen: Ohne die Hilfe des Sohnes werde ich nie beurteilen können, ob das Spiel für ihn geeignet ist. Deshalb spielen wir es heute zusammen. Wenn es wirklich ganz schlimm kommt, bin ich wenigstens als emotionale Stütze dabei und kann ihm Medienkompetenz beibringen. Zudem beruhige ich mich mit den Erkenntnissen des Psychologen Peter Langmann. Der hat 2006 herausgefunden, dass von zehn Schulattentätern neun keine Killerspiele spielten. Der Psychologe Dietrich Dörner fragt sich deshalb, ob die vielleicht genau deshalb zu Attentätern wurden, weil sie eben keine Killerspiele spielten. Mit Killerspielen könne man nämlich Kränkungen reparieren. Killerspiele dienten der Kompetenzhygiene. In diesem Sinne: auf zur gemeinsamen Kompetenzhygiene! Allerdings muss dazu der Sohn erst mal noch Kompetenzhygiene Nummer eins beenden. Er sitzt nämlich in der Küche und spielt Nintendo, um sich die Wartezeit auf Kompetenzhygiene zwei zu verkürzen.

»Hallo!«, sage ich.

»Mmmhhhmmgrr«, erwidert der Sohn.

Ich noch mal, ein bisschen lauter: »Halloooohoooo.«

Sohn, ebenfalls ein bisschen lauter: »Mmmmmschschmgrpf!«

»Klapp mal das Nintendo zu!«, fordere ich.

Der Sohn murmelt darauf »Gggmspffsskszzsfmshjggg!« und stochert weiter auf dem Gerät herum. Mann! Das ist ja genau wie bei meinen Daddelversuchen. Im wirklichen Leben komme ich offenbar ebenso wenig vom Fleck. Nirgends! Nie! Halt, Moment! Immer fein zwischen Realität und Spiel unterscheiden. Nur Kinder können das nicht so gut. Erwachsene schon! Ich bin erwachsen. Eben. Wenn ich hier nicht weiterkomme, muss das gar nicht heißen, dass mir die Übung fehlt. Es kann durchaus auch einfach am Sohn liegen. Krankhafte Computersucht vielleicht. Dass er nicht aufhören kann, wäre ja typisch dafür. Das weiß ich aus dem Ratgeber *Computerspielsüchtig? Rat und Hilfe* von Sabine M. Grüsser und Ralf Thalemann. Computersucht wiederum ist »ein schlimmer Indikator« dafür, dass bei uns kein »anregendes Familienklima« herrscht, so die Psychologin Ursula Krambrock. »Wenn das Computerspiel die einzige Sensation des Tages ist«, dann brauchen wir uns nicht zu wundern. Ich seufze. Aber der Sohn hört es nicht. Ich fixiere ihn. Merkt er ebenfalls nicht. Ich schiebe meinen Kopf zwischen das Nintendo und sein Gesichtsfeld. Endlich: er reagiert! Mit einem unmenschlichen Gebrüll. Und das, das »ist auf keinen Fall normal«, und ich sollte »in jedem Falle professionelle Hilfe in Anspruch nehmen! Je nach Schweregrad kann eine ambulante Behandlung in einer psychotherapeutischen Praxis oder ein stationärer Aufenthalt in der Kinder- und Jugendpsychiatrie in Frage kommen.« (*Computerspielsüchtig? Rat und Hilfe*) Überflüssig zu sagen, dass ich angesichts dieser Gedanken etwas in Panik gerate. Ich ziehe meinen Kopf zurück und befehle: »Mach! Das! Ding! Aus! Jetzt!«

Der Sohn heult auf: Er kann jetzt nicht speichern. Wenn er jetzt aufhört, hat er stundenlang umsonst gespielt, alle Punkte sind verloren, wegen mir! Oho! Er spielt bereits seit Stunden?! Umso mehr muss jetzt aber Schluss sein! Unglücklicherweise weiß ich aus der *Eltern-Schule* von Andrea Bischhoff und Hans Berwanger, dass man Kinder die Level zu Ende spielen lassen soll. Nur? Wie lange dauert das? Wie zum Geier soll ich jetzt rausfinden, ob er tatsächlich dieses fiese Spiel spielt, das man prinzipiell nur nach 24-stündigem Dauerspielen abspeichern kann, oder ob er sich einfach zum nächsten Level schummelt und dann zum nächsten und so weiter? Es gibt nur eine Möglichkeit: Ich muss mich selbst reinwerfen.

»Zeig mir mal, was musst du denn noch machen, bis das Level abgeschlossen ist«, frage ich und rücke meinen Stuhl neben seinen.

»Okay«, sagt der Sohn, »also hier musst du das kaputt schlagen, und hiermit kannst du dann das zusammenbauen, und immer schön die Münzen einsammeln«, befiehlt er mir und rennt zur Tür raus. Vom Flur aus ruft er: »Ich muss total dringend aufs Klo!« Puh! So weit ist es schon gekommen mit seiner Computersucht! Andererseits: Vielleicht hat er nur wegen seines Blasendrucks so rumgepault – gar nicht wegen der Computersucht. In meinen Händen vibriert das Nintendo. Bin ich tot? Na ja, ist nur vorübergehend. Ein paar Leben habe ich ja noch. Das ist das Praktische an diesen Computerspielen. Dieses hier heißt »Lego. Star Wars. Komplette Saga«. Altersempfehlung: »Ab 6«. »Ab 6« bedeutet: Auch ich habe eine Chance.

Los geht's:
Kompetenzhygiene Nummer eins beenden

Gut. Mal gucken. Hier bin ich: Obi-Wan Kenobi, der edle Jedi. Ich humple nach Legomännchenart durch einen grauen Tunnel. Es handelt sich – glaube ich – um den Todesstern. Das heißt: Überall sind Böse. Die mich jetzt – ja, jetzt – wieder erledigen. Tss! Kann genetisch bedingt sein. Frauen fehlt es oft am räumlichen Vorstellungsvermögen. »Ein Training mit passend entwickelten Actionspielen« könne aber helfen, sagt die Psychologin Jing Feng von der Universität Toronto. Zwar bilde ich mir ein, die dargestellten Räume schon zu erkennen, aber wer weiß, was Männer da alles sehen. Sachen, von denen ich nicht mal zu träumen wage. So, jetzt bin ich wieder neu materialisiert. Fein. Von den seitlichen Gängen kommen immer mal wieder die Bösen rausgeschossen. Mit denen brauch ich mich aber gar nicht erst aufzuhalten. Schließlich weiß ich, dass ich als ungeübte Spielerin diesen sogenannten »Flankierreiz« sowieso nicht wahrnehmen kann. Haben x Versuche der Psychologen C. Shawn Green und Daphne Bavelier ergeben. Brauch ich nicht auch noch versuchen. Ich warte lieber, bis der »emotionale Umformungsprozess« (*Warum Computerspiele faszinieren*, Jürgen Fritz) einsetzt und ich »Misserfolgsresistenz« und »Kompetenzgefühle« aufbaue, sprich: bis ich endlich mal was lerne aus meinem ständigen Dahinsterben. Da, schon wieder! Zack – tot! Das war ja klar. Moment. Jetzt. Neues Leben, neues Glück: Nach einer vom Sohn abgeguckten Methode haue ich nun einfach mal blindlings um mich, ohne auf irgendwas oder irgendwen zu zielen. Funktioniert gar nicht schlecht. Ziemlich viele Münzen fliegen rum, verdampfen aber viel schneller, als ich sie einsammeln kann. Kurz erfreue ich mich an dem Gedanken, dass auch in unserer Wohnung überall solche

Münzen und Punkte herumschweben würden und der Sohn diese als Ganzkörperstaubwedel verkleidet ablaufen würde. Mit den Punkten könnte er sich neue Putzlevel freischalten – vielleicht die Wohnungen der Nachbarn. Ich könnte ihn vermieten. Gar keine so doofe Idee. Jetzt aber. Was ist hier? Jetzt muss ich was zusammenbauen. So ein … ein … ein Dings! Wie ging das noch mal? Nur der Vollständigkeit halber will ich erwähnen: Ich wurde gerade wieder umgenietet. Wieso spielt der Sohn eigentlich keine Spiele, in denen er Leute rettet, statt welche, in denen man dauernd umgenietet wird? Gibt's so tolle Versuche dazu – von Silvia Osswald und Tobias Greitemeyer zum Beispiel. Leute, die solche sogenannten prosozialen Spiele spielen, sind hinterher total hilfsbereit. Als der Versuchsleiter »scheinbar versehentlich eine Tasse Stifte« umwarf, stürzten sie alle hin und hoben die auf. Toll! Allerdings verfliege diese Hilfsbereitschaft sehr schnell wieder. Stetige Wiederholung könne vielleicht was bringen, heißt es. Aber dann werden die doch süchtig, denke ich, ohne den auftauchenden Kampfdroiden die nötige Aufmerksamkeit zu schenken. Deshalb bin ich jetzt wieder mal: tot! Natürlich. Und jetzt: tatatata, meine 43. Auferstehung. »Mama, hier bin ich.« Der Sohn kommt zurück. »Hast du es geschafft?«

»Mmmhhhmmgrr«, sage ich abwesend, weil ich gerade in ein Kampfdroiden-Gemetzel verwickelt bin und mich für einen Augenblick dem trügerischen Gefühl hingebe, dass ich gleich so eine Art Flow zumindest einmal erahnen darf.

»Mamaaaa?«, ruft der Sohn.

»Ja, gleich, warte doch«, stoße ich etwas kurzatmig aus. Und zack, Mann, jetzt hat es mich dahingerafft. »Och menno, siehst du, jetzt bin ich erledigt worden«, sage ich, als wäre mir das gerade zum allerersten Mal passiert.

»Komm, ich helf dir«, sagt der Sohn. Er reißt mir das Nintendo aus der Hand. »Zack, zack, zack, so, okay. Ha. Level abgeschlossen!« Top!

Aber der Sohn ist nicht begeistert, als die Bonuspunkte gezählt werden. Er schaut mich vorwurfsvoll an. »Mama, du hast die Münzen nicht eingesammelt.«

»Noch ein Wort«, erwidere ich, »und ich werde dir deine Computerspieltrainingszeiten derart drastisch verkürzen, dass du bald noch schlechter bist als ich!«

»Nein!«, ruft er entsetzt aus. Mit seinen Computerspielzeiten darf man keine Witze machen. Ich aber denke: Vielleicht wäre das gar nicht so dumm. Es kann doch nicht gut sein für ein Kind, wenn es immer wieder vorgeführt bekommt: Meine Mutter wird von jedem dahergelaufenen Mini-Monster erledigt. Meine Mutter irrt hilflos durch die Gegend. Meine Mutter weiß für viele Dinge nicht mal die Worte. Meine Mutter ist ohne mich total verloren. So was ist sicher nicht förderlich für die Entwicklung einer Kinderseele. Eine Kinderseele braucht doch Vorbilder. Und nicht nur Vorbilder im sportlichen Verlieren und stilvollen Versagen. Aber vielleicht, denke ich, hat mein Versagen auch damit zu tun, dass ich mich während des Spielens gedanklich permanent mit Warnungen von Psychologen rumschlagen muss. Eigentlich logisch. Während ich noch darüber nachsinne, ob in den USA junge Frauen wirklich nur noch mit Männern ausgehen, die nicht Computer spielen, wie die Soziologin Sherry Turkle in ihrem jüngsten Buch (*Verloren unter 100 Freunden*) schreibt, hat der Sohn üblicherweise bereits 54 Feinde erledigt, 14 neue Waffen und 24 Bonuspunkte eingesammelt. Und mein Mann schließt gerade mit lautem Gebrüll das erste Level ab, während ich noch mit der Vorstellung kämpfe, wie unser Sohn in zwei Jahren hier auf der Couch rumhängen wird: dick, mit fauligen Zähnen, einer unterentwickelten linken Hirnhemisphäre, unkontrollierbaren Aggressionsschüben, einer Leseschwäche und natürlich diagnostiziertem ADHS. Halt so Zeugs, das man bedenken muss, wenn man Kinder daddeln lässt. Lustigerweise drehen sich alle meine psychologischen Daddel-Gedanken um Schäden, die mein Sohn erleiden könnte. Für mich selbst sehe ich dagegen keinerlei Gefahren. Versonnen beobachte ich den Sohn, wie er meinen Computer hochfährt. Vielleicht, wer weiß, bin ich ohne Psychologie gar nicht so schlecht? Vielleicht kann ich heute meinen Sohn überraschen. Jaha! Ohne psychologischen Ballast werde ich mich als Naturtalent entpuppen. Ich fühle es ganz deutlich. Ich werde endlich meinen Computerspieldurchbruch feiern können. Hoffentlich wird es mein Sohn verkraften! So, bin bereit. Legen wir los?

▷▷ Versuch »Daddeln«

START! Während das Spiel noch lädt, stimme ich uns anhand der Verpackung etwas ein: »Erlebe die Klonkriege«, deklamiere ich, »und spiele als Jedi oder Klonkrieger deine Lieblingsfigur in einer brandneuen Story.«

»Ja, Mama, deine Lieblingsfigur heißt Ahsoka Tano«, informiert mich der Sohn. Und auch, dass er mein Meister ist: Anakin Skywalker. Unsere Mission: die Befreiung des Planeten Ryloth im Outer Rim. Wir stürzen uns von der mir gut bekannten Anfangsplattform – der Sohn hinauf aufs Gestänge, ich hinunter ins Nichts. Okay, ich gebe zu: Mein Azubi-Jedi hat auch ohne Psychologie ein paar Schwierigkeiten mit der Orientierung. Wenn ich durch eine enge Stelle durchmuss, Tor oder so was, bleibe ich regelmäßig an der Wand hängen. Manchmal merke ich es erst Minuten später, dass ich unablässig auf eine Mauer einschlage. Aber das macht nichts. Denn wenn der Sohn weit genug vorgeprescht ist, teleportiert es mich automatisch hinterher. Super. Da! Eine Armee Kampfdroiden rückt an! Ich versuche, das Lichtschwert zu zücken, drehe mich aber stattdessen nur wie verrückt im Kreis.

»Ist nicht so schlimm«, beruhigt mich der Sohn, »ich erledige die schon.« Sobald die Luft rein ist, komme auch ich hinterhergedaddelt und erledige mit dem Lichtschwert fuchtelnd meinen Sohn. Aus Versehen natürlich. Immerhin zeigt das: Ich bin heute viel angriffslustiger als sonst. Das stimmt mich zuversichtlich!

Dass ich ihn zerhackstückt habe, mache nichts, versichert mir der Sohn. »Du kannst mich nicht töten, Mama!« Überhaupt können wir uns mit diesem kleinen Zwischenfall nicht weiter aufhalten, denn »da hinten kommen neue Superkampfdroiden! Wir müssen weiter«, sagt der Sohn, der jetzt ein bisschen wie Anakin Skywalker klingt. Folgsam eiere ich in großen Schlangenlinien hinterher und stürze in einen Abgrund. Mein Sohn lacht! Ein Zeichen von Verrohung? Vorsicht, Vorsicht, darüber will ich jetzt nicht nachdenken. So, ich konzentriere mich mal auf das, was ist. Ah, hier, haha, ein Shop! Mitten im Gemetzel habe ich einen Klamottenshop entdeckt. Großartig! So geht das nämlich, wenn man ohne psychologische Vorbehalte durch ein Kriegsspiel läuft. Tolle Shops entdeckt man dann.

»Guck mal«, sage ich begeistert.

Der Sohn weist darauf hin, dass wir weitermüssen: »Sonst schaffen wir unsere Mission nie, Ahsoka!«

»Ach komm. Hier gibt's doch echt super Sachen, was'n das hier? Alienhelm?« Der Sohn ist nicht so begeistert. Er drängelt. Wertvolle Spielzeit werde so verschwendet. Na gut. Ich kaufe den erstbesten gigantischen Klontrooper-Helm, den sich Ahsoka sofort aufsetzt. Er wirkt, nun ja, etwas überdimensioniert. Top! Ich lache.

Der Sohn sagt missmutig: »Du siehst bescheuert aus, Mama!«
und denkt vermutlich über meine Verrohung nach, dass ich von
ihm geliebte Figuren derart beschäme und über sie lache. Aber:
Der Riesenhelm ist top! Denn jetzt sehe ich mich wenigstens. Ha!
Deshalb ist jetzt Schluss mit »den Sohn immer vorziehen und die
ganzen Punkte einsammeln lassen«. ICH ziehe an IHM vorbei und
hüpfe als Erste … ins Nichts. Hä! Wieso das denn? Ich bin doch
genau richtig gelandet. »Diese rotierende Spinne ist einfach ver-
dampft!«, rufe ich empört aus.

»Das ist ein Späher, Mama!« Ach so? Mir ist völlig egal, was das
ist. Ich will jetzt da rüber, jetzt, wo ich mich so gut sehe. Ich hüpfe,
hüpfe, hüpfe und dreh gleich noch durch.

Der Sohn sagt: »Mama, jetzt donnerst du aber ziemlich auf den
Tasten rum!« Verdammt recht hat er da!

»Das ist aber auch so ein Unsinn hier«, sage ich.

»Macht es dir Spaß, Mama?«, will er wissen. Ich knurre etwas.
Macht es mir Spaß? Ganz ehrlich? Nee, nicht die Spur. Ich fühle
mich wie der letzte Depp. Der arme Sohn! Was für eine Deppen-
mutter hat er. Na ja, ich würde mich vielleicht besser fühlen, wenn
ich hier auch mal irgendwas hinkriegen würde, so wie jetzt, haha!
Jetzt. Ein einzigartiger Triumph, ich habe den Sprung vor meinem
Sohn geschafft. Hahaha! Jajajajajaaaaah! Jetzt ist der Durchbruch
da! Jetzt zeigt sich, wozu ich ohne Psychologie fähig bin! Meister
Anakin warnt mich vor Superkampfdroiden. Aber – haha – mir
droht gar keine Gefahr, weil ich, geschickt wie ich bin, schon seit
meinem Triumph unablässig auf der Stelle gegen eine Felswand
laufe. Da können mich die Superkampfdroiden gar nicht sehen.
Genial.

Der Sohn sagt: »Lass nur, ich mach schon, Mama!«, und als er
alle erledigt hat: »Komm, Ahsoka, wir müssen weiter, wir müssen
uns hier rüberschwingen.« Meine Triumphgefühle sind inzwi-

schen wieder verpufft. Was mach ich eigentlich hier? Ich bin doch nur eine Last für meinen Sohn. So idiotisches Zeugs denke ich. Das liegt am Psychologie-Entzug. Ist klar. Und jetzt müssen wir auch noch von Späher zu Späher springen. »Mann, das geht überhaupt nicht«, jammere ich alle paar Minuten.

Und der Sohn sagt: »Lass nur, Mama, ich mach schon.«

Aber das ist mir dann natürlich auch wieder nicht recht. Ich schnaube: »Lass mich doch auch mal was machen.«

Und er wieder: »Macht es dir Spaß, Mama?«

Ich grunze: »Na ja, wenn ich auch mal was machen darf, dann vielleicht.« Und natürlich bemerke ich, dass ich mich ein bisschen komisch benehme – so, als sei ich das Kind. Dafür erlaubt mir jetzt aber mein großer Bruder, der alles besser kann, äh, mein Sohn natürlich, dass wir uns mit dem Springen abwechseln. Ich springe und stürze ab. Der Sohn springt und stürzt ebenfalls ab. Ha! Ich springe und stürze unter fürchterlichem Fluchen ab. Der Sohn springt und stürzt ganz genauso ab. Ha! Ich springe und stürze ab und werf gleich den Computer aus dem Fenster. Der Sohn springt und stürzt ab und pfeift. Ich springe und stürze – Moment mal, hat der Sohn gerade wirklich gepfiffen? Ich schaue ihn von der Seite an. Wir springen hier wie die Idioten seit mehreren Minuten auf der Stelle herum, und er, er pfeift? Regt ihn das gar nicht auf? Ich bin total angenervt, und er findet das völlig normal? Gerade er? Der normalerweise sofort ausflippt, wenn er mal einen i-Punkt wo falsch hingetüpfelt hat? Ist das wirklich mein Sohn, der da neben mir sitzt?

Er sagt: »Komm, Ahsoka, wir müssen es weiter versuchen!« Und ich erkenne, nein, es ist nicht mein Sohn. Es ist Anakin Skywalker, der jetzt, jetzt, tatsächlich auf der anderen Seite angekommen ist.

»Wie hast du das geschafft?«, frage ich verblüfft.

»Na, ich bin gesprungen«, sagt er zufrieden, und: »Komm, Ashoka, wir haben die Mission bald beendet!« Ich stolpere Lichtschwert fuchtelnd hinterher.

FAZIT:

Meine kühne Hoffnung, ich könne ohne Psychologie besser daddeln, ist so was von zerplatzt! Ohne Psychologie habe ich erst bemerkt, WIE schlecht ich spiele und WIE sehr mich das aufregt, wenn ich mich in keine psychologischen Betrachtungen flüchten kann. Kein Kind sollte seine Mutter in einem solchen Zustand erleben. Deshalb hier an dieser Stelle:

Dringender Aufruf an die Computerspielindustrie

Bitte in alle einschlägigen Spiele geheime Tastenkombinationen für Mütter integrieren! Diese Supermother-Cheats sollen ganz normale Mütter befähigen, diskret vor dem Spielstart ihre Charaktere mit Superkräften auszustatten, damit sie sich nachher als vermeintliche Superballermütter bequem durch alle Level schießen können. Sonst sehe ich echt schwarz für die Kinderseelen! (Und noch schwärzer für die der Mütter!)

 **MERKE:**
Mit Gewalt und Aggression erreicht man in Computerspielen wenig. Davon geht nur der Computer kaputt.

20. Dankende Absagen empfangen OHNE ...

**... Chancen darin zu erkennen oder Maß-
nahmen zur Entwicklung der eigenen, vielleicht fehlenden Resilienz (psychische Wi-
derstandsfähigkeit) zu unternehmen,** OHNE
zu hinterfragen, welche Bestandteile der Absage einen
besonders verbittern und warum, OHNE auch nur den
Versuch zu unternehmen, immer gleiche Reaktions-
muster auf Absagen erkennen zu wollen.

In der Irrenmanufaktur

»Wenn man sich mal klarmacht, dass jede Niederlage das Fun-
dament meines späteren Erfolgs wird«, erkläre ich meinem
Mann, während ich ihm geschickt den Fluchtweg aus der Küche
abschneide, »dann ist die Hoffnung auf eine Absage eigentlich
meine Hoffnung auf Erfolg, verstehst du? Dann ist das gar nicht
so pessimistisch, wie ihr immer alle sagt!«

»Hm!«, brummt mein Mann.

Und: »Pling!«, meldet mein Tablet eine eintreffende Mail.
»Moment, ich check mal kurz. Nee, noch nichts da! Also, in diesen Resilienzbüchern wird ja immer der Glühbirnen-Edison als
Vorbild beschrieben. Nach 700 Glühbirnen, die nicht funktionierten, wollten seine Assistenten aufgeben. Je nach Überlieferung
waren es auch 500, 900 oder sogar 1000. Egal, jedenfalls, Edi gab
nicht auf. Edi sagte: 700 nicht funktionierende Glühbirnen sind

kein Scheitern, sondern 700 Lernerfahrungen«, erkläre ich und füge hinzu: »Erfolg ist oft auch eine Geschichte des Scheiterns.«

»Ja, das Glühbirnen-Business ist eins der härtesten!«, spottet mein Mann. Das habe er auch schon gehört.

»Pling!« Hektisch wischle ich auf dem Tablet rum.

»Willst du den ganzen Tag E-Mails checken? Geh doch lieber mal raus!«, schlägt der Mann an meiner Seite vor.

»Raus? Hm.« Wahrscheinlich hofft er, dass er dann aus der Küche kann. »Aber dann renn ich den ganzen Tag in der Stadt rum und überlege, ob … Na ja, vielleicht hast du recht! Danke.« Ich gebe den Fluchtweg frei. Mein Mann nutzt ihn zügig. Ich verziehe mich ins Arbeitszimmer und checke nochmals die Mails. In die Stadt gehen? Nee, das ist natürlich Quatsch. Ich muss mich schließlich vorbereiten – auf die Absage der Medienakademie. Jedes Jahr bietet die nämlich zwölf Medienschaffenden ein 8-monatiges Coaching an. Versprochen werden: jede Menge neue berufliche Topkontakte, intensives Teamarbeitstraining sowie Hilfe bei der Entwicklung und Vermarktung eines eigenen eingereichten Projekts – aus den Bereichen Film, TV-Zeichentrickserie und Buch. Das Coaching ist nicht ganz billig und: Sie nehmen nicht jeden. Zum Beispiel wahrscheinlich keine Leute, die sich für den Bereich TV-Zeichentrickserie nicht mit einem Zeichentrickprojekt fürs Fernsehen bewerben, sondern mit einer interaktiven App für Smartphones und Tablets. So wie ich. Deshalb bin ich recht zuversichtlich, dass ich gleich den Versuch »Dankende Absage empfangen« starten kann. Nicht mehr darf ich dann leise zu mir sagen: »Nimm diese Absage freudig an. Du hast jetzt – genau wie dieser Edison – an Wissen gewonnen. Du weißt jetzt, also mit dieser Bewerbung ging es schon mal nicht. Dieses Wissen katapultiert dich wissensmäßig weit über den Zustand vor der Absage hinaus. Womöglich erkennst du sogar, dass es Zeit ist, dich von gewissen, vollkommen grotesken Lebenszielen zu verabschieden. Es gibt so tolle Comeback-Ideen. Und ganz schön viele auch.« Mein Blick fällt dabei auf ein Buch neben meinem Notebook. Titel: *Mich wirft so schnell nichts um. Wie Sie Krisen meistern und warum Scheitern kein Fehler ist. Mit 33 Comeback-Ideen* von Doris Märtin. Eben. Mir ist schon längst klar geworden, dass diese Bewerbung für die Medienakademie sowieso der totale Quatsch war, weil eine Zusage mir wahrscheinlich den viel größeren Erfolg ganz woanders und mit was ganz anderem nur verstellen würde. Am besten, ich warte die Absage gar nicht mehr ab. Ganz im Gegenteil: ICH sag denen jetzt ab. Schnell! Bevor DEREN Absage eintrifft! Denn mit ihrem Eintreffen müsste ich ja in meinem Kopf ziemlich was umformulieren, sprich reframen! Etwa den naheliegenden Gedanken: »Aus Doofheit bewerbe ich mich für so'n Mist?« Der müsste dann heißen: »Dass ich mich für so'n Mist bewerbe, zeigt mir, wie experimentierfreudig und abenteuerlustig ich bin. Das ist toll!« Sich selbst derartige Sachen zu sagen, soll Wunder wirken, ob man an sie glaubt oder nicht. Aber das fällt flach. Denn jetzt – »Pling!« – ist die Absage da.

▷▷ Versuch »Dankende Absage empfangen«

START! Nur aufmachen müsste ich sie halt noch! Warum schreiben die nicht gleich »Absage« in den Betreff? Dann könnte man sich den Rest sparen. So, jetzt aber: Luft holen! »Sie haben eine Million gewonnen?« Hä? Nee, Moment, Mist, verklickt. Noch mal, ganz ruhig. Diese Mail von diesen absagenden Deppen aufmachen. Die haben die extra so konstruiert, dass man sie gar nicht aufbekommt. Aber so schnell kriegt ihr mich nicht klein. Nein, ich werde mich jetzt nicht in Demut üben! (Demut ist eine Empfehlung von Dirk Nowitzki, und der soll total resilient sein, habe ich gelesen.) So, hier, haha, »Liebe Frau Berkenheger … (wer's glaubt) … ich freue mich … (ich freu mich nicht, ihr, ihr, ihr …) … Ihnen mitzuteilen, dass Sie sich für die Qualifizierungswoche qualifiziert haben.« Oder so ähnlich. Ich schnappe nach Luft. Waaas?! Wieso das denn jetzt? Ich bin ehrlich entsetzt!

▷▷ Versuch Stopp.
(An widrigen Umständen gescheitert)

Aaargh! Ein Nachteil meiner Methode, Niederlagen in spe als Chancen zu erkennen, ist, dass mir Zusagen mitunter ganz schön zu schaffen machen. Schließlich habe ich bis zu ihrem Eintreten meistens erkannt, dass sie eigentlich gar nicht so wünschenswert sind. Und dann: von wegen Qualifizierungswoche! Ich weiß genau, was da passiert. Denn: Ich habe Insiderinformationen. Denen zufolge werden in dieser Woche »die Irren« ausgesiebt. Und zwar ziemlich viele. Von den 20 Eingeladenen stellt sich jedes Jahr wieder knapp die Hälfte als irre heraus. »Mach dir darüber keine Gedanken. Du gehörst da nicht dazu!«, hatte mein Insider gesagt. Aber mir gab dieser recht hohe Prozentsatz an Irren trotzdem zu denken. Sicher hing der irgendwie mit diesen fiesen, kapriziösen Psychospielchen zusammen, die dort stattfinden. Wer jemals als Jobbewerber ein Assessment-Center hinter sich gebracht hat, weiß, wovon die Rede ist: Die dort gestellten Aufgaben können einen leicht in den Wahnsinn treiben. Das Assessment-Center ist eine Art Irrenmanufaktur. Noch sehr gut hatte ich den seelischen Zustand meines Insiders nach dieser Qualifizierungswoche in Erinnerung. Und mein Insider war jetzt keiner der Irren (sie haben ihn schließlich genommen). Wie mussten also erst die echten Irren nach der Behandlung drauf gewesen sein? Herrje. Natürlich wusste ich das alles auch vor der Bewerbung. Aber erstens hatte ich ja auf die dankende Absage und ihre Segnungen gesetzt. Zweitens war ich irgendwie davon ausgegangen, dass in meiner Zusage stehen würde: »Liebe Frau Berkenheger, SIE müssen selbstverständlich nicht an unserem Assessment-Center teilnehmen. Das wäre ja in Ihrem Fall vollkommen lächerlich. Sie sind ja keine Irre!«. Tja, von wegen. Hier habe ich sie: die Einladung zum Irrentest. Wer weiß, ob ich ihn bestehe. Das relativiert diese angebliche erfreuliche Überraschung ziemlich. Genauer betrachtet ist das gar keine Zusage, wie ich im ersten Moment fälschlicherweise dachte. Nein! Es handelt sich hierbei eindeutig um die einmalige Möglichkeit, statt einer dankenden Absage eine – nach gründlichen Persönlichkeitstests – vernichtende Absage zu empfangen. Und die kostet mich auch noch 400 Euro! Bin ich bekloppt? Ja! Wenige Tage später breche ich auf.

Um die bizarren Psychospielchen des Assessment-Centers möglichst unbeschadet zu überstehen, werde ich mir hier keinen Abwehrpsychotrick versagen. Denn die eigentliche Prüfung erwartet mich ja hinterher. Sie heißt: »Vernichtende Absage empfangen«. Aber jetzt heißt es erst mal:

Vernichtende Absage erarbeiten (Schritt 1): Begrüßung, erster Tag.

Zögernd stehe ich vor den hohen Klostermauern, hinter denen die Disqualifizierungswoche stattfindet. In der Ferne erkenne ich einen Kreis von etwa 30 Personen. Der Portier beziehungsweise Klosteraufseher wedelt mich zu ihnen. Wer sind die? Einige kommen mir von Bildern im Internet bekannt vor. Oder doch nicht? Als ich noch näher komme, weitet sich wie von Geisterhand der Kreis, eine Lücke entsteht, die ich und zwei weitere Neuankömmlinge nutzen, um uns zwanglos einzufügen, so als hätten wir niemals im Leben irgendetwas anderes getan, als uns in Menschenkreise einzufügen. Ich versuche, Gesichter und erinnerte Internetfotos in meinem Kopf zu vergleichen.

»Hallo, ich bin Jenny«, ein Mädchen streckt mir begeistert die Hand entgegen.

»Hallo«, sage ich mindestens ebenso begeistert, »ich bin Susanne.« Das Mädchen nickt und begeistert sich für meinen Nebenmann.

Für mich begeistert sich nun Tom: »Hallo, ich bin Tom.«

»Hallo, ich bin Susanne.«

»Und ich bin Richard.«

»Hallo, ich bin Susanne.«

»Hallo, ich bin Jsfzs. Schönes Wetter heute.« Jsfzs lacht und stellt sich neben mich in den Kreis.

Ich nicke, hole Luft und sage: »Ga...«

»Ich bin das gar nicht gewöhnt, diese vielen Leute«, sagt Jsfzs. Lacht wieder. Stille. Ich nicke. Dann er: »Das macht mich ganz nervös.« Lustig, er hat eine gewisse Ähnlichkeit mit dem Bereichsleiter, bei dem ich mich beworben habe. Fast hätte ich ihn im ersten Moment sogar mit ihm verwechselt. »Wie war die Reise? Schön? Gut angekommen? Alles gut gegangen?«, fragt Jsfzs.

»Ja, super«, sage ich. »So schönes Wetter. Und ... äh!« *Und ebenso?*, hätte ich fast gefragt. Aber: ha! In letzter Sekunde erkenne ich den perfiden Trick. *Und ebenso?* klingt als Antwort auf *Alles gut gegangen?* nicht gerade elegant. Panisch suche ich nach Alternativen: »Ist man ebenso gut gereist?«, »Wie war die Reise selbst?« oder »Ebenso Reise gut gehabt?«. Schließlich sage ich nach »Und ... äh!« einfach gar nichts mehr. Denn ich bin mir jetzt hundertprozentig sicher, dass ich mich mitten in einem abgekarteten Psychospiel befinde. Jsfzs ist entweder eine Art Maulwurf-Provokateur, der versucht, mich gleich jetzt schon durch absurde Anredevermeidungstechniken zu verunsichern oder ein irrer Mitbewerber oder eben doch der Bereichsleiter, bei dem ich mich beworben habe. Verflixt! Fieberhaft überlege ich, wie ich mich verhalten könnte.

»Hallo, ich bin Heinz.«

»Hallo, ich bin Susanne.« Soll ich Jsfzs einfach duzen? Mann! Welche Facette meiner Persönlichkeit würden sie daran erkennen?

»Hallo, ich bin Claudia.«

»Über Projekte sprechen wir jetzt besser nicht«, sagt Jsfzs und lacht. Aha! Also doch ein Mitbewerber, der mich durch aggressiv-dominantes Begrüßungsgebaren ausschalten will.

»Hallo, ich bin Silvie.«

»Hallo, ich bin Susanne.« Am besten, ich verhalte mich einfach natürlich. In meinem Fall bedeutet das, dass ich nach einem kurzen sinnlosen Auflachen verstumme, die Stirn in Falten lege und mich verfluche hier zu sein, insbesondere als die Person, die ich nun mal bin. Und da stürzt Jsfzs auch schon davon, wirft sich auf einen anderen Konkurrenten, und jetzt bin ich sicher: Jsfzs ist einer dieser Irren, die hier ausgesiebt werden müssen. Der Akademieleiter meldet sich mit einem lauten »Hallo, herzlich willkommen zur Akademie«. Er freut sich, dass wir alle hier sind, die ganzen Bewerber und auch die Bereichsleiter, als da sind …
– »Na, kommt mal rauf!« – Charlotte, Jenny, Finn und Jsfzs alias Jens, mein Bereichsleiter. Na, super. Schritt eins zur Erarbeitung einer vernichtenden Absage war wohl ein voller Erfolg.

Vernichtende Absage erarbeiten (Schritt 2): Gruppenarbeit, zweiter Tag.

Meine Arbeitsgruppe ist nett. Wir stapfen nach draußen ins küh-
le Kräutergärtlein des Klosterhofs. Suchen nach einem schönen
ruhigen Platz, um dort – wie gewünscht – einen Projektplan zu
entwickeln. Uns folgt der Akademieleiter, der sich permanent
was notiert. Wahrscheinlich so Zeugs wie: »Die App-Projekt-
Tante (APT) [also ich] stapft sehr laut, will die anderen wahrscheinlich damit beeindrucken und Wichtigkeit vortäuschen.
Eine Blenderin?« – »APT guckt die Klostermauern hoch. Wirkt
angespannt. Deutlicher Beleg dafür, dass APT, statt sich auf die
Gruppensituation zu konzentrieren, überlegt, was hier über sie
notiert wird. Hohe egomanische Anteile.« Und so weiter. Jetzt
gibt es einen kleinen Disput, ob der Platz gleich hier vorne besser
ist als der dahinten. Der Akademieleiter schreibt eifrig mit, formuliert wohl bereits erste Teile der vernichtenden Absage: »APT
total desinteressiert an Gruppenplatz. Ungeeignet für Gruppen-
arbeit! Wahrscheinlich smartphonesüchtig!« Als wir schließlich
Platz nehmen, setzt auch er sich – in Hörweite. Schweigen.
Räuspern. Blätter rascheln. Einer sagt »So!«, möglicherweise ich
selbst. Ein anderer sagt »Also!«. Der Akademieleiter sagt: »Tut
einfach so, als wäre ich nicht da!« Ha! Darauf falle ich nicht rein.
Erst neulich habe ich gelesen, dass die allermeisten Menschen
sich stets viel besser verhalten, wenn sie beobachtet werden. Die
anderen fallen darauf auch nicht rein. Wir sind alle ein Herz und
eine Seele. Aber: Ist das so überhaupt gewünscht? Wollen die unser Harmonieverhalten testen? Oder doch eher unsere Angriffs-
lust? Oder einfach nur unsere Fähigkeit, so zu tun, als sei jemand
gar nicht da, der aber da ist? Man weiß es nicht. Vielleicht geht
es ja auch nur darum, uns durch die unklare Aufgabenstellung

zunächst zu destabilisieren und später in den Wahnsinn zu treiben. Mein ATIC-Wert, der die »ability to identify criteria« von Assessment-Center-Teilnehmern angibt, muss unterirdisch sein. Der, der nicht da ist, erinnert an unsere vergehende Lebenszeit. Noch eine Minute bis Zapfenstreich.

»Susanne, trägst du nachher vor?«, fragt mich die Protokollführerin.

»Wie? Jaja, okay.«

Der Akademieleiter notiert etwas, wahrscheinlich: »APT in ihrer eigenen Welt gefangen. Andere dringen nur schwer zu ihr durch. Verdacht auf schwere Psychose.« Wenn die vernichtende Absage nächste Woche kommt, ist klar, warum: Natürlich hätte ich das Protokoll führen müssen. Immer muss man in Gruppensituationen das Protokoll führen. Das gibt Extrapunkte. Selbst wenn man wie ich eine Klaue hat, die niemand, einschließlich meiner selbst, lesen kann. Selbst dann. Und dann sollte man sich grundsätzlich auch überlegen, warum man überhaupt so eine Klaue hat, dass man sie nicht mal selbst lesen kann. Ist man ein verkappter Analphabet? Will man sich selbst nicht verstehen? Hat man Angst vor dem Unterbewussten, das sich schnell mal zwischen den Buchstaben manifestieren kann? Oder ist man nur faul? Aber warum? Wegen schwerer Psychose vielleicht?

»So, die Zeit ist um«, sagt der Akademieleiter. Ich denke, ich bin einen entscheidenden Schritt weiter in der Erarbeitung der vernichtenden Absage.

Vernichtende Absage erarbeiten (Schritt 3): Einzelinterviews, dritter Tag.

Drei Einzelinterviews mit je drei Interviewern. Drei mal drei. Inzwischen bin ich bereits derart zerfleddert, dass ich tatsächlich länger darüber nachdenke, ob das irgendwas Zahlensymbolisches zu bedeuten hat. Also etwas, das ich enträtseln muss, um hier heil wieder rauszukommen. Im ersten Interview werde ich von drei permanent lächelnden Leuten, einer davon Jsfzs, gefragt, ob ich mir vorstellen könne, aus meiner App eine Zeichentrickserie zu machen. Im zweiten Interview zeigte man sich schockiert über diese Idee: »Nein, vergiss ganz schnell, was Jsfzs gesagt hat. Zeichentrickserien sind tot! Bleib unbedingt bei deiner App! Das, was Jsfzs sagt, ist Quatsch!« Dann war das erste Interview nur ein Test? Oder ist das zweite jetzt der Test?

Dass es überhaupt ein Test ist, da sind sich alle Mitbewerber einig. »Die wollen nur testen, wie überzeugt wir von unseren Projekten sind.« Etliche andere stehen vor ähnlichen Tests. »Mach aus deiner Zeichentrickserie einen Film!«, »Nein, mach das bloß nicht!«, »Mach ein Buch draus!«, »Nein, auf keinen Fall ein Buch, eher noch einen Film!« Bei mir fehlt wohl nicht mehr viel zur vernichtenden Absage, denn ich drehe hier wirklich bald durch. »Du, ich glaub, dein nächstes Interview wartet.« Eine Kollegin stupst mich an.

»Ah, ja danke.«

Ich trete ein und stelle panisch fest, was ich schon wusste. Die sitzen in der gefürchteten Krebsformation. Direkt vor mir der Kopf, ein freundlicher Lächler, rechts und links die zwei Kneifscheren. Ich setze mich direkt vor das Untier. Und warte. Kneifschere links, der Akademieleiter, lehnt sich ein bisschen zurück und holt aus zum Angriff. Ich wirble herum. Zack. Bevor ich parieren kann, folgt Kneifschere rechts, seine Assistentin, mit einer zweiten Attacke. Wieder wirble ich herum. Ja, ja, ja, ich will den Mord ja gestehen, aber ich weiß nicht so recht, welchen. »Ha! Smartphone-App!«, meine ich von links zu hören. »Das hast du dir ja fein ausgedacht. Wer soll denn so was finanzieren?«, glaube ich von rechts zu vernehmen.

»Ich ...« Ich merke, dass ich stottere. Nicht gut, gar nicht gut. Wenn die vernichtende Absage kommt, werde ich an dieser unsouveränen Reaktion zu knabbern haben. Ich werde mich fragen, wie um alles in der Welt mich drei Tage nur derart derangieren konnten. Ich werde mich fragen, ob ich ab jetzt ein willenloses Opfer für jede dahergelaufene Psychosekte sein werde. Ich werde mich fragen, ob ich gehirngewaschen bin. Und ich werde mich fragen, wie viele Jahre Therapie ich brauche, um diese Erfahrung zu verwinden. Vor allem aber werde ich mich fragen, wieso ich mich das alles bereits während des Interviews fragen musste. Hätte doch nach der Absage auch noch gereicht. Zumindest falls es zu dieser Absage überhaupt noch kommen würde. Denn wer weiß, ob ich diese Klostermauern jemals wieder verlasse? Momentan erscheint mir das fast unwahrscheinlich. Ich muss eine bessere Taktik finden. Schlotternd stehe ich schließlich auf und sage: »Äh, ja.«

Der Krebs notiert sich mit seiner rechten Kneifschere, dem Akademieleiter, etwas. Ich weiß schon, was: »APT: komplett irre!«

Am nächsten Morgen

Gleich nach dem Frühstück treffen wir uns zur Abschlussrunde. Jeder Bewerber hat drei Minuten, um noch mal sein aktualisiertes Projekt vorzustellen, zu berichten, wie er es geschafft hat, die vergangenen drei Tage zu überleben und verbindlich mitzuteilen, ob er das Coaching überhaupt machen möchte, so er denn erwählt wird. Will ich? »Ja klar, ich will«, sag ich – wie alle. Wohl wissend, dass ich mich dafür in Grund und Boden schämen werde, wenn nächste Woche die Absagemail eintrifft, die dann lautet: »Wie schön, dass DU willst, aber WIR wollen nicht. Haha!« Dann werde ich wünschen, ich hätte alles andere gesagt, nur nicht dieses bescheuerte »Ja, ich will«.

»Ich sag jetzt nichts«, sagt Jsfzs, mein Bereichsleiter, zum Abschied. Und ich überlege kurz, ob er nicht doch dieser irre Mitbewerber ist, für den ich ihn zu Beginn gehalten habe. Sie könnten ihn bereits im Vorfeld einer irren Psychostrategie folgend als vermeintlichen Bereichsleiter besetzt haben. Bevor ich den Gedanken zu Ende führen kann, sitze ich auch schon im Zug mit Teilen meiner ersten Arbeitsgruppe: müde, sehr müde, bald schon schlafen wir alle.

Am Montag darauf:

▷▷ Versuch »Vernichtende Absage empfangen«

START! Ich öffne das Mailprogramm. Urrhgs! Sie ist schon da, die Mail: drei, zwei, eins, Luft geholt und aufgeklickt. »Leider muss ich Dir mitteilen …« Oh nein! Ich bin, ich bin, ich bin … unfassbar wütend. So wütend, dass ich dringend mit dieser Wut arbeiten müsste. Nein, nein, das natürlich nicht, das wär ja reinstes Psychogedöns. Weg damit! Puh! Nein, ich muss diese Wut jetzt aushalten, Quatsch, doch nicht aushalten, was ist das denn jetzt wieder? Hört sich ebenfalls an wie in der Therapie. Kann ich nicht mal mehr ordentlich wütend sein? Mann! Auf wen? Auf wen?! Auf mich natürlich! Auf mein »Ja, ich will!«. Ich könnte mich ohrfeigen dafür. Ich wusste es. Wie peinlich, wie peinlich. Und auf die da, die Abendmahl- beziehungsweise Frühstücksveranstalter, aber in erster Linie auf mich. Gleich, gleich bin ich wahrscheinlich geplatzt vor Wut. Ich lese das noch mal. Das ist doch das Letzte, und dann auch noch angehängt ein Fragebogen, wie ich das Ganze fand, was sich verbessern ließe, nee, is nich wahr, oder? Und dann steht da noch, Bereichsleiter Jens ist gerne bereit, in einem telefonischen Nachgespräch die Entscheidung (also »APT: irre!«) zu begründen! Ha! Die Wut saust in meine Finger. Und schon tippe ich: »Liebe … sehr gerne würde ich … telefonieren.« Wie bitte?! Ich erkenne mich selbst nicht wieder. Ich mein: »sehr gerne … telefonieren?« Was is'n nu los mit mir?

▷▷ Versuch Stopp.

Tage später am Telefon erfahre ich: »Nun, das Problem bei dir war hauptsächlich, dass du aus deinem eingereichten Projekt für Smartphones keine Zeichentrickserie fürs Fernsehen machen wolltest. Damit hättest du besser in die Gruppe gepasst, schließlich wollen wir ja auch im Team arbeiten.« Waaas?! Dann war das gar kein Psychotest. Es sollte gar nicht geprüft werden, wie hart ich mein Projekt verteidige. Oder ob ich irre werde, wenn der eine das und der andere was ganz anderes sagt? Jsfzs fand mein Projekt nicht gruppenkompatibel. Ich fass es nicht! Wieso hat er nicht einfach gesagt: Ich nehme dich nur, wenn du eine Zeichentrickserie draus machst? Mammamia! Nicht einen Moment hatte ich darüber ernsthaft nachgedacht! Also, dass es ernsthaft DARUM gehen könne. Und in diesem Augenblick meine ich ganz kurz, eine höhere Wahrheit zu erkennen. Die lautet: »APT: irre!«. Wenige Sekunden später weiß ich nichts mehr davon. Dankend lege ich auf.

FAZIT:
Der Versuch ist mir, glaube ich, ganz gut gelungen. Das könnte möglicherweise mit einer ziemlichen Psychoüber-

dosierung in der Woche zuvor zusammenhängen. Über die sonstigen im Versuchsvorfeld berichteten Vorgänge: Schwamm drüber!

MERKE:
Den Grund für eine Absage erfährt man leider nicht beim Resilienztraining, sondern durch Nachfragen bei den doofen Absagern.

21. Zum Coach gehen OHNE ...

... selbst eine einzige Psychofloskel zu äußern oder auf eine solche hereinzufallen.

Erleuchtung in Disney World

Ich hab's echt schlimm getroffen. Während andere abends schön ihre Lieblingsserien gucken, muss ich mich selbst verwirklichen und brotlose Kunst machen. Manchmal, wenn ich gerade so richtig herumjammere, kommt mein Mann in einer Werbepause vorbei und sagt: »Dann lass es halt!« Pah! Als ob das so einfach wäre. Genau das geht nämlich nicht. Ein Fluch lastet auf mir, der »Mach-bloß-Kunst-sonst-passiert-was-Schlimmes«-Fluch. Schuld ist – wie könnte es auch anders sein – ein Psychotherapeut. Nachdem ich als jugendlicher Mensch ein Jahr lang bei ihm Bilder gemalt hatte (er nannte es Kunsttherapie), verabschiedete er mich mit den Worten: »Bleiben Sie da unbedingt dran! Das ist ein sehr wichtiger Ausgleich für Sie!« Ich traute mich nicht zu fragen, was anderenfalls passieren würde. Und so begann der Fluch zu wirken. Seitdem bemühe ich mich, neben alldem anderen Zeugs, was man im Leben halt so macht, stets auch noch was Künstlerisches zu machen – zum Ausgleich. Weil ich zwei linke Hände habe, hat es mich schließlich in die Medienkunst verschlagen. Okay, momentan habe ich eine klitzekleine Pause eingelegt. Denn in letzter Zeit musste ich mich zunehmend bei der Arbeit von der Kunst erholen. Von wegen »Kunst ist Therapie« (Joseph Beuys). Ich merkte eher: »Kunst macht viel Arbeit« (Karl

Valentin). So viel Arbeit, dass ich für einen wirklichen Ausgleich eigentlich noch eine andere Zusatzkunst bräuchte. Das liegt daran, dass die Kunst Zuspruch findet, aber trotz einiger Preise und Stipendien nicht wirklich Geld einbringt. So was passiert häufig. »Ich fühlte mich wie eine Firma, die ohne Geld funktioniert«, beschreibt der Künstler Erik Schmidt diese Situation. Nicht nur Künstler kennen das Problem. Vielen Ehrenamtlichen geht's nicht besser. Erst gründet man voller Elan einen Schulförderkreis. Alle jubeln, finden es toll. Glückshormone schießen durch die Blutbahnen, Ideen sprudeln aus dem Kopf. Nur: Die wollen auch finanziert werden. Und irgendwann fragt man sich: Wann war eigentlich der letzte Abend, den ich nicht mit einer Tabellenkalkulation zum Cashflow der Vereinskasse verbrachte? Zumindest fragen sich das all diejenigen, die neben dem Aufbau einer schuleigenen Farm mit drei glücklichen Milchkühen auch noch einem Vollzeitjob nachgehen. Bei mir passierte dasselbe mit der Kunst: Leute jubelten, fanden es toll, Glückshormone tobten, Ideenexplosion, kurze Zeit später: Tabellenkalkulation, Geldmangel, Glückshormone verabschiedeten sich wieder. Seit ich eine Familie habe, bietet sich für die künstlerische Tabellenkalkulation eigentlich nur noch die Zeit an, die andere mit dem Gucken ihrer Lieblingsserien verbringen. »Wenn Sie das Fernsehen streichen, was Ihnen ohnehin nichts bringt, können Sie in einem Jahr einen Roman schreiben, mit allem Drum und Dran, sodass Sie zu einem Verlag gehen können. Zwischen Ihrem 30. und 70. Lebensjahr können Sie neununddreißig Romane schreiben und damit einer der produktivsten Schriftsteller werden, die je gelebt haben.« (*Wie man einen verdammt guten Roman schreibt*, James N. Frey) Nicht schlecht! Vor allem, weil das ja auch bedeutet: »Wenn ich die Kunst streiche, die mir ohnehin nichts bringt, könnte ich einer der passioniertesten Seriengucker werden, die je gelebt haben.«

Ha! Vielleicht ist dieser Wunsch ein Zeichen meiner neuen seelischen Stabilität? Vielleicht kann ich inzwischen auch ohne Kunst glücklich werden? Da ich mich nicht traue, es einfach auszuprobieren, will ich zu einem Coach gehen.

Die Wochen und Tage vor dem ersten Termin verbringe ich zunehmend damit, mein Problem möglichst präzise zu formulieren. Immer wieder beginne ich – während ich etwa das Geschirr in der Küche spüle und mich unbeobachtet glaube –, meine Erklärung laut vor mich hin zu rezitieren. »Seit ewigen Zeiten mache ich Kunst. Seit vielen Jahren klopfen mir dafür Leute auf die Schultern. Trotzdem oder gerade deshalb sind dabei Aufwand und Ertrag in ein ziemlich ungünstiges Verhältnis gerutscht. Sodass ich mich ernsthaft frage: Warum mache ich das überhaupt?«, will ich vom tropfenden Wasserhahn wissen und schaue in einer dramatischen Sprechpause die abgeschrappte Pfanne an. »Ja«, fahre ich dann fort, »tatsächlich frage ich mich, ob mein angeblich künstlerischer Drang überhaupt kein ursprünglich künstlerischer Drang ist, sondern nur der verzweifelte Versuch, durch übermenschliche Leistungen die Anerkennung zu bekommen, die mir die Mutter stets verwehrt hat. Aber egal, wie viel Erfolg man hat, das gleicht das ja nie aus. Deshalb strengt man sich immer mehr und mehr an. Erst kürzlich habe ich das Buch *Die erschöpfte Gesellschaft: Warum Deutschland neu träumen muss* des Psychologen Stephan Grünewald gelesen, und was darin beschrieben wird, das passt genau auf mich. Auch bei mir ist der ›Werkstolz‹, den man eigentlich haben sollte, schon längst durch den ›Erschöpfungsstolz‹ abgelöst worden, ja, auch ich strebe diese ›Burn-out-Tapferkeitsmedaille‹ an, und tatsächlich sind ja, das steht auch in diesem Buch, ›kreative Prozesse höchst enervierend‹, und deshalb geht es so mit mir nicht mehr weiter. Ich muss mich endlich befreien von dieser Sucht, unbedingt was Besonderes zu sein, eine total narzisstische Sucht, die ich mit vielen, vielen anderen meiner Generation teile und die erklärt, warum seit Jahren immer mehr Leute Künstler werden wollen ...« So rede und rede ich auf der Suche nach der perfekten Formulierung vor mich hin. Damit der Coach, den ich noch nicht mal kenne, dann gar nicht anders kann, als den »Mach-bloß-Kunst«-Fluch aufzuheben und mir zu sagen: »Für Sie ist es genau die richtige Selbstverwirklichung, wenn Sie sich abends vor die Glotze hängen.« Zudem hoffe ich, dass er eine wunderbare Argumentation für mich bereithält, wie ich genau damit, mit diesem abendlichen Seriengucken, meinen Traum leben kann. Also etwas, das ich dann meinen Freunden sagen kann. »Denn meine Freunde«, so predige ich bereits wieder weiter, »sind leider alle durch die Bank der Meinung, ich müsse mein Kunstding weiter durchziehen, ich dürfe nicht wie andere klein beigeben, ich müsse es zumindest weiter versuchen. Allerdings denken sie das wahrscheinlich nur deshalb, weil sie mich und mein Kunstding überschätzen, was natürlich nett ist, aber, nun ja, deshalb komm ich eben zu Ihnen«, erkläre ich dem Brotmesser, »damit Sie mich, wenn ich sage, ich lass das jetzt mit der Kunst, nicht angucken wie meine Freunde. Die schauen nämlich, als würde ich meinen Selbstmord ankündigen.«

»Du willst dich umbringen?«, fragt mein in die Küche kommender Mann interessiert, während ich laut aufschreie, sodass er wahrscheinlich denkt, ich begehe den Selbstmord jetzt gleich – mit dem Brotmesser. Blöd: Ich dachte, er sei weg. Ich glaube, er hat mich schon die letzten Tage mehrmals in meinem Arbeitszimmer deklamieren gehört. Und auch, dass ich mitten im Satz verstummte, sobald ich ihn hörte. Wahrscheinlich hat er sich im Internet schon längst Rat geholt: »Wie verhalte ich mich, wenn meine Partnerin immer wieder Selbstgespräche führt?« Dabei hat er erfahren, dass er sich möglichst normal verhalten soll, nur so ist zu erklären, dass er mich bislang nie darauf angesprochen hat. »Ich, haha«, sage ich, »ich ...«, den Rest vernuschle und verklappere ich mit Geschirr, damit er es nicht versteht. Nur nicht wieder auf den Coach zu sprechen kommen! Dass ich überhaupt zu einem gehe, hat ihn irritiert: »Du weißt schon, dass der Coach ein Psychologe ist?«, frotzelte er. Und bei meinem Coach hat er damit sogar recht. Der ist Psychologe. Erst als mein Mann erfahren hat, dass ich mit diesem Psychologen nur über Kunst und gar nicht über ihn sprechen will, ist er etwas lockerer geworden. Zudem: Wer, wenn nicht ein Psychologe, sollte mich von einem Psychologenfluch erlösen können?

Versuchsvorbereitende Sitzung MIT Psychologie

Es ist ein wunderschöner Tag. Frohgemut spaziere ich zu der Sitzung, die Veränderungen in meinem Denken bewirken soll, ohne dass ich es merke. Denn der von mir ausgesuchte Coach beherrscht das umstrittene Neurolinguistische Programmieren, kurz NLP. Umstritten deswegen, weil es Studien zufolge überhaupt nicht funktioniert und anderen Studien zufolge höchst manipulativ ist. Eine gefährliche Mischung, die sich entweder komplett gegenseitig aufhebt oder sich dialektisch zu einem dritten manipulativen Nichtfunktionieren weiterentwickelt. Aber wenn ich an die zentralen Fragen denke, die ich mit dem Coach besprechen will – nämlich »Soll ich wirklich nächstes Jahr an dieser interaktiven App für Smartphone und Tablet weiterarbeiten, die zwar viele toll finden, von der aber kein Mensch weiß, wie sie zu finanzieren ist? Oder soll ich es nicht lieber ganz lassen mit der Kunst?« –, dann werde ich von einem schrillen

Gefühlscocktail überschwemmt: Angst, Wut, schlechtes Gewissen, maliziöse Erwartung. Denn ich bin mir fast sicher: Diese Frage wird den Coach stark motivieren. Er wird wollen, dass ich mich »für die Kunst« entscheide. Noch nie habe ich einen Psychologen getroffen, noch je von einem gelesen, der künstlerische Betätigung nicht für das A und O einer gesunden Seele hält. »Sich etwa künstlerisch oder musisch auszudrücken ist besser, als großartige Erlebnisse anzustreben«, glaubt der Psychoanalytiker Hans-Joachim Maaz (in: *Die narzisstische Gesellschaft*). Komisch. Die Künstler, die ich kenne (mich eingeschlossen), wollen ja gerade durch den künstlerischen oder musischen Ausdruck zu großartigen Erlebnissen gelangen. Wir sind wohl alle Narzissten. Wenn dagegen Psychologen schildern, wie ihre Patienten Musik machen, schreiben oder malen, klingt das immer völlig unnarzisstisch und frei von äußeren Zwängen. Die gesunden durch die Kunst. Allenfalls Soziologen halten genau das für eine »billige Projektion kleinbürgerlicher Phantasien« und finden, dass die »romantische Vorstellung von künstlerischer Unabhängigkeit entmystifiziert werden muss.« (*Kunst und Arbeit*, Thomas Röbke) Aber darf man coachende Psychologen mit therapierenden Psychologen in einen Topf werfen? Ich weiß es nicht. Mittlerweile leicht verunsichert steige ich die knarrenden Holzstiegen hinauf. Coaching-Praxis für positive Psychologie. Oder so ähnlich. Ich klingle. Der Coach reißt die Tür auf. Ich kenne ihn aus dem Internet. Er ist nett. Und erklärt mir gleich: »Sie sind der Fachmann für Ihr Problem.« Im Unterschied zu einer herkömmlichen Therapie (»bei der am Ende immer die Mutter schuld ist«), darf ich hier mehr selber steuern. Das gefällt mir. Ich beginne mit meiner in der Küche geübten Rezitation. »Also, mit meinen Geldjobs bin ich ganz zufrieden. Da stimmen Aufwand und Ertrag – einigermaßen. Aber bei der Kunst überhaupt nicht. Totale Schieflage.

Nichts als Ärger hab ich mit der Kunst. Daher«, sage ich ihm, »frage ich mich schon länger: Warum lasse ich es nicht einfach?« Und etwas zögerlich ergänze ich: »Wahrscheinlich fürchte ich, dass die Kunst trotz der ganzen Nerverei ein so wichtiger Ausgleich für mich ist, dass ich ohne sie womöglich meine Geldjobs gar nicht mehr machen könnte.«

Er nickt heftig zustimmend. Er fürchtet das offenbar auch. Von der Idee, »Kunst einfach sein zu lassen«, hält er gar nichts. Ein halbe Stunde später beginne auch ich, diese Idee für eine typische Alibi-Lüge von mir zu halten. Davon habe ich neulich im Roman *Der gute Psychologe* des amerikanischen Psychologen Noam Shpancer gelesen. Darin erklärt die Hauptperson, ebenfalls ein Psychologe: »Das Erste, was ein Klient erzählt, ist im Kern immer eine Lüge, immer unpräzise.« Die Aufgabe dieser Alibi-Lüge sei es: verleugnen, ablenken und verbergen, und damit das Leben für den Klienten erträglicher machen. Die Aufgabe der Therapie bestehe darin, den Klienten von seinem Alibi zu seiner Geschichte hinzuführen. Ich weiß nicht, ob das bei mir jetzt bereits geschehen ist. Aber der Coach hat mich durch geschickte Fragetechnik auf die sonnige Seite meiner brotlosen Kunst bugsiert. Klar: Er versucht, funktionierende Muster zu erkennen. Er macht sich wilde Notizen, malt einige Kringel auf – »Als Anker für Sie!« – und darunter einen Pfeil. Ich sei mehr der Typ Kringelhüpfer, der immer was Neues brauche, Routine sei nichts für mich. Schade! Ich verweise mehrmals auf den Typ Pfeil. Dass ich mir wünschte, dahin zu kommen. Aber das soll ich erst gar nicht anstreben. Menno! Damit ich mich nicht zu sehr darauf fixiere und in fremden Hoheitsgebieten vor Anker gehe, malt er mir jetzt einen weiteren Anker auf. Ein Dreieck, bestehend aus Visionär, Realist und Kritiker. Ich kenne es: das Walt-Disney-Kreativitätsmodell, ausgedacht vom NLP-Psychologen

Robert B. Dilts Mitte der 90er. Das Internet ist voll davon. Dilts las damals die Aufzeichnungen von Walt Disney und fand heraus: Tatsächlich gab es drei Walts, den Träumer, den Realisten und den Kritiker. Mein Träumer, mein Realist und mein Kritiker malen jetzt dem Coach in den düstersten Farben all die Widrigkeiten meiner diversen Kunstprojekte aus, reiten vor allem auf deren chronischer Unterfinanzierung herum. Ohne den Fluch, so denke ich insgeheim, hätte ich den Quatsch echt längst gelassen. Aber der Coach sieht es anders. Seine Diagnose lautet: »Mit Ihrem Realisten stimmt etwas nicht.« Erst später kapiere ich, dass mit meinem armen Realisten wohl hauptsächlich deswegen was nicht stimmte, weil ich das Modell nicht verstanden hatte. Ich dachte nämlich, der Realist solle dem Visionär die Realität vor Augen halten. Das aber macht in diesem Modell der Kritiker. Während der Realist eher so eine Art Realisator ist. Egal. Trotz oder vielleicht gerade wegen dieses kleinen Missverständnisses bekomme ich immer bessere Laune. Wahrscheinlich wird jetzt schon unbewusst bei mir was umprogrammiert. Vielleicht hängt es auch damit zusammen, dass der Coach mehrmals ausruft: »Sie haben da ja einen Diamanten!« Ich weiß gar nicht genau, was er damit meint. Irgendwas Künstlerisches wahrscheinlich. Irgendein Talent. Diamant geht natürlich schon ein bisschen ins Superlative. Dann könnte dies signalisieren, dass ich hier einen narzisstischen Coach vor mir habe. Das wär doof. Denn falls ich wirklich aus narzisstischen Gründen brotlose Kunst betreibe, wird mich ein narzisstischer Coach wohl kaum davon befreien können. Vor narzisstischen Coaches warnt der selbst nicht narzisstische Coach Christopher Rauen auf seiner Website. Kann aber auch sein, dass der Coach nur so narzisstisch tut, weil er glaubt, das müsse er. Für den Laien sei das undurchschaubar, sagt Rauen. Ebenfalls mehrmals sagt mein Coach wie zu sich selbst: »Was könnten Sie nicht alles schaffen ...« Vielleicht merkt er, dass ich bei der Vorstellung, »mehr schaffen zu können«, ein bisschen zusammenzucke, denn ich finde, ich schaffe eigentlich genügend, jedenfalls führt er diesen Gedanken nicht weiter. Vielleicht ist es Teil dieser NLP-typischen Umprogrammierung, Sätze nicht zu Ende zu bringen. Und das mit dem Geld für die Kunst ergebe sich dann schon, sagt er so nebenbei. Immerhin gelingt es mir, noch mit einer zweifelnden Handbewegung auf diese Prognose zu reagieren. Woraufhin er meint: »Die Frage müssen wir jetzt nicht vertiefen.« Eingelullt vom Schein meines imaginären Diamanten nicke ich. Ich verlasse ihn stark euphorisiert und denke: »Was werde ich alles schaffen können! Toll!«

Zu Hause erwartet mich bereits eine E-Mail vom Coach mit meinen Hausaufgaben. Eine davon ist: ein kleines Kunstprojekt finden und umsetzen – ohne Erwartung, mit Freiheit, ohne Auftraggeber (vom Coach mal abgesehen). Als geeigneten Zeitraum dafür hat der Coach meine langen Mittagspausen ausgemacht. Um mein derzeit straffes Arbeitspensum zu bewältigen, so hatte ich dem Coach berichtet, griffe ich regelmäßig zur spanischen Methode langer Mittagspausen. Damit könne ich bis spät in die Nacht hinein arbeiten. So würde ich insgesamt »mehr schaffen«. Immer noch unter der manipulativ erzeugten Euphorie stehend oder dank dauerhaft veränderter Denkprozesse mache ich mich gleich am nächsten Tag ans Werk. Ich gehe wie empfohlen an einen skurrilen Ort (Schrebergartenkolonie), versuche das Gefühl, das mich dort befällt, vollständig zu erfühlen (wohlige Panik, weil ich zunächst gar nicht wieder rausfinde) und dann daraus eine Idee zu generieren. Die Ideengenerierung funktioniert gut, weil ich dazu einfach, wie sonst auch, in meiner Mittagspause durch die Gegend marschieren kann. Im Kopf entwerfe ich ein ebenso verführerisches wie ausweglosses Schrebergartenlabyrinth, dessen Parzellen alle von Psychologen bewirtschaftet werden. Ich denke dabei intensiv über meinen Realisten, den Visionär und den Kritiker nach. Und welche Rolle Räume für mich spielen, und wie ich den Flow herstellen kann. Allerdings verspüre ich in der zweiten Arbeitstaghälfte eine größere Arbeitsunwilligkeit als gewöhnlich. Am zweiten Tag stelle ich fest, dass so gegen 19 Uhr ein merkwürdiges Bedürfnis entsteht, jetzt endlich mal Mittagspause zu machen. Im Prinzip ja verständlich. Am dritten Tag, an welchem ich mich bereits an die Umsetzung meiner Idee machen und deshalb in der Mittagspause weiter in meinem Büro bleiben müsste, werde ich unfassbar wütend. Plötzlich merke ich: Der Coach will mir meine Mittagspause klauen. Das ist fast noch schlimmer als den Fernsehabend. Anstatt den Mach-bloß-Kunst-Fluch aufzuheben, hat er ihn sogar noch erneuert. Unfassbar! Total geladen stürme ich aus dem Büro – sobald ich keinen sehe, fange ich an, unkontrolliert vor mich hin zu schimpfen. Brauchen Künstler etwa keine Pausen? Müssen die etwa nicht schlafen oder essen? Leben die etwa allein von der Kunst? Ist das deren Brot und Schlaf? Denkt der idiotische Coach etwa so? Da bringt er mich mit seiner Hausaufgabe wieder in genau dieselbe Burn-out-Alarm-Situation, die ich ihm als ungut beschrieben habe. Was will er mir damit sagen? Dass das alles nur Betrachtungssache ist? Dass man mit der richtigen Einstellung gut drei, vier oder auch sieben Jobs erledigen kann? Dass das mit der Überforderung alles totaler Quatsch ist? Okay, ich merke schon, dass ich mich da ein bisschen reinsteigere. Ist aber auch kein Wunder. In jeder Mittagspause wieder denke ich: Siehst du, jetzt könntest du deine Hausaufgabe erledigen, aber du, du bist halt zu faul, zu schwach, zu verwöhnt … Um diese Vorwürfe zu entkräften, beginne ich dann wieder gegen den Coach und gegen die Psychologen als solche loszuwettern. Meine schönen Mittagspausen! Total vergällt sind die mir jetzt. Mann, Mann, Mann! Wer mir begegnet, den frage ich: »Ist doch normal, dass ich mich über den Coach so aufrege, oder? Würdest du doch auch?« Und ich frage derart eindringlich, dass bislang glücklicherweise alle zustimmend genickt haben – Freunde, Kollegen, mein Mann. Ich weiß nicht, was ich anderenfalls tun würde. Zudem male ich mir Horrorszenarien aus, wie ich unablässig in meiner Mittagspause Kunst mache und abends auch noch und in der Nacht, und wie ich schließlich an Erschöpfung sterbe. Mit letzten Kräften kritzle ich noch auf einen Zettel: »Der Coach ist schuld. Der Coach wollte es so. Der Coach hat es mir befohlen.« Ha! Dann wäre er erledigt.

»Sag mal«, meint mein Mann, bevor ich ihn wieder fragen kann, ob es normal ist, dass ich mich so über den Coach aufrege, »hast du dem Coach eigentlich erzählt, dass du ein Buch schreibst?«

»Ja klar«, sag ich.

Er schaut mich prüfend an. »Aber er weiß jetzt nicht, was für eins?«

»Satirebuch, hab ich gesagt.«

»Und? Wollte er nicht mehr darüber wissen?«

»Nein, natürlich nicht«, entgegne ich. Mein Mann kennt sich wirklich gar nicht mit Psychologen aus. »Psychologen«, sag ich, »interessieren sich nie für das, was man macht.« Er lacht. Keine Ahnung, was er daran so witzig findet.

Heute ist die entscheidende psychologiefreie Sitzung. Endlich! Ich bin froh und nervös zugleich. Froh, dass diese nervenzerfetzende Zwischenzeit jetzt vorbei ist. Und nervös, weil mir was aufgefallen ist: Der Coach, das hat er ja selbst gesagt, glaubt nicht, dass mein künstlerisches Ehrenamt immer unterfinanziert bleiben wird. Aber woher, zum Kuckuck, will er das denn überhaupt wissen? Ausgerechnet er? Er hat doch keinerlei Ahnung von diesem Gebiet. Die wenigsten Schulfarmen mit drei Milchkühen werfen Gewinne ab. Das ist bei der Kunst ganz genauso. Er müsse davon gar keine Ahnung haben, hat er behauptet. Also ist die Antwort: Er weiß es nicht. Er hat nur rumpsychologisiert. Erstaunlich, wie lange ich brauche, um etwas derart Simples zu erkennen. Entweder hat er mein Gejammer über das fehlende Geld als Alibilüge eingeordnet, mit der ich vielleicht ein aufkeimendes Serienjunkietum zu vertuschen suche (wenn die Kunst nichts bringt, kann ich mich ja gleich vor die Glotze hängen), oder er hält wie zahlreiche andere Psychologen Geldmangel sowieso nur für die äußere Erscheinungsform einer inneren Blockade. Aber heute mache ich es ihm nicht so leicht. Heute werde ich ihm die Brotlosigkeit meiner brotlosen Kunst, bei der es sich verschiedenen langjährigen Erfahrungen zufolge zu 99 Prozent um einen Fakt aus der Wirklichkeit handelt, als neue Erkenntnis aus meiner Hausaufgabe servieren.

▷▷ Versuch »Zum Coach gehen« (die Königsdisziplin!)

START! Schon wieder ist ein wunderbarer Tag – und das Ende Oktober. Immer wenn ich zum Coach gehe, ist super Wetter. Das bedeutet: Viele Leute sitzen in den Straßencafés, anstatt Kunst zu machen. Bester Laune öffnet der Coach. Das gefällt mir. Mit dem gut gelaunten Coach bin ich heute per Du. Fühlt sich für ihn stimmig an.

»Meine Hausaufgaben, also . . .«, sage ich, »ein Kunstprojekt hab ich mir zwar ausgedacht, aber dann doch bemerkt, dass ich in der Mittagspause einfach nicht genug Energie habe, das umzusetzen.«

So umschreibe ich dezent, wie ich wochenlang darüber geflucht habe, dass er mir die Mittagspause klauen will. Der Energiemangel sei aber nicht weiter besorgniserregend, weil ich ja sowieso erst nächstes Jahr – wenn ich wieder etwas weniger arbeiten müsse – an dieser App weiterbasteln oder halt ein neues Projekt angehen könne. Trotzdem sei mir beim Versuch was aufgefallen: »Wenn ich einfach so für mich ›mit Freiheit‹ irgendein Projekt mache, dann kommt garantiert was Unverkäufliches dabei raus: eine Aktion im Internet, eine Website, ein Augmented-Reality-Projekt. Typische Ehrenamtkunst halt. Die bleibt auch im Erfolgsfall brotlos.« Erfolg bedeute dann lediglich, dass ich neben meinen anderen Jobs einen weiteren Vollzeitjob zu erledigen hätte.

»Diese Situation hatte ich bereits. Die will ich nicht wieder.«

»Ah, das ist ja interessant: Erfolg ist also nicht gleich Geld«, sagt er und notiert sich das.

Puh! Ich starre ihn ungläubig an. Glaubt er mir das jetzt? Das ging ja leicht. Verblüffend. Tja, gewusst wie! Ich bin sehr zufrieden mit meiner Strategie. Und: Kein einziger Psychogedanke wird von ihm dazu geäußert. Ein Coach ist doch kein Psychologe! Super. Nun können wir reden! Was die App beträfe, hätte ich zwar schon über allerlei mögliche Lösungen nachgedacht, aber die würden alle nicht wirklich funktionieren.

»Welche genau?«, will er wissen.

Okay. Ich beginne sie aufzuzählen, Lösung eins: Ich bewerbe mich um öffentliche Förderungen. Nachteil: Endlose Tabellenkalkulationen bei verschwindend geringen Chancen auf verschwindend geringe Förderungen. Lösung zwei: Ich mache es ohne Förderung. Nachteil: Projekt dafür zu umfangreich, müsste eingedampft werden. Lösung drei: Ich dampfe das Projekt ein. Nachteil: Eingedampftes Projekt macht keinen Sinn mehr. Dann besser ein ganz anderes ... Lösung vier: Ich mache ein ganz anderes ...

Er stoppt mich mit einer Handbewegung: »Siehst du, was du da gerade machst?« Ich schüttle den Kopf. Er springt auf, hin zu einem Flipchart in der Ecke, und zeichnet drei verschiedenfarbige Kreise auf. Ich fürchte, jetzt kommt wieder das Disney-Modell. Tatsächlich. »Mit deinem Realisten stimmt was nicht!«, sagt er. Denn es müsse so laufen: Erst wird der Visionär aktiv, dann macht der Realist einen Umsetzungsplan und dann erst meldet sich der Kritiker. Bei mir aber melde sich sofort der Kritiker.

Ich bin stark versucht, mit ihm über das Modell zu diskutieren. Denn, ehrlich gesagt, halte ich diese Reihenfolge für Quatsch. Wieso soll man denn bei jeder Idee, die man hat, sofort überlegen, wie man sie in die Tat umsetzen kann, wenn man noch nicht mal weiß, ob die Idee überhaupt gut ist? Bei mir springt der Realist halt erst an, wenn Visionär und Kritiker sich einig sind. Es gibt im Internet auch eine kleine Walt-Disney-Methoden-Splittergruppe, die eben jene linksdrehende Reihenfolge empfiehlt. Kennt er die? Wie positioniert er sich dazu? Und wer weiß überhaupt, welche drei Instanzen in mir drin sind, vielleicht wohnen da ja ganz andere, vielleicht habe ich ja auch sieben Instanzen, die sich permanent abstimmen müssen, und daher kommen meine ganzen Probleme. »Hm, also …«, setze ich an. Stopp. Vorsicht. In letzter Sekunde kann ich mich abbremsen. Gerade noch die Kurve gekriegt, bevor ich mich wieder in diesen Psychoschlick verwickle. Was soll das denn immer mit diesem Visionär, dem Realisten und dem Kritiker? Das macht mich ganz kirre. Das ist doch nur so ein Modell, nach welchem Walt Disney angeblich funktioniert hat. Walt Disney! Der Typ, der »ständig leicht verdrossen war, weil er weder Donald Duck noch Pluto zeichnen konnte« (aus der Disney-Biografie von Richard Schickel). Selbst Micky Maus hat ein anderer entworfen, nämlich Disneys alter Freund Ub Iwerks. Aber Disney hat die Auszeichnung dafür entgegengenommen. Und gilt den

NLP-Psychologen seitdem als Vorbild für Kreativität. Absurd! Noch absurder ist, dass seither Millionen von Menschen versuchen, wie Walt Disney zu funktionieren und damit erfolgreich zu werden. Obwohl sie weder über Disneys FBI-Kontakte verfügen noch über Mitarbeiter, die sie in Disney-Manier ausbeuten und zusammenfalten können. Müsste nicht jeder Mensch seine eigene Methode kreieren? Müsste nicht mein Coach, mit mir zusammen, das bald weltberühmte kreative Berkenheger-87-Eck entwerfen? Ist das nicht überhaupt das Problem der Psychologie? Für fast jede Erkrankung, Methode oder psychische Auffälligkeit gibt's immer eine Ur-Mutter oder einen Ur-Vater, oft sogar den Erfinder selbst, und an dem müssen sich dann alle abarbeiten?

»Okay«, sagt der Coach.

»Wie bitte?«

»Okay«, wiederholt er, um sich in Erinnerung zu bringen. Er will jetzt ein Fazit ziehen. Dazu zeichnet er zwei Kreise auf Papier. Schon wieder Disney? Nein! Puh! Der linke Kreis steht für die brotlose Kunst, der rechte für den Brotjob. Von jedem Kreis zeichnet er einen Pfeil, zwei Pfeile also, die in der Mitte aufeinandertreffen und sich dort zu einem vereinen. »So wie ich es verstanden habe«, sagt er, »sollen die beiden Seiten zusammengeführt werden.«

»Aber nein!«, rufe ich ehrlich entsetzt aus. Schon sehe ich den fürchterlichen Kunstfluch auch noch auf meine Geldjobs übergreifen und alle Geldflüsse mit Kunst verstopfen. Alles, nur das nicht!

Er lacht und sagt: »Jetzt denkst du, in welcher Welt lebt der denn?« Und ja, da hat er recht. Zum Kuckuck! Lebt er in Disney World? Ohne Psychologie ist es ganz schön schwer, hier auf einen Nenner zu kommen. Er kapiert ja gar nichts. Beziehungsweise ich kapiere nichts mehr von dem, was er erzählt. Ich starte einen letzten Versuch. Will ihm erklären, warum ich eine derartige Zusammenführung einfach nur für paradox halte. Sobald ich mit einer »Kunst ohne Zwang« meinen Lebensunterhalt bestreiten will, besteht ja für die Kunst schon der Zwang, zu meinem Lebensunterhalt auch beitragen zu können, sich also entsprechend zu verkaufen. Was soll der Käse? Ich schaue in sein freundlich lächelndes Gesicht. Es könnte auch einem etwas hippeligen buddhistischen Mönch gehören. Gleich wird er mir eines dieser paradoxen Koan-Rätsel stellen, damit ich schon mal weiß, worüber ich den Rest meines Lebens nachdenken kann. Nein! Ich habe das Koan ja schon. Hier vor mir hat er auf den Zettel gezeichnet: »Kunst ohne Zwang« und Geldjob vereinen.

»Ich«, sage ich und habe das Gefühl, gleich verrückt zu werden, »tut mir leid, aber ich bekomme gleich einen Hirnkrampf!« Er lacht wieder. Ich auch. In meinem Kopf breitet sich eine merkwürdige Leere aus. Bin ich jetzt in einer Art Zen-Stadium? Ich kann keine seiner Fragen mehr beantworten.

»Was hältst du für das Wahrscheinlichste, was du nächstes Jahr machst?«

»Puh! Keine Ahnung, ehrlich gesagt. Ich bin ja hier, um das rauszukriegen. Ich weiß es nicht. Wahrscheinlich? Keine Ahnung, muss ich halt noch überlegen. Nö, echt, kann ich nicht sagen.«

»Wo würdest du Lösung Nummer eins, die Bewerbung für eine öffentliche Förderung für das App-Projekt, auf einer Skala von eins bis zehn einordnen?« Verwirrt schaue ich ihn an. Er spezifiziert noch mal: zehn – »will ich unbedingt machen«, eins – »will ich gar nicht machen«.

Nichts. Ich bin völlig leer. Komisch, letztes Mal konnte ich doch derartige Fragen noch prima beantworten. Ist ja lustig, ich brauche den psychologischen Fragen gar nicht mehr aktiv auszuweichen. Sie erscheinen mir einfach komplett sinnlos. Was ist passiert? Ich weiß es nicht. Gehirnüberlastung vielleicht. Durch das Koan. Oder ich bin psychologieresistent geworden. Keine Ahnung. Der Coach versucht mich tapfer mit einigen provokanten Interventionen aus meinem Dämmerzustand zu reißen: »Das ist Jammern!«, wirft er mir vor, oder: »Jetzt schwimmst du halt mit dem Strom!« Aber ich verstehe nur Bahnhof. Er gibt auf. Vielleicht bringe mir das hier nichts. Er empfinde es als Ping Pong. Vielleicht aber bräuchte ich auch genau das. Oder ich bräuchte was anderes: einen Berater, jemanden, der mir sagt: »Tu das!«

Ich schüttle erleichtert den Kopf. Endlich habe ich mal wieder was verstanden. »Nein, ich brauche niemanden, der mir sagt: tu das!« Gut. Aber falls ich mit ihm weiterarbeiten wolle, so würde er nächstes Mal doch gerne wieder mehr ins Handeln kommen, mehr psychologische Techniken anwenden, gerne auch etwas Biografiearbeit betreiben. Biografiearbeit?! Ich weiß, was das heißt. Das heißt: Psychotherapie! Ja klar, das kann er ja auch. Womöglich ist Coaching manchmal doch nichts anderes als Psychotherapie. Womöglich könnte ich da endlich über die Fragen reden, die ich als die eigentlichen empfinde, nämlich: Ist die Kunst wirklich ein wichtiger Ausgleich für mich oder denke ich das nur (wegen des Psychologen-Fluchs) oder ist sie am Ende nur das typische Krankheitssymptom von Narzissten wie mir? Ich weiß es nicht. Aber dass ich mit Hilfe des Coachs darauf eine Antwort finde, ist natürlich reines Wunschdenken. Ich bin und bleibe eine hoffnungslose Träumerin. »Wir lesen voneinander!«, sagt der Coach und »Tschüss«. Verwirrt stolpere ich hinaus in die warme Oktobernacht.

▷▷ Versuch Stopp.

Zu Hause finde ich seine E-Mail, in welcher er mir noch mal seinen »neuen Weg« vorschlägt: »Die Seite, die für die Sicherheit und Versorgung der Familie und der Existenz steht«, so schreibt der Coach, soll ich mit der »Seite, die künstlerisch tätig ist und an Projekten arbeitet – frei von existenziellen Fragen und finanzieller Sicherheit«, in einer Synthese verbinden. Als ich das lese, stellt sich sofort wieder der Gehirnkrampf ein. Was soll denn das für eine Synthese sein? Ich soll also »frei von finanzieller Sicherheit für die Sicherheit und Versorgung meiner Familie sorgen«? Äh? Wie ist das umzusetzen? Ein fitter Realist wäre hilfreich. Aber während ich mir an diesem zen-buddhistischen Rätsel die Zähne ausbeiße, hat sich mein Realist schon längst selbstständig gemacht. Völlig autonom wurschtelt er bereits an einem neuen Kunstprojekt herum. Titel: »My therapist told me to do art during lunch time«. Wie ich höre, besteht es aus einer Menge angefangener Kaugummiskulpturen, teilweise schön kolorierter Kaffeeflecken, Soundfiles mit Magenknurren et cetera. Das wird ganz groß.

FAZIT:
Offensichtlich hat mein Versuch, mich ohne Psychologie coachen zu lassen, den Coach mit ins Unpsychologische hinabgerissen. Lustigerweise verwandelte er sich dadurch in eine Art Zen-Meister, der mir mit seiner paradoxen Handlungsanweisung wahrscheinlich auf lange Sicht noch zur Erleuchtung verhilft.

 **ACHTUNG:**
Wer wegen Überarbeitung zum Coach geht, kann dort leicht noch mehr Arbeit aufgebrummt bekommen. Da kennen die nichts!

22. Mit dem Kind über das Buddy-Projekt der Schule sprechen OHNE ...

... es mit Argumenten der einen Psychologen vor den anderen Psychologen zu warnen, oder gar vor Leuten, die nicht mal Psychologen sind und einen trotzdem psychologisch indoktrinieren wollen: zum Beispiel Leute, die »Wir-stärken-dich«-Kurse in Schulen anbieten, oder Lehrer, Mütter und manchmal sogar Väter.

Du bist Freiwilliger!

Seit Wochen fährt in unserer Küche ein Zettel für die »lieben Eltern!« rum. »Bitte besprechen Sie mit Ihren Kindern, ob sie auf freiwilliger Basis am Buddy-Projekt der Schule teilnehmen wollen und geben Sie uns eine Rückmeldung«, heißt es da. Als Buddys helfen die Schüler bei Schulfesten, machen mit Jüngeren Hausaufgaben oder übernehmen Lesepatenschaften. Toll! Fröhlich pfeifend hängt der Sohn die Girlanden fürs Hoffest auf, umschwärmt von Zweitklässlerinnen, denen er kurz zuvor schnell die Hausaufgaben erledigt hat, eine Schar Erstklässler bettelt: »Kannst du uns vorlesen? Bitte, bitte! Es ist immer so spannend«. Und mit einem kaum sichtbaren Lächeln auf seinen Lippen befestigt er die letzte Girlande und sagt: »Na gut!« Diesen Gedanken, meinen Buddy-Gedanken, hänge ich recht gerne nach. Vor allem, weil ich das halt nur in meiner Vorstellung erleben kann.

Wenn ich meinen Sohn auf Buddy anspreche, flippt er jedes Mal aus: »Das ist total gemein. Ich musste bei dem Scheiß mitmachen! Total gemein!« Unter lautem Fluchen stapft er dann in sein Zimmer und ist für keine Besprechung mehr zu haben. Wieso auch? Gibt ja nichts zu besprechen. Buddy hat schon längst begonnen, lange bevor der ominöse Zettel bei uns eintrudelte. Offenbar ist mit dem Ausdruck »auf freiwilliger Basis« die aus Asterix bekannte römische Version der Freiwilligkeit gemeint: »Legionär Fidibus! Du bist Freiwilliger!«, donnert der Zenturio (Asterix und die Goten). Oder: Der Prätor lässt zum Essenfassen trompeten. Alles rennt herbei. Nur um zu erfahren: »Bestens! Die ersten zehn Legionäre als Freiwillige zum Buddy-Kurs!« (Asterix auf Korsika). Dieses Vorgehen ist an der Schule nicht wirklich ungewöhnlich. Letztes Jahr machte die ganze Klasse ein sogenanntes Konfliktlotsen-Training. Eine kurze Internetrecherche ergab damals: Ganz wichtig beim Konfliktlotsen-Training ist die Freiwilligkeit! Aber nicht deshalb stand ich diesem Training skeptisch gegenüber. Sondern: Da wurden völlig veraltete Streitmethoden gelehrt, Versendung von Ich-Botschaften und so. Methoden, die einen wirklich nirgendwo hinbringen. Bin ich ja das beste Beispiel dafür (siehe Versuch Nummer 17: »Streiten«). Einen freiwilligen Anti-Mobbing-Kurs konnte ich immerhin verhindern. Erst wollte ich brav die Teilnahme bestätigen, da las ich: »Mit Ihrer Unterschrift bestätigen Sie, dass Sie Ihr Kind darauf aufmerksam machen, dass es die im Kurs gelernten Techniken nicht auf dem Schulhof einsetzen darf.« Ich stutzte. Was waren denn das für Techniken? Spok'scher Todesgriff? Und wenn nicht auf dem Schulhof, wo sollte es die denn dann einsetzen? Zu Hause etwa?

Diese massiven Anti-Gewalt-, Anti-Mobbing und Anti-Aggressionsmaßnahmen deuten darauf hin, dass die Schule eine »Nulltoleranz-Strategie« betreibt. Wahrscheinlich weil sie die *10 schockierenden Wahrheiten über Erziehung* von den Psychologen Po Bronson und Ashley Merryman nicht kennt. Die Nulltoleranz-Strategie unterstütze nämlich das, was Joseph Allen, Professor und Leiter einer Beratungsstelle an der University of Virginia, das »Paradox der Erziehung« nennt. Man will die Kinder beschützen. Ist ja klar. Wenn aber »Eltern ihrer siebenjährigen Tochter beizubringen versuchen, dass es falsch ist, andere auszugrenzen, zu schlagen und Gerüchte über sie zu verbreiten, dann versuchen sie letztlich, ihrem Kind nützliche Werkzeuge wegzunehmen, mit denen es sich gegen andere behaupten kann.« Denn, so der niederländische Psychologe Antonius H. N. Cilessen, »unter Gleichaltrigen bringt ihnen aggressives Verhalten Ehrfurcht, Respekt und Einfluss ein.« Der Versuch, das Ganze pädagogisch in humanere Bahnen zu lenken, habe, so Bronson und Merryman, oft dazu geführt, dass Kinder halt »raffiniertere Methoden gelernt haben, wie Freundschaftsentzug, Cliquenbildung oder die Kunst, jemanden zur Weißglut zu bringen.« Einerseits einleuchtend. Andererseits: Müssen dann alle Kinder lernen, wie sie andere am geschicktesten ausgrenzen, k.o. schlagen und fiese Gerüchte über sie verbreiten können, damit sie nicht zu noch perfideren Werkzeugen greifen? Dieses »Paradox der Erziehung« beschreibt ja wohl eine ganze üble Double-Bind-Situation: Egal, was man tut, es ist auf jeden Fall irgendwie falsch. Solche Doppelbindungsstrukturen können Schizophrenie auslösen, sagt der Kommunikationsforscher Gregory Bateson. Na toll!

Ich guck noch mal auf den Zettel an die »lieben Eltern«. Ich kapiere nicht, was ich mit meinem freiwilligen Legionär besprechen soll. Soll ich wirklich unterschreiben, dass mein entschieden Buddy-unwilliger Sohn auf freiwilliger Basis am Buddy-Projekt teilnehmen will? Und falls ja, warum? Gestern beim Elternabend hab ich mal nachgefragt. »Wenn sich keiner freiwillig meldet«, bestätigte die Klassenlehrerin, »geht es halt leider nicht anders!« Das leuchtet ein. Und dann habe ich erfahren, dass ich bislang immer die falsche Seite dieses Zettels gelesen habe, die, die gar nicht so wichtig ist. Auf der anderen Seite nämlich, der wichtigen, geht's um die Anmeldung zur jährlichen Buddy-Fahrt – auf freiwilliger Basis natürlich. Wobei hier auf der Rückseite eben nicht die römische Version der Freiwilligkeit gemeint ist. Die Buddy-Fahrt ist tatsächlich freiwillig. Bis morgen soll ich Bescheid geben, ob der Sohn mitwill. Buddy-Fahrt! Toll! Fröhlich pfeifend sehe ich meinen Sohn und seine Kumpel auf Bäumen rumklettern, mit der Taschenlampe durch den dunklen Wald ... und so weiter. Ich glaube, ich muss es nicht weiter ausführen. Wichtiger ist vielleicht, dass ich ihn jetzt mal frage.

▷▷ Versuch »Mit dem Kind über das Buddy-Projekt der Schule sprechen«

START! So. Unternehmen »Buddy-Fahrt klären« läuft. Ich schnappe mir den Zettel, wahrscheinlich um mich an irgendwas festhalten zu können. Damit tappe ich den Flur entlang und erreiche nach einer kleinen Linkskurve das Sohneszimmer mit dem Sohn drin. Wie üblich guckt er gerade was Wichtiges auf seinem Nintendo nach. Die Tür steht offen. Ist aber mit einem gigantischen Plakat bewehrt. Von dort droht mir Jedimeister Anakin Skywalker (der aus »Star Wars. The Clone Wars«) mit seinem Lichtschwert. Er ist das Rolemodel meines Sohnes. Er sieht definitiv nicht so aus, als könne er sich für eine Buddy-Fahrt begeistern.

»Mama!«

»Was?«

»Wieso stehst du die ganze Zeit hier in der Tür rum?«, will der Sohn wissen.

»Ähm, ah ja!«, sage ich und wedle mit dem Zettel: »Hier, ich soll bis morgen rauskriegen, ob du mit zur Buddy-Fahrt willst.«

»Buddy ist total scheiße! Ich musste da mitmachen!«, stöhnt der Sohn.

»Ja, gut, nein, ich meine: nicht gut, aber was ist mit der Fahrt? Die kann ja ganz lustig werden. Wenn deine Kumpel auch mit-fahren, also die fahren doch sicher mit, oder?«, frage ich, mächtig stolz darauf, dass ich es geschafft habe, die »Kumpel« des Sohnes jetzt nicht in ironischem Ton als »Buddys« zu bezeichnen. Der Sohn schaut mich nachdenklich forschend an. Warum schaut er so? Denkt er jetzt etwa, ich will, dass er auf die Buddy-Fahrt geht? Das stimmt zwar, aber das soll er doch nicht denken! Zum Schluss fährt er nur meinetwegen mit. Er soll sich doch jetzt ganz frei und frei-willig entscheiden. »Okay«, sag ich, während von der Wand hinter dem Sohn ein gutes Dutzend weiterer Lichtschwerter auf mich ge-richtet sind: »Also wegen mir musst du natürlich nicht mit. Mir ist das völlig egal. Das kostet ja schließlich auch was. Da wir gerade eh so knapp bei Kasse sind, bin ich dann froh, wenn ich das nicht zah-len muss.« Sag ich. Und denke: na bravo! Entscheidet sich der Sohn für die Fahrt, weiß er: Wir, seine armen, armen Eltern, müssen uns die vom Munde absparen! Entscheidet er sich dagegen, weiß er: Seine arme, arme Mutter fragt sich dauernd, warum seine Kumpel da mitfahren, er aber nicht. Womöglich fragt die arme Mutter das gar nicht nur sich selbst, sondern will es zum Schluss auch noch vom Sohn wissen.

»Was passiert denn auf der Buddy-Fahrt?«, erkundigt er sich jetzt. Gute Güte! Wurde da gar keine Propaganda für betrieben?

»Hat die Buddy-Lehrerin nichts erzählt?«, frage ich ungläubig.

»Nö!«, sagt der Sohn. Wahrscheinlich hat er in der Schule nicht zugehört. So wie ich die Rückseite des Zettels nicht gelesen habe. Steht da was drauf? Ich guck: Auf der Fahrt soll »durch vielfältige Übungen einerseits der Erwerb von Sozialkompetenzen gefördert und die Teamfähigkeit gestärkt, andererseits jede Menge Spaß miteinander entstehen«. – »Keine Ahnung«, fasse ich zusammen, während ein paar Zweifel an dieser Fahrt in mir aufsteigen: Übungen? Sozialkompetenzen? Teamfähigkeit? Ob da am Ende wieder die Versendung von I**-B********** unterrichtet wird? »Wahrscheinlich«, sage ich, »macht ihr ähnliche Sachen wie sonst in Buddy auch …« Da wird das Versenden von I**-B********** unterrichtet! Ich bin mir jetzt ganz sicher. Absolut sicher. Also, scheiß auf den Versuch. Ich hole tief Luft: »Weißt du, diese Psychologen, diese Lehrer, manche Mütter, und manchmal sogar auch Väter …«, will ich gerade anheben, komm aber nicht weiter. Denn der Sohn springt auf, zuckt rhythmisch vor mir hin und her, sticht mit Zeige- und Mittelfinger in der Luft rum. Er trägt mir seinen neu komponierten Rap vor. Der geht so: »Buddy ist so scheißig / Da sind sie alle fleißig / Buddy ist so blöde / So entsetzlich öde / Buddy ist der letzte Mist / Man glaubt es nicht, wie beschissen Buddy ist / Und das ist Waaaaaahrheit / Und das ist die Waaaaaarheit …« Ich schaffe es ungefähr 20 Sekunden lang, einen missbilligenden Gesichtsausdruck aufzusetzen. Dann wippe ich mit. Dann schnalze ich mit. Dann singe ich mit (nur Background, werde aber trotzdem gerügt, weil ich grauenvoll falsch singe). Es klingt so schmissig. Und fröhlich. Im Hintergrund scheinen die Lichtschwerter im Takt zu wedeln. Und ich denke: Bringt eben doch was, dieses Buddy. Zumindest musikalisch.

FAZIT:

Ich will nichts beschönigen: Ohne den Sohn wäre der Versuch trotz genialer Asteriskenverwendung kläglich gescheitert!

MERKE:

Ob mit oder ohne psychologische Anleitung, nur sehr wenige Söhne nehmen sich Buddha zum Vorbild.

23. Einen Fernsehabend überstehen OHNE

… die Hollywoodschnulze als die Betriebsanleitung für positive Psychologie anzusehen, die sie unstrittig ist, OHNE über die Double-Bind-Situation zu schimpfen, welche moderne Kriegsberichterstattung in einem auslöst, OHNE zu überlegen, ob einem das Wiedersehen mit seinem Lieblingscharakter aus seiner Lieblingsserie momentan viel mehr gibt als der soziale Kontakt zu demjenigen, der gerade neben einem sitzt, und OHNE sich damit zu quälen, ob das nun eine gesunde Form geistiger Regeneration ist, was die eine US-Studie bezeugt, während die andere darin DAS Symptom eines fortgeschrittenen Burn-outs sieht.

Angriff der Glückspsychologen

Ich bin eigentlich weg vom Fernsehen. Sonst wäre ich nie auf die großmütterliche Idee gekommen, mir zur Feier des heutigen Fernsehabends eine richtige, hochglänzende Fernsehzeitschrift zu gönnen. Völlig idiotisch! Fassungslos stehe ich im Supermarkt vor geschätzten 100 TV-Magazinen und erkenne: Der nächste mit diesen Magazinen planbare Fernsehabend ist in zwei Wochen. Das ist ja Wahnsinn, wie lange die Fernsehgucker vorausplanen! Ich will heute gucken, heute Abend. Obwohl ich bereits gute Lust hätte, diesen Versuch wieder zu streichen! Wär eh besser. Denn wenn man führenden Psychologen glaubt, ist Fernsehen echt nichts Gutes: Erst wird man »dick, dumm und gewalttätig«, sagt der Psychologe und Hirnforscher Manfred Spitzer. Dann von Herzinfarkt, Diabetes, Schlaganfall oder Lungenkrebs dahingerafft. »Aufgrund der Bildschirm-Medien wird es in Deutschland im Jahr 2020 jährlich etwa 40.000 Todesfälle geben.« – »Drei Stunden täglich vor dem Fernseher, das ist millionenfach Gesprächsvielfalt, die nicht gesprochen wird, Gedankenvielfalt, die nicht gedacht wird, das sind Spiele, die nicht gespielt werden, Erfindungen, die keiner ans Licht holt« (Bernd Guggenberger, Sozialwissenschaftler). »Fernsehen ist ein Psychotonikum fürs Volk. Es verändert schleichend den Sozialcharakter« (Peter Winterhoff-Spurk, Psychologe). Hin zu einem kaltherzigen Typus, der seine Gefühle nicht auslebt, sondern nur immer so tut, als ob. Ha! Genau meine Rede! Puh! Damit ist es nun raus. Ich glaube den Schmarrn nämlich. Ich glaube, dass Fernsehen total übel ist. Die größte Geißel der Menschheit. Ich habe schon oft versucht, es nicht zu glauben. Habe mir immer wieder gegenteilige Studien zugeführt – »TV-Magazin? Ja, Moment, ich schieb den Wagen kurz weg. Kommen Sie ran? Bitte schön!« Ein Fernsehplaner! Versonnen schaue ich ihm nach. Wo ist sein Rollator? Merkwürdig. Der scheint noch keine 40 zu sein. Streicht der heute Abend schon mal genüsslich die Blockbuster für in zwei Wochen an? Oder lagert er das Ding ein? – Jedenfalls, Hollywood-Blockbuster, so habe ich gelesen, unterweisen einen auf unterhaltsame Weise in der Kunst der positiven Psychologie und zeigen uns: Was kann ich nicht alles schaffen, wenn ich nur dran glaube! – Hier! Samstag 20.15 Uhr: »Killerameisen«! Hm. – Andererseits ist positive Psychologie ja noch schlimmer als das Fernsehen an und für sich. Ich weiß das von nicht so positiven Psychologen. Deren Warnungen vor positiver Psychologie nehme ich mir derart zu Herzen, dass ich Hollywood-Blockbuster regelmäßig vor dem großen Showdown ausschalte. Ich gebe vor, das sei mir jetzt zu langweilig oder zu spannend oder sogar beides gleichzeitig. Durchsichtig! In Wahrheit will ich nur verhindern, dass sich etwa der völlig illusorische Wahn in mir festsetzt, auch ich könnte Killerameisen killen. Nein, ich schlafe lieber mit dem Wissen ein, dass die Killerameisen mich killen. Das ist sicherer. Charmante Studien über die sogenannte Social-Surrogate-Hypothese tue ich als von der Fernsehindustrie bezahlt ab. Und das, obwohl die bei mir total zutrifft: Wenn ich auf dem Bildschirm einen meiner Lieblingsserienhelden wiedersehe, sagen wir Dr. House, baut mich das oft viel mehr auf als das Beisammensein mit dem-jenigen, der beim Gucken gerade neben mir sitzt und ständig diese unpassenden Kommentare abgibt. Solche Kommentare schwächen einen nur noch mehr, wenn man eh schon geistig erschöpft ist. Das ist zwar menschlich hart, aber erwiesen. Jaye Derrick vom Suchtforschungsinstitut der Universität in Buffalo, New York, hat das herausgekriegt (*Psychologie heute*). Wenn Dr. House bei mir ist, fühle ich mich auch viel weniger einsam. Das ist ebenfalls wissenschaftlich erwiesen. Trotzdem rede ich gegen diese Erkenntnis immer wieder manisch an: Denn, so argumen-tiere ich, bislang wurde das nur an solchen Einsamkeitsgefühlen getestet, die zuvor absichtlich hervorgerufen wurden – von experimentellen Psychologen. Mit echten Einsamkeitsgefühlen hat man es noch gar nicht ausprobiert. Kurz und gut: Fernsehen ist für mich das Übel aller Übel. Ich bin davon derart fanatisch und in einem so überzogenen Maße überzeugt, dass es eigent-lich nur eines bedeuten kann: Unbewusst werde ich von einer großen zerstörerischen Leidenschaft für das Fernsehen verzehrt. Die macht mich anfällig. Für die Verteufelung! Für die Indoktri-nation! Durch fernsehfeindliche Psychologen, die meine große zerstörerische Leidenschaft fürs Fernsehen wahrscheinlich teilen. Und falls noch jemand daran Zweifel hat, hier kommt der Clou: Sehr gut finde ich das Streamen – zum Beispiel von amerikanischen Fernsehserien, am liebsten in endloser Folge hintereinander weg. Da habe ich absolut gar kein Problem mit. Warum auch? Bislang hat mich noch kein Psychologe davor gewarnt. Ich hoffe und bete, dass das auch so bleibt. Ansonsten bleibt mir nur eine Hoffnung: Mein heutiger Fernsehversuch ohne Psychologie lässt mich endlich das Gute am Fernsehen wiedererkennen. Im Moment wär's gerade günstig. Denn, so lese ich auf dem Cover eines Magazins, wir leben im »goldenen TV-Zeitalter«.

»Stehen Sie hier an?«, will ein Einkaufswagen wissen.

»Ähm, nee, oder doch!«, sag ich und ziehe ohne Fernsehprogramm zur Kasse. Ich klappere noch drei weitere Läden ab. Keiner hat ein aktuelles Programm. Als Ersatz kaufe ich mir schließlich drei Tüten Chips. Schließlich will ich dem Bösen nicht ungestärkt begegnen.

▷▷ Versuch »Einen Fernsehabend überstehen«

START! Um kurz vor 21 Uhr schmeiße ich mich aufs Sofa, in meinen Mund ein paar Chips und den Fernseher an: »Egal, was das Leben einem so vor die Füße wirft, trotzdem: los! Andere Menschen suchen, einfach mal die Zeit anhalten, den Moment angucken, in dem man gerade steckt. Sich selber und anderen was gönnen«, empfiehlt mein Fernseher mit der Stimme von Anke Engelke. Ich gönne mir schnell noch ein paar mehr Chips. Dann nichts wie wegzappen, bevor die in dieser Botschaft enthaltene positive Psychologie in mich einsickert. – Zapp – »Wie glücklich ist der Norden?«, fragt Reporterin Susann Kowatsch. Das weiß ich doch, Leute. Schließlich bin ich mit einem Norddeutschen verheiratet. Jeden Tag erzählt er mir, wie glücklich er und seine Landsleute sind, im Gegensatz zu mir und den restlichen mies gelaunten Süddeutschen. Gibt's noch was anderes? Mal gucken – Zapp – »Tief im Innern verbirgt sich in jedem Menschen das Glück«, schallt es aus dem Fernseher. Lachende Kinder schwingen in Zeitlupe auf einer Schaukel. Klaviergeplänkel. Hups. Hört sich verdächtig nach Glückspsychologie an. Schnell weg. – Zapp – Eine Bücherwand. Davor sagt einer: »Wer ausschließlich positiv denkt, geht Risiken im Leben ein, deren Eintreten ihn für Jahre oder gar für immer unglücklich machen können.« Ha! Eben! Halt! Moment! Vorsicht! Jetzt nicht in Psychologiedebatten verstricken. Schnell noch einen Chip und – Zapp – »Die Genehmigung für die Auszeit hat noch mal dazu geführt, dass es mir deutlich besser gegangen ist, weil ich weiß, jetzt geht's wieder einen Schritt vorwärts, und ich fühle mich auch gut, weil einfach schönere Sachen um mich rum passieren«, sagt eine Lehrerin im Sabbatical. Ich fürchte, sie wird gleich von ihrem Burn-out erzählen. Aber ohne mich. – Zapp – »Ich habe dich immer geliebt …« Hier wär endlich mal was ohne Psychologie. Aber anstatt ich das mal genieße. Das ist mir jetzt wieder zu schnulzig. Drei Chips und – Zapp – Ha! Da! Ist das nicht Manfred Spitzer? Der große Fernsehwarner? Im Fernsehen! Ganz, ganz kurz nur bleib ich hier dabei. Was erzählt er? »Glücksforscher haben etwas sehr Interessantes herausgefunden. Und diese Studie ist in der Zeitschrift *Science* veröffentlicht. Sie ist also sehr gut und sehr interessant …« Ich glaub, ich bleib doch nicht dabei. – Zapp – »Wenn man im Flow ist, dann kann man, wie ich immer sage, richtig pflücken. Dann pflückt man die Idee und die Idee. Das ist wie an so einem Baum, wo richtig tolle rote Äpfel hängen, und man sucht sich den schönsten aus«, sagt eine stark euphorisierte Kreativ-Trainerin. Ich werde noch verrückt. Ist das inzwischen immer so im Fernsehen? Alles voller Glückspsychologen und Glückstrainer und Glücksspezialisten? Ich wanke kurz in die Küche und schütte einen Liter Wasser in mich hinein. Diese Chips sind die Hölle. Als ich wieder zurückkomme, radelt die Lehrerin in Auszeit auf einem Wiesenweg. Der Grund: »Je mehr sie auf ihr Glück vertraute, umso häufiger begegnete es ihr. Glück ist offenbar doch etwas, das jeder selbst in die Hand nehmen kann.« Boah, ich kann nicht mehr! Ich brauche eine Pause. Ich schlurfe ins Bad zum Sendeplatz »Zähneputzen«. Wie immer höre ich dort Radio: »Ik freu mir jeden Morgen uff den neuen Tag. Dit is Glück«, verkündet gerade ein Radiohörer. Oh Mann! Was ist denn da los? Spinnen die denn heute alle? Internationaler Glückstag, oder was? Ich kann nicht anders, ich schreie laut auf: »Nein, nein, nein! Ich werde noch wahnsinnig. Jeden Morgen freut der sich! Oh Mann!« Besorgt kommt mein Mann, der glückliche Norddeutsche, ins Bad. Wahrscheinlich hat er gerade wieder eine schön blutige Weltkriegsdoku gestreamt. Deswegen ist er so entspannt.

»Läuft es nicht so mit deinem Fernsehversuch?«, will er wissen.

»Ich versteh das nicht. Überall nur Glückspsychologen und ihre Anhänger. Egal, wo ich hinzappe. Und jetzt verfolgen die mich sogar bis ins Bad. Hier!«, sage ich und deute anklagend auf das Radio, »Hörersendung zum Thema Glück! Sogar bei Radio Fritz, dem Jugendsender! Was soll das?«

Mein Mann lacht herzlich, weil er denkt, ich mache einen Witz. Dabei müsste er es eigentlich besser wissen. Ich mache keine Witze darüber, dass ich von Glückspsychologen und ihren Anhängern verfolgt werde, denn das ist nicht lustig. Überhaupt nicht. Nachdenklich sagt er: »Ich glaub, die ARD hat gerade Themenwoche ›Glück‹.« Hat er gelesen.

»Echt? Themenwoche? Was ist das denn?« Aufgebracht stapfe ich zurück zum Fernseher. Hab ich etwa immer nur in der ARD mit ihren 176 Regionalsendern und 26 Spezialkanälen rumgezappt? Auf dem Bildschirm fängt gerade »Macht Besitz glücklich?« an. Aber ich kann mich nicht mehr richtig konzentrieren. Bin nämlich total aufgewühlt. Um mich ein bisschen zu beruhigen, recherchiere ich nebenbei im Internet, was es mit dieser Glückswoche auf sich hat. Ich guck aber schon noch fern, nicht dass jetzt jemand denkt, ich hätte den Versuch abgebrochen, gar nicht. Ich seh schon, wie der Reporter extra nach Abu Dhabi fliegt, um dort mit einer reichen malenden Firmeninhaberin über das Glück zu sprechen, dass sie dort in Abu Dhabi ihre Malerei in einem Luxushotel ausstellen kann. Und ich muss den Flug des Reporters bezahlen. Mit meinen Zwangsgebühren! Dann ist ja klar, dass ich keine Auszeit nehmen kann, die zu meinem Glück führen würde! Na danke. Im Internet finde ich jetzt die Kreativ-Trainerin mit ihren Äpfeln. Komisch, dass sie im Film gar nicht erwähnt hat, dass sie eine Schülerin des großen Glücks-Coachs Robert Betz ist (*Willst du normal sein oder glücklich?* seit 156 Jahren in der *Spiegel*-Bestsellerliste). – Klick – »Robert Betz: ›Glücks-Coach‹ oder Scharlatan? Liebe will fließen, Freude will fließen, Geld will fließen.« (Robert Betz) 2012 acht Millionen Euro Umsatz (nach eigenen Angaben) – Klick – (Knirsch, verdammte Chips auf der Tastatur) – Betz'sche Engel versprechen, dass eine amputierte Brust wieder wächst, wenn sie nur in Liebe angenommen wird. – Klick – »Betz-Seminar löste Psychose aus« – Klick – Robert Betz, 1953 in Troisdorf geboren, gelernter Industriekaufmann. Nach Burn-out 1995 Ausbildung in der Reinkarnations-Therapie. Erfinder der »Transformationstherapie«. Christlich-spirituelle Lehre – Klick – Ah, hier kommt jetzt ein anderer: »Glück ist gesund und ansteckend und für das Zusammenleben in unserer Gesellschaft enorm wichtig. Dafür setze ich mich ein, und daher bin ich gerne Pate der ARD-Themenwoche«, Dr. Eckart von Hirschhausen – Klick – »Glück kommt selten allein. Das Glückstraining mit Hirschhausen. In sieben Wochen zum Glück. Mit vielen Glücksrezepten. Melde dich jetzt an.« Och – nö. Und den Fernseher? Den mach ich jetzt auch mal aus.

FAZIT:

Uff! Immerhin gelang es mir bei allen aufpoppenden Glückspsychologen und Glücksköchen, ohne Zaudern auf andere Kanäle oder Websites zu flüchten, wo weitere Psychologen aufpoppten. Trotzdem stellte ich keinerlei Spekulationen über meine eigene Verwicklung in dieses Fernsehprogramm an. Darauf bin ich besonders stolz. Denn, ich mein, zufällig soll die ARD ausgerechnet dann ihre Glückswoche abhalten, wenn ich den Psychologie-Versuch mache. Zufällig? Wer bitte soll denn so was glauben?

Höchstens Psychologen! In deren Ausführungen ist es meist total egal, wann und was man guckt. Der Großteil von ihnen glaubt nämlich: »Das Medium ist die Massage«, beziehungsweise »Das Medium ist die Message«, wie der oben genannte Buchtitel des berühmten Medienkritikers Marshall McLuhan ursprünglich heißen sollte. Der Inhalt sei egal. Das war 1967. Der Volksmund entwickelte diese These inzwischen weiter zu »Auf allen Kanälen läuft derselbe Mist«. Wer weiß: Vielleicht stimmt's sogar.

MERKE:
Bei einer Auswahl von 39 Fernsehkanälen vermitteln mindestens 23 davon gerade psychologische Erkenntnisse.

24. Party feiern OHNE ...

... jede Sicherheitsmaßnahme.

Paff!

»Du rauchst???!!!«

▷▷ Versuch Stopp.

Mist! Ich stehe mit meinem Bekannten Thomas, seinem Bekannten Ulf und einer Zigarette in der Hand auf dem Balkon
und feiere schon mal die baldige Manuskriptabgabe. Bislang lief
der letzte Versuch super, um nicht zu sagen glänzend. Obwohl
ich zur Feier des Tages auf Sicherheitsmaßnahme Nummer zwei,
Partypsychofallen vor der Party abzuklären, verzichtet habe.
Aber als die beiden mich nach Thomas' Ausruf derart fragend
anschauten, musste ich den Versuch abbrechen. Denn um diese
Frage zu beantworten, muss ich ausholen. Es geht nicht anders.
Es wäre Unsinn, mich dagegen zu sträuben.

»Aber nein, ich rauche gar nicht, ich paffe nur! Guckt!«, sag
ich und blase möglichst elegant frischen, leckeren Rauch in die
Luft. »Mit Paffen habe ich mir das Rauchen abgewöhnt – allerdings aus Versehen.«

»Echt?« Thomas ist überrascht. Er habe gedacht, schon alle
möglichen und unmöglichen Rauchentwöhnungsmethoden zu
kennen. »Pflaster, Spritzen, Zeitungspapier rauchen, Einkerke-
rung, Lobotomie et cetera.« Den reinen Nikotinentzug schaffe
er bereits ganz gut. Aber psychologisch sei er krass abhängig.

Deshalb fange er auch immer wieder an. Sagt Thomas und zieht gierig an seiner Zigarette.

Ich nicke und blase weiteren Rauch durch die Gegend: »So hab ich mich auch eingeschätzt, 15 Jahre lang. Aber dann musste ich erkennen: totaler Quatsch. Psychologisch war ich überhaupt nicht abhängig. Ich war ein rein körperlicher Nikotinsüchtling.«

»Unsinn«, schallt es von links, von Ulf. »Nikotinsucht gibt's gar nicht!«

»Äh«, werfe ich ein.

»Nikotin macht nicht süchtig«, knattert Ulf.

»Ähm, also«, sage ich, »wie gesagt, das hab ich auch mal gedacht, ähm, wobei, so krass hab ich das jetzt nicht gedacht, eher so, dass es halt bei mir keine Nikotinsucht ist, bei anderen vielleicht schon, hab ich gedacht, also ...«

»Sobald man weiß«, unterbricht mich Ulf, »warum genau man raucht, kann man von jetzt auf gleich aufhören. Das ist der Trick.«

»Ich, ähm, also ...«, sage ich.

»Und was war dein Trick?«, will Thomas von mir wissen. »Trick? Gar kein Trick. Ich hab einfach nicht mehr inhaliert, nur gepafft. Und dann hab ich mich gewundert, weil ich plötzlich wahnwitzige Mengen an Zigaretten wegpaffte. Wenn ich jetzt nur psychologisch abhängig gewesen wäre, hätte mir ja die gleiche Menge wie zuvor reichen müssen, oder etwa nicht?«, frage ich den an seiner Bierflasche saugenden Ulf und versuche, ihn mit einem messerscharfen Blick zu durchbohren. Er grummelt was vor sich hin. Mit neu gewonnenem Selbstbewusstsein fahre ich fort – viel lauter als vorher: »Noch viel mehr wunderte ich mich aber, als nach ein paar Monaten genau das Gegenteil passierte: Ich vergaß immer häufiger zu paffen. Wenn mir jemand eine Zigarette anbot, lehnte ich aus Versehen ab. Abends im

Bett fiel es mir dann siedend heiß ein: den ganzen Tag keine gepafft! Schreck lass nach! So würde ich noch Nichtraucherin beziehungsweise Nichtpafferin werden! Und genau das passierte. Und das kann eigentlich nur eins heißen: Das Paffen war ein so ultralangsamer körperlicher Entzug, dass ich ihn nicht mal bemerkte. Und als ich nach einigen Jahren komplett clean war, war die ganze angebliche psychologische Abhängigkeit ebenfalls weg.«

»Wow«, sagt Thomas und stößt dabei einige hübsche Rauchkringel aus.

Ulf wirft ein: »Kennt ihr den Psychocoach Andreas Winter? Der hat eindeutig nachgewiesen, dass Nikotin gar nicht süchtig macht.« Sagt's und setzt seine Bierflasche an.

»Hast du dir mit dessen Hilfe das Rauchen abgewöhnt?«, frage ich ihn tückisch.

Ulf schluckt sein Bier und sagt: »Nö, ich rauche nicht, noch nie, meine Freundin raucht. Ich habe ihr jetzt das Raucherbuch von Ruediger Dahlke besorgt, das über die Psychologie und Bedeutung des blauen Dunstes. Ganz interessant! Nachdem ich das gelesen habe, mache ich mir nichts mehr vor: Wir haben alle Symptome, wir sind alle in irgendeiner Weise süchtig, also krank.« Ulf nimmt einen langen Schluck aus seiner Flasche.

»Also«, entgegne ich etwas kurzatmig und lasse die Zigarette in eine leere Bierflasche fallen, »also nach der Devise, also wenn man wegen jeder psychischen Schwäche oder jedem Symptom, wie du sagst, bereits krank ist, sind auch alle Leute krank, die nicht jeden Tag ins Fitnessstudio rasen, um ihre Muskeln maximal zu trainieren. Die sind dann halt physisch krank. So geht der ›Supermann-Trugschluss‹. Kennst du den?«, frage ich kiebig, und ohne eine Antwort zuzulassen, doziere ich weiter: »Den beschreibt Lawrie Dingsbums in ihrer Verteidigung der

Psychologie, ähm, Philologie oder war's Philosophie? Is ja auch egal. Jedenfalls ist der ›Supermann-Trugschluss‹ so ein typisches Psychologending und wird immer schlimmer. Heutzutage, sobald man mal länger als zwei Wochen trübsinnig rumhängt: depressiv! Das steht in diesem ICE oder ICT, na ja, in diesem Krankheitskatalog halt. Und das ist total fies! Weil nämlich Leute, die noch nie irgendeinen Grund zum Trübsinn blasen hatten, dann glauben, das läge an ihnen, an ihrer Superpsyche. Und sie hätten das alles genau so verdient. Und die Trübsinnigen seien halt so Psycho-Schwachmaten und selber schuld. Also der ›Supermann-Trugschluss‹ ist ein ganz übler Unterdrückertrick!« Puh! Ich sollte mal Luft holen. Ulf nibbelt an seiner Bierflasche rum. Thomas bietet mir eine Zigarette an, wahrscheinlich um mich für kurze Zeit zum Schweigen zu bringen. Und während er mir Feuer gibt, denke ich, dass ich trotz meiner tollen Rede und 23 Psychologie-Entzugsversuchen bei immer noch viel zu vielen Problemen denke: Ist bestimmt was Psychologisches. Gibt's bestimmt eine Therapie dagegen. Und obwohl ich auch der Soziologin Eva Irgendwas-mit-I total recht gebe. Total recht hat die, wenn sie davor warnt, jeden Scheiß immer als den eigenen Scheiß anzusehen. Viel Scheiß ist nämlich gar nicht der eigene, sondern der Scheiß der ungerechten Gesellschaft, der geldgierigen Wirtschaft, des mitleidslosen Zufalls und so weiter. Mit halbem Ohr höre ich jetzt Thomas mit Ulf darüber diskutieren, warum Thomas wohl raucht. Was er damit unterdrücken will. Es scheint auf eine orale Störung hinauszulaufen. Karl Kraus fällt mir ein. »Die Psychoanalyse ist jene Geisteskrankheit, für deren Therapie sie sich hält.« Ja, denke ich und drücke die Zigarette in einem Balkonkasten aus. Angelehnt daran gilt vielleicht auch: Die Psychologie ist jene Seelenpein, für deren Entdeckung sie sich zuständig glaubt. Ja, so ist es. Und deshalb setze ich den

Versuch »Party feiern ohne Psychologie« jetzt fort. Weil mit Psychologie Party feiern, geht sowieso nicht!

▷▷ Versuch »Party feiern«

FORTSETZUNG! »Noch ein Bier?«, will Ulf wissen. Doch ich kann ihn kaum mehr verstehen. War die Musik immer schon so laut? Und so mitreißend? Ich werfe einen Blick in die Wohnung. Springen und zucken die Freunde denn schon länger im Salon herum? Und hier, mein Mann ist auch dabei. Wieso ich nicht? »Ähm«, sag ich zu Ulf, »tut mir leid, ich muss mich jetzt mal dringend ins Gewühle werfen.« Er scheint mich gar nicht zu verstehen. »Ich geh tanzen!«, schreie ich Thomas ins Ohr. Er nickt und grinst, und ich hüpfe davon.

FAZIT:
Da ich diesen Versuch nach Partyende einfach vorerst unbegrenzt weiterlaufen lasse, wird das Fazit bei Gelegenheit nachgereicht.

MERKE:
Zur Not weglaufen! (gute alte Psychologenregel, bekannt aus *Magical Mystery oder die Rückkehr des Karl Schmidt* von Sven Regener)

Ach, und übrigens, kleiner Nachtrag vom Tag danach:
Lawrie Dingsbums heißt Lawrie Reznek, der »Supermann-Trugschluss« stammt aus ihrem Buch *The Philosophical Defence of Psychiatry*; mit dem *Krankheitskatalog* meinte ich die *Internationale statistische Klassifikation der Krankheiten und verwandter*

Gesundheitsprobleme, kurz ICD, der Weltgesundheitsorganisation WHO; *Eva Irgendwas-mit-I* ist natürlich Eva Illouz. In *Die Errettung der modernen Seele* warnt sie davor, »Leid als Folge schlecht verwalteter Gefühle oder einer dysfunktionalen Seele oder sogar als notwendige Phase der emotionalen Entwicklung« zu betrachten. Also davor, jeden Scheiß als den eigenen Scheiß anzusehen.

Happy End

Bin ich jetzt unfassbar glücklich? Ja klar! Wenn ich gerade nicht total zerrüttet, unendlich angeödet oder sonst was bin, bin ich unfassbar glücklich. Vor allem dann, wenn gerade einige dieser so verdammt schwer loszuwerdenden psychologischen Erkenntnisse in meinem Kopf derart widersprüchlich aufeinanderprallen, dass es mir für Sekunden gelingt, alle gleichermaßen für idiotisch zu halten. Dann bin ich tatsächlich unfassbar glücklich. Also der Trick, nicht an einen rosa Elefanten zu denken, indem man an einen rosa Elefanten denkt, der aus einer gewissen Perspektive betrachtet mikroskopisch klein erscheint, aus anderer gigantisch groß, im Sommer mit grünen Blättern bedeckt ist, bei Gefahr laut zu hupen pflegt, auf Befehl drei Salto mortale schlagen kann und der just im Moment zu einer tollen Luxusimmobilie umgebaut wird und so weiter. Dieser Trick funktioniert – zumindest bei mir. Für ein paar Sekunden. Danach laufe ich allerdings wieder Gefahr, der nächsten psychologischen Erkenntnis anheimzufallen. Zum Beispiel fand ich erst kürzlich total einleuchtend, dass das Fernsehen uns zu berechnenden und theatralischen Selbstdarstellern erzieht. Zu Histrionikern, wie die Psychologen sagen. Sofort fielen mir eine Menge Leute ein, auf die das total zutrifft. Ach, deswegen sind die so! Da wusste ich natürlich nicht, dass mir nur wenige Tage später – im Buch des britischen Ethnologen Nigel Barley – der Häuptling der Ningas begegnen würde. Die Ningas sind oder waren ein winziger Stamm in Kamerun. Deren wenig fernseherfahrener Häuptling war nach Barleys Schilderungen offenbar ein Histrioniker vor

dem Herrn. Wieso war der jetzt genauso wie die ganzen fernseh-
geschädigten Leute? Ist natürlich einfach so ein Zufall, der nicht
mehr bedeutet, als dass heutige Fernsehstars sich auch mal als
Häuptling bei den Ningas bewerben könnten und der Häuptling
der Ningas hier wohl eine eigene TV-Show bekommen würde.
Aber dann überlegte ich weiter: Vielleicht ist ja beim Häuptling
der Ningas in der Kindheit was schiefgelaufen. Deswegen ist der
jetzt Histrioniker. Bei dem ist es halt eine frühkindliche Störung.
Und dann kommt da noch die Belastung hinzu, ein Häuptling zu
sein. Wer weiß, wie schlimm das ist. Auch viele Fernsehzuschau-
er haben frühkindliche Störungen. Wenn sie dieselbe haben wie
der Häuptling der Ningas und dann zusätzlich noch ferngucken,
werden sie womöglich Doppel-Histrioniker. Wenn sie eine andere Störung haben, werden sie gemischte Irre. Nun begegnet man
im Laufe des Lebens ja nicht nur dem Fernsehen und Mutter und
Vater, sondern auch: dem gemeinen Mathelehrer, 23 Geschwis-
tern, gerade erst gelesenen Tipps vom Internetpsychologen, dem
Wetter, freundlichen Busfahrern, jeder Menge Psychoratgebern,
Freunden, den Ermahnungen des Coachs, Tante Anna, die unschuldige Kinder alle ekligen Bohnen aufessen lässt, neuesten
psychologischen Erkenntnissen aus der Tagespresse, dem Flyer
vom Pizzadienst, Männern, der allgemeinen politischen Lage,
Frauen, Bedienungsanleitungen, dem Kontostand ... Da dies
alles irgendwie auf uns einwirkt, sich gegenseitig hemmt oder
befördert, sind die meisten von uns wohl relativ undurchsichtige
psychologische Promenadenmischungen. Angesichts dessen
sind die bekannten psychologischen Theorien unfassbar simpel:
An allem ist die Mutter schuld (Psychoanalyse); alles eine Frage
der Konditionierung (Verhaltenspsychologie); alles liegt am
familiären Beziehungsgeflecht (Systemische Psychologie); alles
hängt von der Einstellung ab (Kognitionspsychologie); alles än-

dert sich mit der Fokussierung (Glückspsychologie); alles wird bestimmt durch das Aroma der Ledersessel (Werbepsychologie); Männer mit geringelten Socken sind besser im Bett als andere Männer (experimentelle Psychologie). Dass wir trotzdem versuchen, mithilfe der Psychologie etwas über uns zu erfahren oder gezielt auf uns einzuwirken, ist eigentlich ein Witz.

Ich weiß nicht wirklich, wie ich funktioniere. Ich weiß auch nicht, was mich im Innersten antreibt (mal ist es dieses, mal jenes), ich weiß nicht, wie man Kinder am besten erzieht oder welches mein Weg zur Glückseligkeit wäre. Ich habe auch keine Ahnung, wie ich die nächste Krise vermeiden könnte. Werde ich immer noch von frühkindlichen Traumata beherrscht? Keine Ahnung! Nur eins weiß ich inzwischen mit großer Sicherheit: Die Psychologen wissen es auch nicht.

P.S. Ersten Experimenten zufolge kann man sich mit der Erkenntnis, dass keiner irgendwas weiß, unfassbar entspannt ins Getümmel werfen. Viel Glück!

Ich danke

meinen Agenten Petra Eggers und Holger Kuntze, Letzterem insbesondere für sein raffiniertes Psychocoaching, welches mich das Exposé für dieses Buch schreiben ließ; meiner Lektorin Doreen Fröhlich für ihre klugen Ratschläge und ihre feine Spürnase für alle Fragen, die sich Leser bei gewissen Textpassagen ganz klar stellen würden, an die ich im Traum nicht gedacht hatte; meinem Mann für die bravouröse, ja glamouröse Darstellung des knurrigen Ehemanns; meinem tollen Kind dafür, dass es in echt ganz anders und noch viel, viel toller ist als mein auch ganz knuffiger Buchsohn; allen anonymisierten Freunden, Eltern, Schwestern und anderen Verwandten und Bekannten, die womöglich Bruchteile ihrer selbst in völlig verfälschter Art und Weise in dem Buch wiederfinden werden, für ihre Großmut; unserem Ferienkaninchen Puffi dafür, dass es als Einziger auf keinerlei Anonymisierung bestand, und natürlich allen Psychologen für ihre vielen wundersamen Theorien.